Björn Wende

# KANUPOLO TRAININGSHANDBUCH

## Methoden und Übungen zur Gestaltung des Kanupolotrainings

1. Auflage
2020

| | |
|---|---|
| Text: | Björn Wende<br>(kanupolotrainingshandbuch@web.de) |
| | |
| Umschlaggestaltung: | DKV Wirtschafts- & Verlags GmbH |
| Titelbild: | Robert Wagner |
| sonstige Fotos: | Birka Rusch, Peer Junge |
| Illustration: | Björn Wende |
| Lektorat, Korrektorat: | Eike Müller, Claudia Hopp |
| | |
| Verlag und Druck: | DKV Wirtschafts- & Verlags GmbH<br>Bertaallee 8<br>47055 Duisburg<br>www.kanu.de |

ISBN 978-3-96806-000-2



Gedruckt in Polen

***Vorwort***

Endlich ist es soweit. Nach vielen Jahren im Kanupolosport ist es mir nun gelungen, ein Trainingshandbuch für Kanupolotrainer zur Gestaltung des Kanupolotrainings herauszugeben. Dieses Buch soll den Lesern Anregungen zur Gestaltung des Kanupolotrainings für alle Altersklassen, im Verein, im Verband, in der Schule oder im Hochschulsport bieten.

Die Inhalte dieses Buches sind Resultate meiner 20jährigen Tätigkeit als Kanupolotrainer und gehen aus unzählig vielen Aufzeichnungen der Trainingsgestaltung hervor.

1998 absolvierte ich meine C-Lizenz und bildete mich schließlich 2009 zum B-Trainer für Kanupolo sowie 2015 als Trainer für Leistungsdiagnostik fort. Im Laufe dieser Jahre war ich eine lange Zeit im Nachwuchsbereich des Calenberger Canoe Club Barsinghausen e.V. (CCC) tätig, war Vereinstrainer und Landestrainer im Landes-Kanu-Verband Niedersachsen e.V. Neben meiner eigenen aktiven Polozeit beim CCC, Kanu-Club-Limmer e.V., Kanu-Sport-Club Hannover e.V., Göttinger-Paddler-Club e.V., der Universität Hannover und der Kanu-Gemeinschaft List e.V. habe ich zudem das Herrenteam des CCC von der untersten Spielklasse bis in die deutsche Bundesliga als Spielertrainer begleitet. Von 2010 bis 2013 trainierte ich das Bundesligateam des Rasensport-Vereins-Hannover e.V. und war in den Jahren 2015 und 2016 als Herren Bundestrainer des Deutschen-Kanu-Verband e.V. tätig. 2017 kehrte ich zurück in meinen Heimatverein um dort wieder als Vereinstrainer im Nachwuchsbereich tätig zu sein. Darüber hinaus pflege ich seit 2016 den Kontakt zum namibischen Kanupoloverband und unterstütze den Windhoeker Canoe Club und die namibische U21 Herrenmannschaft bei der Weiterentwicklung der Sportart auf dem afrikanischen Kontinent.

Zusätzliche Erfahrungen über die klassische Trainertätigkeit hinaus sammelte ich in den letzten Jahren immer wieder als Referent bei Traineraus- und Fortbildungen in Deutschland und Namibia. Viele

Erkenntnisse konnte ich so mit zahlreichen Trainern diskutieren oder neue Impulse gewinnen. Durch diesen Austausch wurden zudem meine Grundannahmen gefestigt.

Ein langer Wunsch ist seitdem, die in den unterschiedlichen Vereinen, auf unterschiedlichen Ebenen und in den unterschiedlichen Altersbereichen gesammelten Erfahrungen, kennengelernte Übungen und Methoden für andere Freunde des Sports zugänglich zu machen. Als Trainer stelle ich zudem stets hohe Anforderungen an die Art meiner Übungen und Methoden. Ein Standardrepertoire an Übungen reicht mir nicht aus und ich bin noch heute stets bemüht, Übungen zu modifizieren und neue Übungen zu überlegen, um meinen Sportlern neue Anreize zu vermitteln und das Training abwechslungsreich zu gestalten.

Ich wünsche nun viel Freude beim Stöbern und beim Ausprobieren der vielen hier aufgeführten Übungen und Spielformen und hoffe, einen guten Beitrag zur kreativen Gestaltung des Kanupolotrainings geleistet zu haben.

Im Sinne des Kanupolo-Sports...

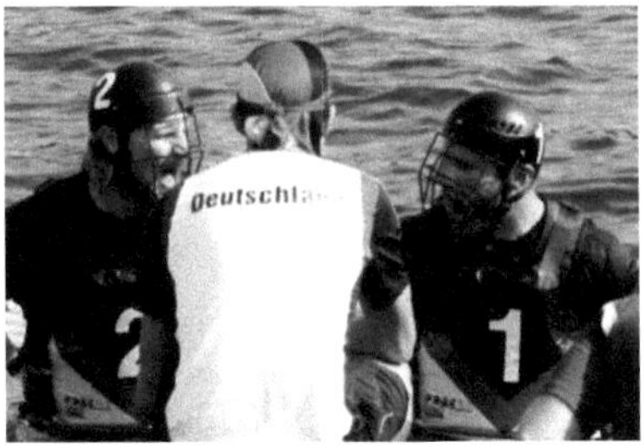

Björn Wende

## *Einleitung*

Der Kanupolosport ist eine junge Sportart, die in der heutigen Form erst seit 1989 gespielt wird. Damals wurde das Großfeld-Kanupolo vom heutigen Kleinfeld-Kanupolo abgelöst, was der Popularität des Sportes sehr entgegen kam. Plötzlich bestand die Möglichkeit, sich aufgrund des einheitlichen Reglements international zu messen, sowie Training und Wettkämpfe auch in Schwimmbädern und auf kleineren Gewässern durchzuführen. Dadurch verbreitete sich der Sport in den 1990er Jahren rasant und ist heutzutage an vielen Orten in Deutschland und Europa zuhause. Auch die Entwicklung des Sportmaterials hat in den letzten Jahren eine bemerkenswerte Entwicklung genommen. Längst hat die Faserverbundwerkstofftechnik den Kanupolomarkt erobert und kaum ein Boot, Paddel oder Helm wird heute nicht mehr aus Karbon oder einem Mischgewebe, in Leichtbauweise hergestellt. Doch nicht nur die strukturellen Gegebenheiten des Sports und das Material haben sich in den letzten Jahren verändert und wurden optimiert. Auch die Anforderungen an die Sportler sind aufgrund der Dichte im direkten internationalen Vergleich deutlich gestiegen. Gerade die europäischen Nationen Italien, Niederlande, Spanien, Frankreich, Großbritannien und Deutschland zeigen im jährlichen Vergleich immer wieder wie dicht die Leistungen der Sportler beieinander liegen. Der Deutsche Kanu-Verband dominiert mit seinen Nationalteams Jahr um Jahr die internationalen Vergleichswettkämpfe und auch die deutsche Damen- und Herrenbundesliga ist eine der beliebtesten und stärksten Kanupololigen der Welt. Um diese Position in der Weltspitze halten zu können und um auch in Zukunft erfolgreiche Kanupolosportler hervorzubringen muss der Kanupolosport schnellstmöglich in der Trainingsforschung und -entwicklung Fortschritte machen, da hier längst nicht alle Möglichkeiten ausgeschöpft sind.

Bis heute gibt es kaum wissenschaftlich fundierte oder aus der Praxis entstandene öffentlich zugängliche Werke über spezifische Trainingserkenntnisse oder Methoden, wie sie für andere Sportarten im Überfluss existieren. Nur äußerst selten ist der Kanupolosport bis heute

Forschungsgegenstand wissenschaftlichen Arbeitens gewesen. Die wenigen wissenschaftlichen Arbeiten lassen sich zudem nur mühsam über die Hochschulen aufspüren und stehen dadurch der Weiterentwicklung des Kanupolosports nur unzureichend zur Verfügung, obwohl diese Erkenntnisse dringend benötigt werden.

Eine Enttäuschung über den Mangel an Fachliteratur im Kanupolo machte sich bei mir erstmals, während meiner Kanupolo-Trainerausbildung bemerkbar. Motiviert, neue praktische Methoden für das Training vermittelt zu bekommen, musste ich feststellen, dass dies die falsche Erwartungshaltung für eine B-Trainerausbildung gewesen war. Während meine Mitschüler, die zu 90% zum Kanu-Rennsport gehörten, sich auf eine ausführliche, vom Deutschen Kanu-Verband ausgearbeitete Rahmentrainingskonzeption beziehen konnten, musste ich alle allgemeinen Informationen der Sportwissenschaften auf meine Sportart Kanupolo transferieren. Ohne ein Studium der Sportwissenschaften fühlte ich mich zunächst deutlich überfordert. Doch diese Enttäuschung entwickelte sich im Laufe der Jahre zu einer enorm großen Motivation, die mich im Jahr 2009 bewegte, die ersten Seiten für dieses Trainingshandbuch für Kanupolo zu scheiben.

Dieses Trainingshandbuch soll eine Orientierungshilfe für Trainer im Kanupolo sein. Ich hoffe, mit diesem Buch einige sinnvolle Hintergrundinformationen und Hilfestellungen für die Trainingsplanung zu liefern und anhand der großen Übungssammlung zu einer abwechslungsreichen und effektiven Trainingsgestaltung beizutragen.

Aus Gründen der Lesbarkeit wurde im Text die männliche Form gewählt, nichtsdestotrotz beziehen sich die Angaben auf Angehörige aller Geschlechter.

# 1. Trainingsgrundlagen

## 1.1 Training

Das Training bildet neben den Wettkämpfen im Kanupolo eine elementare Grundlage zur Weiterentwicklung der sportlichen Fähigkeiten des Sportlers. Dennoch wird das Training von zahlreichen Faktoren wie der Altersgruppe, dem Leistungsstand der Spieler, den örtlichen Gegebenheiten, der Witterung und der Zielsetzung bestimmt und in den Kanupolovereinen unterschiedlich gestaltet. Freizeitsportler verabreden sich ein- oder zweimal in der Woche zu einem Kanupolospiel auf dem See und lassen anschließend den Abend am Grill und mit einem Bier ausklingen. Der Hoch-/Leistungssportler hingegen verbringt in der Woche täglich Trainingseinheiten an Land oder auf dem Wasser, um seine sportliche Form zu erreichen und ernährt sich bewusst.

Ein erster Schritt zur Planung eines Trainings im Kanupolo ist die Zielsetzung der Mannschaft oder der einzelnen Sportler genauestens zu analysieren und ein Grobziel zu definieren. **FRIEDRICH** unterteilt die möglichen Zielsetzungen in drei Bereiche:

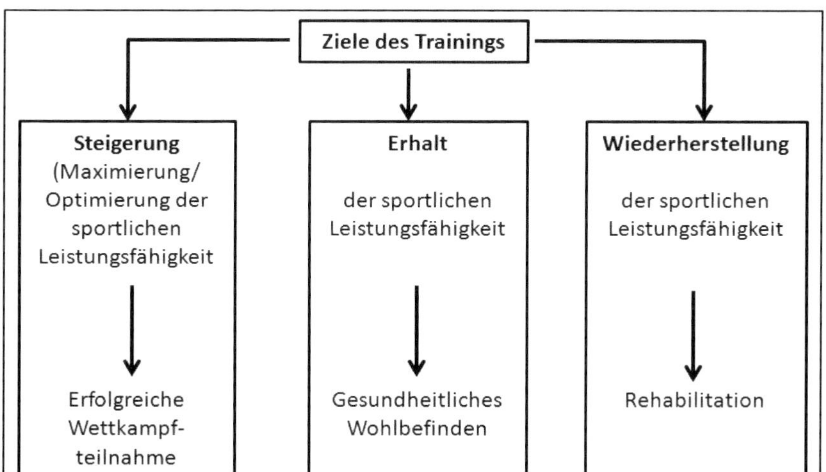


Abb. 1: Ziele des Trainings (Friedrich, S. 14)

Im weiteren Verlauf soll das Grobziel "Steigerung" - Maximierung und Optimierung der sportlichen Leistungsfähigkeit in den Mittelpunkt gerückt werden. Dieses Buch soll in erster Linie eine Hilfestellung zur erfolgreichen Teilnahme an Kanupolowettkämpfen bieten. Trainingsinhalte für die Zielsetzungen "Erhalt" und "Wiederherstellung" lassen sich zwar aus diesen Hilfestellungen ableiten, sollen jedoch nicht weiter fokussiert werden.

Im nächsten Schritt muss der Blick auf das unterschiedliche Leistungsniveau der Mannschaft oder einzelnen Sportlers gerichtet werden. Auch hier bietet **FRIEDRICH** eine anschauliche Abbildung die unterschiedliche Leistungsniveaus darstellt und hier für den Kanupolosport angepasst wurde.

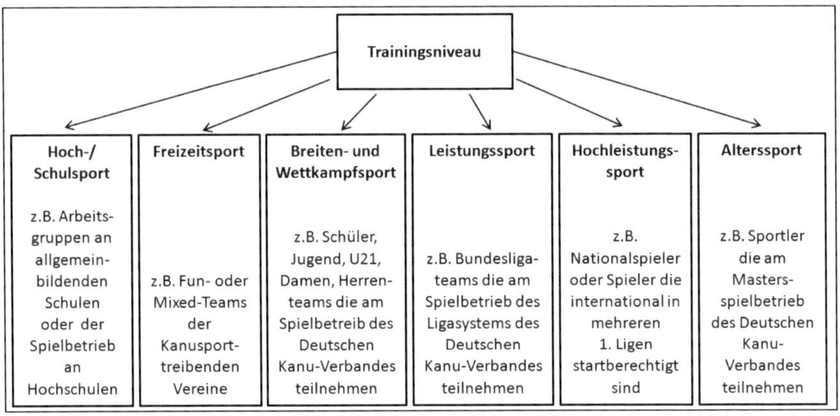


Abb. 2: Trainingsniveau (modifiziert nach: Friedrich, S. 15)

Die hier aus dem Kanupolo aufgeführten Trainingsbereiche und die dort aktiven Mannschaften und Sportler bringen ein ganz unterschiedliches Leistungsniveau mit. Auf das jeweilige Niveau müssen entsprechend die verschiedenen Komponenten zur Trainingsgestaltung angepasst werden. Eine Anpassung lässt sich an Hand des wöchentlichen Trainingsumfangs besonders gut darstellen. Ein Nationalspieler bedarf eines umfangreicheren, strukturierteren, planmäßigeren und intensiveren Trainings zur Erreichung seiner sportlichen Ziele, als ein

Breitensportler. Das Leistungsniveau ist somit elementar entscheidend für die Planung und Gestaltung des weiteren Trainings.

Nach der Eingrenzung des Leistungsniveaus soll im Weiteren der Blick auf die individuelle sportliche Leistungsfähigkeit gerichtet werden.

Da Training ein sehr komplexer Handlungsprozess ist und aus vielen verschiedenen leistungsrelevanten Merkmalen besteht bzw. auf viele unterschiedliche Merkmale Einfluss nehmen kann, ist ein individueller Blick auf den einzelnen Kanupolosportler erforderlich, um bestmögliche Trainingserfolge zu erzielen. Jeder Sportler bringt ganz bestimmte und einmalige, personeninterne Bedingungen mit, die einen sportlichen Erfolg maßgeblich fördern oder verhindern. Die von **WEINECK** aufgeführte Abbildung gibt einen guten Überblick über die vielen personeninternen Bedingungen, die sportlichen Erfolg beeinflussen.

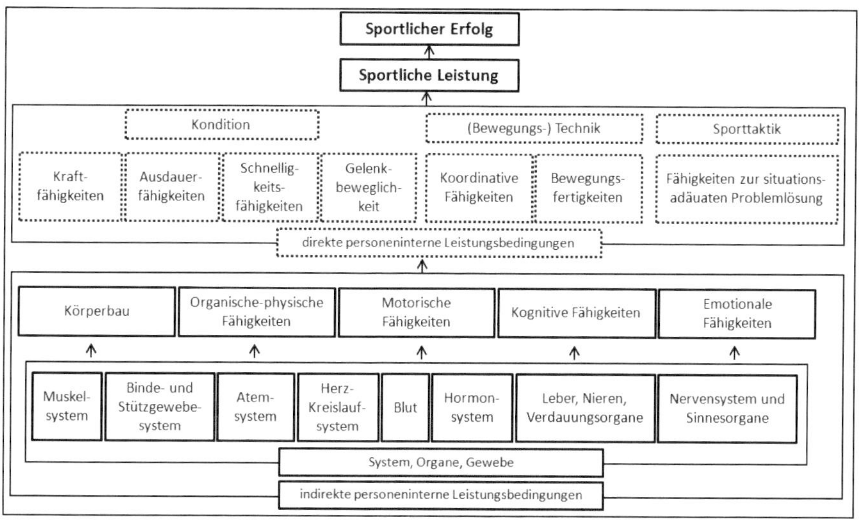


Abb. 3: Personeninterne Bedingungen (vgl. Friedrich, S. 17, nach Weineck 2004)

Alle diese in der Abbildung 3 aufgeführten Bedingungen sind von Mensch zu Mensch unterschiedlich stark ausgeprägt oder entwickelt und bilden die Basis für den sportlichen Trainingsverlauf und Erfolg.

Einige dieser Leistungsbedingungen lassen sich gut, die anderen schlecht für die sportlichen Anforderungen im Kanupolo verbessern oder trainieren. Sind beispielsweise organische Schädigungen oder Unterentwicklungen vorhanden, ist eine sportliche Höchstleistung im Kanupolo nicht unbedingt möglich, da diese kaum durch ein sportliches Training veränderbar sind. Hier müssten ggf. medizinische Behandlungsschritte ergriffen werden. Sind jedoch Defizite in den Kraft- oder Ausdauerfähigkeiten vorhanden, also den direkten personeninternen Leistungsbedingungen, sind diese mit einem gezielten Trainingsprogramm zu kompensieren und an den Bedarf der Sportart anzupassen. Hierdurch entsteht zudem eine positive Wechselwirkung auch auf die indirekten personeninternen Leistungsbedingungen. Durch das Training werden beispielsweise das Herz-Kreis-Lauf- und Muskelsystem gestärkt.

Im weiteren Verlauf ist davon auszugehen, dass die indirekten personeninternen Leistungsbedingungen den Sportler in die Lage versetzen, den Kanupolosport zu betreiben und am Wettkampfbetrieb teilzunehmen. Im nächsten Kapitel sollen daher die direkten personeninternen Leistungsbedingungen betrachtet werden, die effektiv im Training geschult und verbessert werden können.

## 1.2 Sportliche Leistungsfähigkeit

Was macht einen guten Kanupolospieler eigentlich aus? Welche sportliche Form ist erforderlich, um möglichst große Leistungen erbringen zu können?

Um auf diese Fragen eine Antwort geben zu können, müssen die Einzelkomponenten, die eine Leistungsfähigkeit im Kanupolo ermöglichen, differenziert betrachtet werden.

Dieses von **WEINECK** entwickelte Modell zeigt die Vielfalt der sportlichen Leistungsfähigkeiten, die auf alle Sportarten zu beziehen sind, aber je nach Sportart eine unter- oder übergeordnete Rolle spielen. Jede Sportart umfasst ein sportliches Leistungsprofil, das eine elementare Bedeutung für die Trainingsplanung hat. Der ideale Körperbau eines Skispringers setzt eine athletische Form voraus. Starke Muskeln die einen kraftvollen Abdruck vom Schanzentisch ermöglichen, aber ein möglichst leichter Körper, damit dieser möglichst weit durch die Luft getragen wird. Ein auf Muskelmasse ausgerichtetes Krafttraining sei in diesem Fall keine gewinnbringende Trainingsmaßnahme. Vielmehr werden die Trainingsschwerpunkte in dem Bereich der Technikausbildung und der Schulung psychischer Fähigkeiten liegen, um erfolgreich an der Vierschanzenturnee teilzunehmen.

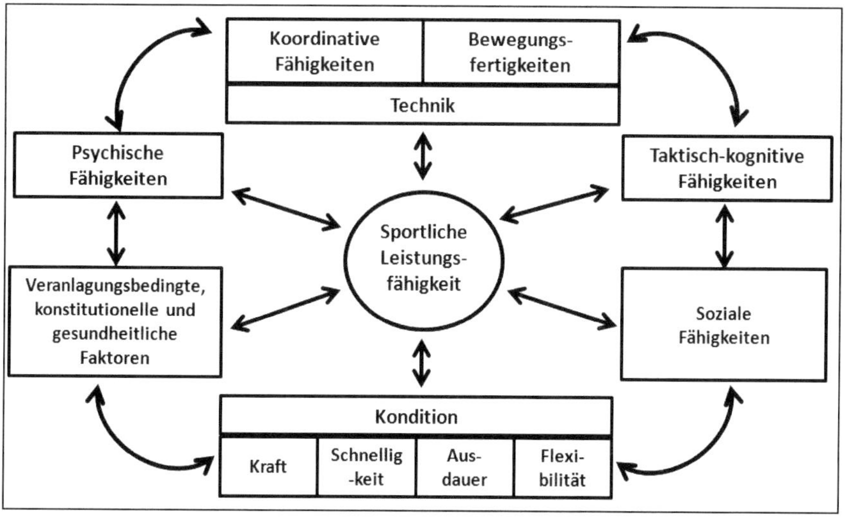


Abb. 4: Sportliche Leistungsfähigkeit (vgl. Weineck, S. 22)

Im folgenden sollen die sportlichen Leistungsfähigkeiten näher betrachtet werden, die im Kanupolosport von besonderer Bedeutung sind. Jedoch sei an dieser Stelle darauf hinzuweisen, dass es noch kein wissenschaftlich fundiertes Leistungsprofil für Kanupolo gibt, da diese nur selten Gegenstand wissenschaftlicher Untersuchungen gewesen sind. Dennoch soll an dieser Stelle ein Versuch unternommen werden, ein solches Profil anhand der vorhandenen Leistungsstrukturpläne der Verbände und auf Grundlage umfangreicher Praxiserfahrungen, zu erstellen.

## 1.3 Konditionelle Fähigkeiten

*„Kondition ist eine Komponente des Leistungszustandes. Sie basiert primär auf dem Zusammenwirken energetischer Prozesse des Organismus und der Muskulatur und zeigt sich als Kraft-, Schnelligkeits-, Ausdauerfähigkeit sowie Beweglichkeit im Zusammenhang mit den für diese Fähigkeiten erforderlichen psychischen Eigenschaften."*
(Dietrich, S. 87)

Der Begriff Kondition wird in der Literatur auch als konditionelle Fähigkeiten bezeichnet. Im weiteren Verlauf wird daher der Begriff Kondition verwendet. Mit diesem Begriff wird der Zustand des momentanen psycho-physischen Leistungszustandes eines Sportlers zusammengefasst. Demnach setzt sich die Leistungsfähigkeit eines Kanupolosportlers aus den vier verschiedenen konditionellen Leistungsfaktoren Kraft, Schnelligkeit, Ausdauer und Beweglichkeit zusammen.

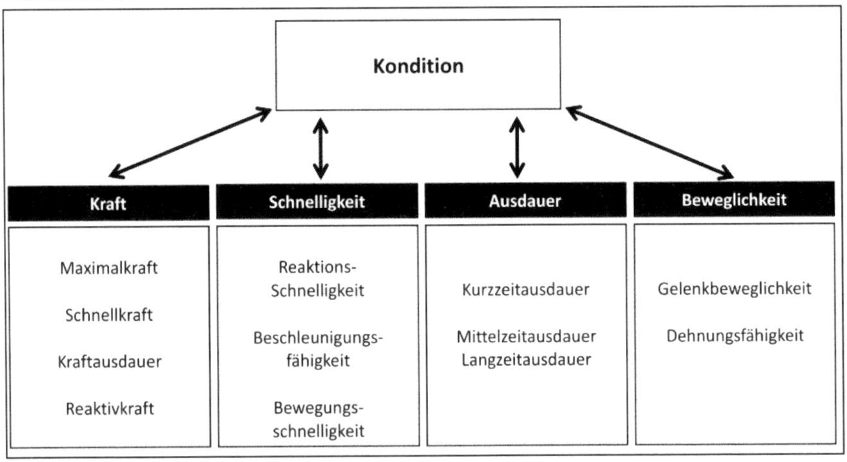


Abb. 5: konditionelle Leistungsfaktoren (vgl. Dietrich, S. 89)

Je nach Sportart, Sportler und Spielerposition müssen diese Teilbereiche unterschiedlich umfangreich ausgebildet werden, was für sportliche Erfolge und der Trainingsgestaltung von besonderer Bedeutung ist.

Für die zielgerichtete, erfolgreiche und systematische Förderung eines Kanupolospielers ist es zunächst wichtig sich bewusst zu machen, welche Bedeutungen und Gewichtung diese vier Fähigkeiten speziell im Kanupolosport haben.

Klar ist, dass Kanupolo ein kraftvoller und schneller Sport ist, der an einem Wettkampfwochenende mit 5-9 Spielen auch eine umfangreiche Ausdauerleistung abverlangt. Alle vier Fähigkeiten werden in unterschiedlicher Intensität abgerufen. Kanupolo ist daher keine typische Ausdauersportart wie "Marathonlaufen" oder Kraftsportart wie "Bodybuilding". Kanupolo ist in den letzten Jahren zu einer sehr athletischen Sportart avanciert, die das Training aller Fähigkeiten bedarf um sportlich erfolgreich zu sein.

Der Kanupolosportler muss in der 20minütigen Spielzeit mit einer möglichst hohen **Maximalkraftleistung** sein Kajak aus dem Stand, in kurzer Zeit in Bewegung bringen, aber auch bei einer Verteidigungssituation über mehrere Minuten hinweg eine große **Kraftausdauerleistung** erbringen, um einen Gegenspieler aus der Abwehr fern zu halten.

Die **Schnelligkeit** wird insbesondere in Form einer gut ausgeprägten **Reaktionsschnelligkeit** z.B. beim Wechsel von der Verteidigung in den Angriff ("Fastbreak"), beim Startsprint oder der Ballabwehr mit dem Paddel benötigt und die **Beschleunigungsfähigkeit** um möglichst eine hohe Endgeschwindigkeit beim Kampf um den Ball oder z.B. in einer Kontersituation zu erreichen.

Die **Beweglichkeit** insbesondere in den Bereichen des Oberkörpers (Schultern und Arme) und der Körpermitte (Bauch- und Rückenmuskulatur) ist für die Ausführung einer sauberen und ökonomischen Paddel- und Wurftechnik besonders wichtig.

Die Anforderung an der **Ausdauerleistung** eines Kanupolospielers kann, aufgrund der geringen Spielfeldgröße mit 35x23 Metern, den damit eher geringeren, konstanten Fahrwegen und der geringen Spielzeit, im Verhältnis zu anderen Ausdauersportarten, eher als von weniger großer Bedeutung bezeichnet werden. Jedoch ist sie zur Bildung der Grundlagenausdauer, als Voraussetzung zur Schnelligkeitsentwicklung, nicht in Gänze zu vernachlässigen.

Nicht ganz unbeachtet darf auch die individuelle Spielerposition des Sportlers sein. Der deutsche Kanupolosport ist aufgrund der derzeitigen taktischen Strukturen von einer Positionsspezialisierung der Sportler geprägt. Es gibt fünf Feldspieler, die auf fünf unterschiedlichen Positionen eingesetzt und spezialisiert werden und dort ganz individuelle Leistungen erbringen müssen. So muss ein Abwehrspieler auf der vorgezogenen "1er-Position" ein bestimmtes konditionelles Anforderungsprofil erfüllen, als z.B. ein Mittelverteidiger oder der Torwart.

Für den Trainingsverlauf muss demnach eine gute, prozentuale Gewichtung der vier konditionellen Anteile erfolgen, die im Saisonverlauf systematisch aufeinander aufgebaut werden müssen, um die gewünschte sportliche Form zu erlangen.

### 1.3.1 Kraft

*Kraft ist die Fähigkeit des Nerv-Muskel-Systems, durch Innervations- und Stoffwechselprozesse, mit belastungsadäquatem Einsatz von langsam zuckenden (ST) und schnell zuckenden (FT) Muskelfasern Widerstände zu überwinden (konzentrische Arbeit), ihnen entgegenzuwirken (exzentrische, exentrisch-konzentrische bzw. reaktive Arbeit) oder sie zu halten (statische Arbeit)* (vgl. Weineck, S. 373).

Die spezifische Kraftleistung eines Sportlers in einem 20minütigen Kanupolospiel spielt eine erhebliche Rolle. Bei jedem einzelnen Paddelzug muss der Sportler sein 9-12kg schweres Boot und sein eigenes Körpergewicht gegen den Wasserwiderstand mit Hilfe des

Paddels vorwärts bewegen. Die bis zu 700 einzelnen Paddelschläge in einem Spiel, zur Vorwärtsbewegung, Bootskorrektur, der Abbremsung oder der Wiederaufnahme der Fahrt werden mit unterschiedlicher Kraftintensität ausgeführt. Der Kraftaufwand der hier auf das Paddelblatt wirkt, wurde für den Kanupolosport ebenfalls noch nicht empirisch erhoben. Für den Kanu-Rennsport schreibt **MATZKA** von einer Paddelabdruckkraft von 20-30kg bei Grundlagenausdauereinheiten und von bis zu 70kg Startphase eines Rennens (vgl., 5. www.trainingsworld.com). Zudem haben Zugkraftmessungen mit Spielern der deutschen Herren-Nationalmannschaft, die am Bauch über eine Lastschlinge mit einer Zugkraftwage verbunden waren, eine Paddelzugkraft von 25kg erbracht. Es ist also davon auszugehen, dass beim Kanupolo ähnliche Kräfte wirken, wie im Kanu-Rennsport.

Zu dieser schon sehr aufwendigen Kraftleistung zur einfachen Fortbewegung kommt die maximale Kraftleistung um im direkten Bootskontakt gegen einen gegnerischen Spieler anzupaddeln, die mehrfach in einem Spiel erbracht werden muss. Je nach Spielerposition kann die Kraftleistung daher sehr unterschiedlich sein. Ein Abwehrspieler auf einer Pfostenposition, muss im Spielverlauf nicht nur das Boot am Paddel vorbeiziehen, sondern auch über mehrere Sekunden/Minuten gegen den Widerstand seines Gegenspielers ankämpfen, um seine Position zu halten. Dieses Kräftemessen setzt eine hohe Maximalkraft- und Kraftausdauerleistung voraus.

Diese Beschreibung macht deutlich, wie wichtig die Kraftkomponente und damit ein spezielles Krafttraining für den Erfolg im Kanupolosport ist. Um die Anforderungen im Kanupolo möglichst erfolgreich umsetzen zu können, muss der Sportler die verschiedenen Kraftfähigkeiten - Maximalkraft, Schnellkraft und Kraftausdauer - trainieren.

Das Training dieser Fähigkeiten kann auf zwei Ebenen stattfinden. Ein inzwischen unumgänglicher Weg, diese Kraftleistung zu trainieren, liegt in dem unspezifischen Training, dem Gewichttraining im Kraftraum.

Aufgrund der hohen Leistungsdichte und den gestiegenen athletischen Anforderungen im nationalen und internationalen Vergleich ist es gerade für Sportler, die in den Trainingsphasen des Anschlusstrainings und dem Höchstleistungstraining trainieren, wichtig, ihre Maximalkraftleistung als Basiskraft für alle anderen Kraftarten auszubilden. Die Ausbildung dieser Basiskraft ist mit spezifischen Trainingsmethoden alleine nicht zu erreichen.

Besonders wichtig ist aber auch das spezifische Krafttraining im Poloboot. Als Ergänzung zum allgemeinen Krafttraining bestehen zahlreiche Möglichkeiten auf dem Wasser Kraftwiederstände, die zur Kraftsteigerung dienen, zu erzeugen und so anforderungsnah zu trainieren. Der besondere Vorteil im spezifischen Krafttraining liegt zudem darin, dass die Kraftfähigkeit trainiert wird, diese aber auch direkt mit den hohen technischen Anforderungen (z.B. Stütz- und Paddeltechnik, Körperhaltung, Gleichgewicht usw.) gekoppelt wird. Im weiteren Verlauf sind in Kapitel 9 praktische Beispiele zur Gestaltung eines abwechslungsreichen Wassertrainings und zur Entwicklung dieser Kraftfähigkeit dargestellt.

### 1.3.2 Schnelligkeit

*"Schnelligkeit bei sportlichen Bewegungen ist die Fähigkeit, auf einen Reiz bzw. ein Signal hin schnellstmöglich zu reagieren und/oder Bewegungen bei geringen Widerständen mit höchster Geschwindigkeit durchzuführen."* (Dietrich, S. 147)

Die Schnelligkeit eines Sportlers ist im Kanupolo an vielen Stellen sehr entscheidend. Gleich in den ersten Sekunden eines Spiels entscheidet u.a. die Schnelligkeit über den ersten Ballbesitz und den oft damit verbundenen ersten Angriff auf das Tor. Im weiteren Spielgeschehen ist sie im direkten Zweikampf mit einem Gegenspieler zudem von Vorteil als Erster bzw. Schnellster das eigene Kajak abzubremsen, zu wenden, zu beschleunigen oder am Ball zu sein.

Auch auf die gesamte taktische Mannschaftsleistung bezogen ergeben sich aus einer schnellen Spielweise z.B. bei der Ausführung von Standardsituationen oder dem Wechsel von der Verteidigungsformation in den Angriff ("Fastbreak") Vorteile gegenüber der gegnerischen Mannschaft. Durch ein schnellen "Fastbreak" entstehen Kontersituationen bzw. Überzahlsituationen, die zu einer erfolgversprechenden Torchance führen können.

Doch die Schnelligkeitsentwicklung lässt sich bei Weitem nicht nur auf die schnelle Fortbewegung und das Manövrieren des Kajaks reduzieren. Für den Torwart ist es von Vorteil, wenn er möglichst schnell und genau mit dem eigenen Paddel den anfliegenden Ball abwehren kann. Gleiches gilt für alle anderen Feldspieler bei der Abwehr des Balles mit dem Paddel. Schnell ausgeführte Pässe zu einem Mitspieler oder der Schuss auf das Tor sind sehr wichtig, ehe der Passweg durch einen Gegenspieler verstellt oder die Torchance verspielt wurde.

Zur besseren Übersicht werden im Folgenden einige der verschiedenen Schnelligkeitskomponenten im Kanupolo noch einmal aufgeführt:

- schnelles Wenden des Kajaks
- schnelles Beschleunigen des Kajaks
- schnelles Abbremsen des Kajaks
- schnelle Paddelführung bei der Abwehr des Balles mit dem Paddel
- schnelle Ausführung von Würfen
- schnelles Zuspiel zum Mitspieler
- schnelles Handeln in allgemeinen taktischen Spielsituation
- schnelles Handeln beim Wechseln der Spieler
- schnelles Handeln beim Umkehrspiel
- usw.

Die Schnelligkeit eines Sportlers, insbesondere bei der Fortbewegung im Poloboot zu trainieren setzt eine gut entwickelte Kraftfähigkeit, Grundlagenausdauer und Beweglichkeitsfähigkeit voraus. Ein

Kanupolosportler, der die Übergangsperiode erheblich ausgeweitet oder im Winter sogar ganz das Training eingestellt hat, wird zum Saisonbeginn in der Vorbereitungsphase zunächst andere Trainingsschwerpunkte setzen müssen, um seine sportliche Leistungsfähigkeit wieder angemessen herzustellen. Doch auch die ambitionierten Kanupolosportler richten gerade in den Wintermonaten den Trainingsschwerpunkt auf den Gewinn von Kraft und ggf. den Aufbau von Körpermasse, und nehmen eine Reduzierung der Schnelligkeitsleistung während dieser Zeit in Kauf. Mit dem Wissen, dass die Entwicklung der Kraftfähigkeit einer längeren zeitlichen Dauer im Aufbau bedarf, als die Schnelligkeitsentwicklung, können viele Kanupolosportler gerade in der frühen Vorbereitungsperiode noch als "träge" und "langsam" empfunden werden. Doch im späteren Verlauf und mit gezieltem Schnelligkeitstraining werden schnell die Mühen des Winters belohnt und durch die zugenommene Kraftfähigkeit wird sich auch die Schnelligkeitsleistung gegenüber der vorjährigen verbessern.

Der Zeitpunkt, wann der Sportler seine Schnelligkeitsfähigkeit im Laufe der Saison optimal entwickelt hat, ist von der jeweiligen mittelfristigen Trainingsplanung und den damit verbundenen Saisonzielen abhängig. Aus verschiedenen Beobachtungen lässt sich schließen, dass sich die Schnelligkeit meist erst im späteren Verlauf einer Kanupolosaison optimal entwickelt hat.

Ein weiterer Faktor bei der Entwicklung der Schnelligkeit eines Sportlers ergibt sich aus dem Verhältnis der Körpermasse und Kraftfähigkeit. Aus der Physik ist bekannt, dass sich bei gleicher Kraftfähigkeit viel Masse weniger schnell beschleunigen lässt, als wenig Masse. Ein Kanusportler der 85kg Körpergewicht auf die Waage bringt und 100kg auf der Bank zieht, erfüllt optimalere Voraussetzung, seine Körpermasse schneller in Bewegung zu setzen, als ein Sportler mit dem selben Körpergewicht, der nur 40kg auf der Bank ziehen kann.

Wird für einen Kanupolosportler die schnelle Fortbewegung im Poloboot präferiert, muss ein ideales Verhältnis zwischen Kraftfähigkeit und Körpergewicht gefunden werden, um die gewünschte Schnelligkeitsleistung zu erreichen.

Das spezifische Schnelligkeitstraining lässt sich optimal mit Intervallmethoden trainieren. Sprintübungen aus der Fahrt oder dem Stand von kurzer Dauer/Distanz erhöhen gezielt die allgemeine Schnelligkeitsfähigkeit (siehe Kapitel 3).

### 1.3.3 Ausdauer

> *"Unter Ausdauer versteht man die psychische und physische Ermüdungswiderstandsfähigkeit des Sportler. Sie schließt die Erholungsfähigkeit mit ein."* (Friedrich, S. 91)

Ziel des Ausdauertrainings ist u.a. die Ausdauerleistung des Sportlers für den Wettkampf zu verbessern. Das heißt, die Schwelle des aeroben/anaeroben Übergangsbereichs zu verschieben und so lange wie möglich, bei einer möglichst hohen Belastung, im aeroben Bereich zu bleiben.

<u>Herzfrequenztraining</u>

Viele Kanupolosportler trainieren beim Paddeltraining nach gefühlten Belastungswerten. Ob sie jedoch wirklich an ihren individuellen Grenzbereich stoßen oder in den gewünschten Bereichen trainieren, ist fragwürdig. Ein Sprint mit 100% der maximalen Leistungsfähigkeit ist nicht selten von der "Tagesform" des Sportlers abhängig und unterliegt daher einer Schwankung.

Die Gestaltung des Ausdauertrainings im Kanupolo ist am effektivsten, wenn es auf Basis der Herzfrequenz, mit speziell dosierten Trainingsbelastungen, unabhängig von der Tagesform gestaltet wird.

Die Herzfrequenz (Pulsschlag) gilt als einer der zuverlässigsten Parameter für körperliche Beanspruchung und ist von Mensch zu Mensch je nach Belastung unterschiedlich. Je nach Belastung des Körpers und den verschiedenen Muskeln steigt die Herzfrequenz an, da der Körper mehr Sauerstoff durch den Körper zu den Muskeln transportieren muss. Wenn man sich also beim Training an seinem Herzschlag orientiert, kann die richtige und effektivste Trainingsbelastung gewählt und schnell Trainingsfortschritte erreicht werden.

**Allgemeines Ausdauertraining (AAT)**

Das allgemeine Ausdauertraining hat zum Ziel, die allgemeine Ausdauer eines Sportlers zu trainieren. Dieses Training ist nicht sportartspezifisch und kann durch verschiedene Trainingsinhalte trainiert werden: z.B. Schwimmen, Laufen, Fußball, Handball, Klettern, Hockey, Ski fahren oder andere Sportarten oder Spiele, in denen der Sportler aktiv ist.

Mit diesem Training wird eine Grundlage geschaffen, auf der später das spezifische Ausdauertraining im Kanupolo basiert. Daher gilt, insbesondere in der kalten Jahreszeit, wenn das "Outdoorpaddeln" weniger möglich ist, die allgemeine Ausdauer mit unspezifischen Sportarten zu trainieren.

**Grundlagenausdauer 1 (GA1)**

Hier sind zwei unterschiedliche Bereiche zu beachten:

*Das regenerative Training (extensiv)* 60 bis 70% der maximalen Herzfrequenz.

Beim Grundlagentraining 1ex (GA1ex) ist die Belastungsintensität eher gering, wie z.B. beim Einpaddeln oder Auspaddeln. Es kann aber über eine längere Distanz (6-10 km) mit geringer Anstrengung trainiert werden. Dieses Training ist insbesondere nach Wettkämpfen oder kurz vor Wettkämpfen sinnvoll. Nach dem Wettkampf sind die Kraftreserven verbraucht und der Körper benötigt Regenerationszeit, um wieder volle Leistung zu erbringen. Daher wird das Training z. B. am Montag nach einem Turnier etwas entspannter ablaufen und es werden keine starken Belastungen durchgeführt. Das Techniktraining ist in diesem Fall vorzuziehen.

*Das Fettstoffwechsel Training (intensiv)* 70 bis 80% der maximalen Herzfrequenz.

Im intensiven Training (GA1int) wird ebenfalls wie im GA1ex der Fettstoffwechsel des Sportlers aktiviert. Körpereigene Fette sind jetzt die größten Energielieferanten für die Muskeln. Die Energie wird weiterhin aerob, also unter Nutzung von Sauerstoff gewonnen. Auch in diesem Bereich kann, je nach Leistungsstand des Sportlers, über eine längere Distanz gepaddelt werden.

Das Training in diesem Trainingsbereich ist durch eine große Dauer bzw. lange und überlange Trainingsstrecke gekennzeichnet. Bestimmte Merkmale sind die Dauermethode und Tempowechselmethoden, das Halten der Bootsgeschwindigkeit im Bereich der aeroben Schwelle bis zum aeroben/anaeroben Übergang (vgl. Kahl, S. 22). Das Paddeln ist also in einem für den Sportler angenehmen Bereich auszuführen. Er soll nicht völlig außer Atem kommen, aber in einem zügigen Tempo die vorgegebene Trainingsdistanz zurücklegen.

**Grundlagenausdauer 2 (GA2)**

*Das Ausdauer-Fitness-Training (Entwicklungsbereich)* 80 bis 90% der maximalen Herzfrequenz.

Dieses intensive Training bringt die Grundlagenausdauer auf ein höheres Niveau. Die aerobe Energiebereitstellung wird entschieden verbessert. Grund dafür ist eine Zunahme der Enzyme und der Mitochondrien. Diese sitzen in der Muskelzelle und sind die Kraftwerke der aeroben Energiegewinnung. Die Energiegewinnung erfolgt nun zunehmend aus den Kohlenhydraten.

Ideal: intensive Dauer- und Tempowechselmethoden, also ca. 20-45 Minuten paddeln, mit einer Belastungsintensität von 80-90%.

**Wettkampfausdauer (WA)**

*Das leistungsorientierte Training* 90 bis 100% der maximalen Herzfrequenz.

Bei diesem Training wird die aerobe Schwelle erreicht und teilweise überschritten. Die Folge ist, dass der Körper Energie zunehmend ohne Sauerstoffverwertung gewinnen muss. Der Fettstoffwechsel ist fast ausgeschaltet und es kann schnell zu einer Übersäuerung der Muskulatur kommen. Dieses Training verbessert vorrangig das Tempo des Sportlers.

Ideal: Tempo- und Intervalleinheiten mit besonders hoher Belastungsintensität von 90-100%. Z.B. 10 Paddelschläge mit einer Belastungsintensität von 100%, darauf folgt eine 180° Drehung und eine GA1in-phase für 20 Paddelschläge. Wiederholung 10x.

Zu Beginn einer Saison hat das spezifische Ausdauertraining eine besondere Bedeutung. Nach dem doch sehr reduzierten Wassertraining im Winter, ist zu Saisonbeginn eine langsame aber effektive Heranführung an das Ausdauertraining erforderlich. Zudem muss eine Grundlage für das darauf folgende Kraftausdauer- und Schnellkrafttraining geschaffen werden. Anhand der Bestimmung der maximalen Herzfrequenz jeden Sportlers und der Orientierung an den bestimmten Trainingsbereichen (GA1, GA2 und WA) kann ein gezieltes Ausdauertraining gestaltet werden. Zunächst müssen alle Sportler ihre max. HF ermitteln. Dieses ist anhand eines Rampentests auf dem Paddelergometer zu empfehlen. Die Rechenformel 220 minus Lebensalter ist hingegen eher ungenau, aber auch ausreichend.

Im nächsten Schritt folgt eine mögliche Orientierungshilfe der individuellen Ausdauerbereiche:

| Max HzF | GA1 extensiv 60 bis 70% | GA1 intensiv 70 bis 80% | GA2 80 bis 90% | WA 90 bis 100% |
|---|---|---|---|---|
| Max HzF 188 | 113-132 | 132-150 | 150-169 | 169-188 |
| Max HzF 189 | 113-132 | 132-151 | 151-170 | 170-189 |
| Max HzF 190 | 114-133 | 133-152 | 152-171 | 171-190 |
| Max HzF 191 | 115-134 | 134-153 | 153-172 | 172-191 |
| Max HzF 192 | 115-134 | 134-154 | 154-173 | 173-192 |
| Max HzF 193 | 116-135 | 135-154 | 154-174 | 174-193 |
| Max HzF 194 | 116-136 | 136-155 | 155-175 | 175-194 |
| Max HzF 195 | 117-137 | 137-156 | 156-176 | 176-195 |
| Max HzF 196 | 118-137 | 137-157 | 157-176 | 176-196 |
| Max HzF 197 | 118-138 | 138-158 | 158-177 | 177-197 |
| Max HzF 198 | 119-139 | 139-158 | 158-178 | 178-198 |
| Max HzF 199 | 119-139 | 139-159 | 159-179 | 179-199 |
| Max HzF 200 | 120-140 | 140-160 | 160-180 | 180-200 |
| Max HzF 201 | 121-141 | 141-161 | 161-181 | 181-201 |
| Max HzF 202 | 121-141 | 141-162 | 162-182 | 182-202 |
| Max HzF 203 | 122-142 | 142-162 | 162-183 | 183-203 |
| Max HzF 204 | 122-143 | 143-163 | 163-184 | 184-204 |

Praktisches Beispiel I: Training zur Verbesserung der aeroben Fitness und Ausdauerleistungsfähigkeit

Diese Ausdauereinheit umfasst 60 Minuten und beinhaltet einen langen Leistungsanstieg und Abstieg im GA1 und GA2 (aeroben) Bereich. Zur Hälfte wird ein vierminütiger Stich mit 95% im anaeroben Bereich gesetzt.

- 5 Minuten GA1ex 60%
- 13 Minuten GA1int 75%
- 10 Minuten GA2 85%
- 4 Minuten WA 95% (Spitze)

- 10 Minuten GA2 85%
- 13 Minuten GA1int 75%
- 5 Minuten GA1ex 60%

Praktisches Beispiel II: Training für maximalen Leistungszuwachs und Verbesserung der Laktattoleranz:

Diese Ausdauereinheit umfasst 60 Minuten und beinhaltet einen langen Leistungsan- und Abstieg im GA1 und GA2 (aeroben) Bereich. Zwei vierminütige Spitzen im WA-Bereich setzen zudem einen besonderen Reiz im anaeroben Bereich.

- 3 Minuten GA1ex 60%
- 10 Minuten GA1int 75%
- 8 Minuten GA2 80%
- 4 Minuten WA 90% (1. Spitze)
- 8 Minuten GA2 80%
- 4 Minuten WA 90% (2. Spitze)
- 8 Minuten GA2 80%
- 10 Minuten GA1int 75%
- 5 Minuten GA1ex 60%

Praktisches Beispiel III: Training für maximalen Leistungszuwachs und Verbesserung der Laktattoleranz

Diese Ausdauereinheit umfasst 60 Minuten. In dieser Einheit werden gleich vier Reize im WA-Bereich gesetzt. Eine vierminütige Belastung im anaeroben Bereich und eine sechsminütige Belastung im aeroben Bereich, in vierfacher Wiederholung erfordert bereits eine gute konditionelle Form der Sportler.

- 3 Minuten GA1ex 60%
- 5 Minuten GA1int 75%
- 5 Minuten GA2 80%
- 6 Minuten WA 90% (1. Spitze)
- 5 Minuten GA2 80%

- 6 Minuten WA 90% (2. Spitze)
- 5 Minuten GA2 80%
- 6 Minuten WA 90% (3. Spitze)
- 5 Minuten GA2 80%
- 6 Minuten WA 90% (4. Spitze)
- 5 Minuten GA2 80%
- 3 Minuten GA1int 75%

Praktisches Beispiel "HIIT": Training zur Verbesserung der maximalen Leistung & Geschwindigkeit:

Diese 20 minütige Ausdauereinheit umfasst zehn sehr intensive Spitzen von 30 Sekunden Länge und jeweils einer Minute unvollständiger Erholung durch aktives Paddeln zwischen den Spitzen. Dieses Beispiel orientiert sich an dem Modell des "High Intensity Interval Training" (HIIT) und ist eine kurze, aber intensive Ausdauertrainingseinheit zur Steigerung der maximalen Geschwindigkeit.

- 3 Minuten GA1int 75%
- 30 Sekunden WA 95% (1. Spitze)
- 1 Minuten GA1int 75%
- 30 Sekunden WA 95% (2. Spitze)
- 1 Minuten GA1int 75%
- 30 Sekunden WA 95% (3. Spitze)
- 1 Minuten GA1int 75%
- 30 Sekunden WA 95% (4. Spitze)
- 1 Minuten GA1int 75%
- 30 Sekunden WA 95% (5. Spitze)
- 1 Minuten GA1int 75%
- 30 Sekunden WA 95% (6. Spitze)
- 1 Minuten GA1int 75%
- 30 Sekunden WA 95% (7. Spitze)
- 1 Minuten GA1int 75%
- 30 Sekunden WA 95% (8. Spitze)

- 1 Minuten GA1int 75%
- 30 Sekunden WA 95% (9. Spitze)
- 1 Minuten GA1int 75%
- 30 Sekunden WA 95% (10. Spitze)
- 3 Minuten GA1int 75%

### 1.3.4 Beweglichkeit

*"Die Beweglichkeit wird sportmethodisch definiert als die Fähigkeit, Bewegungen mit der erforderlichen Schwingungsweite ausführen zu können. Aus funktionell-anatomischer Sicht liegt ihr die Gelenkigkeit und die Dehnungsfähigkeit zu Grunde."* (Hohmann, S. 98)

Die ***allgemeine Beweglichkeit*** umfasst die Beweglichkeit in den großen Gelenksystemen z.B. Hüfte, Schulter, Wirbelsäule. Die Ausprägung dieser Beweglichkeit kann je nach Anspruchsniveau verschieden stark sein.

Die ***spezielle Beweglichkeit*** des Sportlers im Kanupolo bezieht sich auf die sportartspezifische Bewegungsfähigkeit in einem bestimmten Gelenk. Im sportlichen Sinne muss der Kanupolospieler alle die sich aus dem Sport ergebenden Bewegungen mit der erforderlichen Schwingungsweite ausführen können. Die Beweglichkeit ist definiert über die Gelenkigkeit und die Dehnfähigkeit.

Aus dem sportlichen Anforderungsprofil des Kanupolos lässt sich ableiten, dass eine gute Gelenkig- und Dehnfähigkeit bestimmter Gelenksystem des Körpers von besonderer Bedeutung für die Ausführung des Sports sind. Andere Bereiche hingegen, wie die der unteren Extremitäten eher eine untergeordnete Bedeutung spielen. Für den Kanupolosport, der in der Regel eher die oberen Extremitäten ab der Hüfte aufwärts beansprucht, kann daher das Beweglichkeitstraining der Beine eher vernachlässigt werden, da diese im Kajak über keine große Schwingungsweite verfügen müssen und eher eine stabilisierende und damit vergleichbar passive Funktion einnehmen. Die Beweglichkeit der Hüfte, Wirbelsäule, Schultern und Arme sollte daher einer besonderen Aufmerksamkeit gewidmet werden. Verglichen mit anderen Sportarten wie Turnen, Yoga oder Gymnastik darf der Kanupolospieler jedoch ein geringeres Maß an Gelenkigkeit besitzen und seine Haupttrainingsschwerpunkte in der Schulung anderer Fähigkeiten (z.B. Kraft, Schnelligkeit, Ausdauer, Technik und Taktik) setzen.

Dennoch sollten das Beweglichkeitstraining und die Dehnübungen, auch aus gesundheitlichen Gründen nicht gänzlich vernachlässigt werden. Dehnübungen zur Verbesserung der Beweglichkeit sollten von Sportlern regelmäßig angewandt werden und fester Bestandteil der Trainingseinheiten sein. Es ist davon auszugehen, dass insbesondere Dehnübungen nach einem Wettkampf oder Training die allgemeine Regeneration fördern, zur Verletzungsreduktion beitragen und eine Verkürzung bestimmter Muskeln entgegenwirken können. Während des Sports übt der Sportler sehr spezifische und zum Teil monotone Bewegungen aus. Dabei wird längst nicht die gesamte Schwingungsweite z.B. der Schulter und Arme ausgeschöpft und der Sportler neigt sogar dazu, dass sich aufgrund der spezifischen Belastungen bestimmte Muskelstränge verkürzen und dadurch die allgemeine Beweglichkeit eingeschränkt wird. Die oft sehr vorgebeugte Sitzhaltung im Kajak und der damit verbundenen Verkürzung der Bauchmuskulatur sollte durch Dehnübungen in der Rückbeuge oder Kräftigungsübungen entgegengewirkt werden, um Fehlhaltungen frühzeitig zu vermeiden.

Auch wenn bis zu diesem Punkt die Schulung der Beweglichkeit eher als regeneratives Training und zur Verletzungsreduktion dargestellt wurde möchte ich noch einige praktische Aspekte aufführen, die deutlich machen, an welchen Stellen im Kanupolo eine gut ausgeprägte Beweglichkeit von Vorteil sein kann.

Eine gut ausgeprägte Beweglichkeit des Rumpfes (Hüfte) und der Wirbelsäule ist insbesondere bei der Erlernung der Eskimorolle von Vorteil. Gerade beim Eskimotieren neigt sich der Oberkörper seitlich bis zu 90°, um schließlich mit einer langen Armbewegung und dem Aufknicken der Hüfte das Boot wieder aufzurichten.

Ein weiteres Beispiel lässt sich von der Wurfausführung insbesondere von Freischüssen unter dem verteidigten Tor ableiten. Während schon der übliche gerade Schlagwurf die komplette Schwingungsweiter der Schulter ausnutzt, zeichneten sich in der Vergangenheit besonders gute Schützen darin aus, die Bewegungsfähigkeit zu besitzen, bei der Ausführung des Wurfes den Oberkörper seitlich zu verlagern, um die geradlinige Flugbahn des Balles zu beeinflussen und um das gegnerische Paddel zu umspielen.

## 1.4 Koordinative Fähigkeiten

Im allgemeinen Sprachgebrauch werden die koordinativen Fähigkeiten auch "Koordination" genannt und für ein Zusammenwirken oder gegenseitiges Abstimmen verschiedener Faktoren, Glieder oder Organisationen verwendet. Aus der Fachliteratur lassen sich unterschiedliche koordinative Fähigkeiten entnehmen, die von unterschiedlichen Autoren ergänzt wurden. Vollständigkeitshalber werden im Folgenden alle koordinativen Fähigkeiten aufgeführt und anhand spezifischer Beispiele erläutert.

Allgemein betrachtet wird davon ausgegangen, dass die vielseitige Entwicklung der koordinativen Fähigkeiten im Kindesalter stattfinden und Vorrang vor dem Training der konditionellen Fähigkeiten haben sollten. Gut entwickelte koordinative Fähigkeiten sind die Voraussetzung zum Lernen komplexer Bewegungsfertigkeiten wie die des Kanupolosport. Vielseitige Bewegungserfahrungen ermöglichen eine natürliche Entwicklung der koordinativen Fähigkeiten und fördern die Lernfähigkeit. Auf eine zu frühe Spezialisierung und ein zu frühes Konditionstraining ist deshalb zu verzichten. Selbstbestimmtes Erfahren und Entdecken bei koordinativen Bewegungsaufgaben fördert zudem die Eigenständigkeit und dadurch auch die Motivation (vgl. www.habapix.ch).

### 1.4.1 kinästhetische Differenzierungsfähigkeit

Fähigkeit zum Erreichen einer hohen Feinabstimmung einzelner Bewegungsphasen und Teilkörperbewegungen, die in großer Bewegungsgenauigkeit und Bewegungsökonomie zum Ausdruck kommt. Die Muskeln, Bänder und Sehnen liefern kinästhetische Informationen um zahlreiche motorische Bewegungen situativ umsetzen zu können.

Ein Praxisbeispiel aus dem Kanupolo, in dem eine gut kinästhetische Differenzierungsfähigkeit wichtig ist :

- Im Kanupolo ist von elementarer Bedeutung, das Kajak möglichst zielgerichtet und genau zu manövrieren. Durch eine möglichst optimal und sauber ausgeführte Paddeltechnik, bestehend aus Paddelhaltung, Oberkörperrotation, Eintauch-, Zug-, und Aushubphase, kann sich der Sportler sehr ökonomisch fortbewegen. Bei der Fortbewegung des Kajaks und der Ausführung der Paddeltechniken ist eine kontinuierliche und fließende Bewegung wichtig, die präzise aufeinander abgestimmt ist. Je häufiger solche Aktionen trainiert werden, umso dichter wird die neuronale Kopplung der an diesem Prozess beteiligten Neuronen und um so genauer die auszuführenden Bewegungen.

### 1.4.2 Kopplungsfähigkeiten

Fähigkeit, Teilkörperbewegungen bzgl. eines bestimmten Handlungsziels räumlich, zeitlich und dynamisch aufeinander abzustimmen.

Ein Praxisbeispiel aus dem Kanupolo, in dem eine gut entwickelte Koppelungsfähigkeit wichtig ist :

- Für eine erfolgreiche Eskimorolle sind verschiedenste Teilkörperbewegungen erforderliche, die gut aufeinander abgestimmt sein müssen. Die Paddelführung unter Wasser, in

Verbindung mit dem Hüftknick ermöglichen letztendlich die Aufrichtung aus dem Wasser.

### 1.4.3 Rhythmisierungsfähigkeiten

Fähigkeit, einen von außen vorgegebenen Rhythmus zu erfassen und motorisch umzusetzen. Außerdem die Fähigkeit einen verinnerlichten Rhythmus einer Bewegung in der eigenen Bewegungstätigkeit zu realisieren.

Ein Praxisbeispiel aus dem Kanupolo, in dem eine gut entwickelte Rhythmisierungsfähigkeit wichtig ist :

- Der Sportler muss gerade bei längeren Strecken einen guten Paddelrhythmus finden. Dies ist beim Mittelanstoß und der Fahrt eines Tempogegenstoß über das gesamte Spielfeld wichtig. Der Sportler muss in einem gleichmäßigen Tempo, mit maximaler Geschwindig- und Schnelligkeit paddeln.

### 1.4.4 Gleichgewichtsfähigkeit

Fähigkeit, den gesamten Körper im Gleichgewichtszustand zu halten oder während und nach umfangreichen Körperverlagerungen diesen Zustand beizubehalten oder wiederherzustellen.

Ein Praxisbeispiel aus dem Kanupolo, in dem eine gut entwickelte Gleichgewichtsfähigkeit wichtig ist:

- Grundvoraussetzung eines Kanupolosportlers ist das Gleichgewicht im Boot halten zu können. Diese Fähigkeit muss besonders gut ausgeprägt sein, da auch unter erschwerten Bedingungen z.B. Wellengang, während des Wurfes, im Zweikampf oder bei einem Handangriff des Gegners ebenfalls das Gleichgewicht gehalten werden muss.

### 1.4.5 Reaktionsfähigkeit

Fähigkeit zur schnellen Einleitung und Ausführung zweckmäßiger motorischer Aktionen auf Signale.

Einige Praxisbeispiele aus dem Kanupolo, in denen eine gut entwickelte Reaktionsfähigkeit wichtig ist:

- Beim Mittelanstoß zu Beginn einer Halbzeit muss der Sportler schnell auf Pfiff des Schiedsrichters reagieren können, um zügig zum Ball sprinten zu können.
- Beim Schiedsrichterball muss der Sportler schnell reagieren, sowie der Ball die Wasseroberfläche berührt hat.
- Bei der Ballabwehr mit dem Paddel oder der Hand ist nicht nur für den Torwart die Reaktionsfähigkeit entscheidend.

### 1.4.6 Orientierungsfähigkeit

Fähigkeit der Bestimmung und zielangepassten Veränderung der Lage und Bewegung des Körpers im Raum.

Einige Praxisbeispiele aus dem Kanupolo, in denen eine gut entwickelte Orientierungsfähigkeit wichtig ist :

- Nach dem Auftauchen des Eskimotieren ist es von Vorteil, wenn der Sportler sich schnell wieder orientiert, um Spielzüge fortzusetzen oder den Ball sicher zu einem Mitspieler passen zu können.
- Bei der Durchführung taktischer Handlungsschritte ist es von großem Vorteil, wenn der Sportler sich nahezu blind auf dem Spielfeld orientieren kann. Gerade im Angriffspiel ist es wichtig, sich Positionen der Mitspieler zu merken, um auch sicher einen Ball zum Mitspieler zu passen, auch wenn dieser sich nicht in direkter Blickrichtung befinden.

### 1.4.7 Umstellungsfähigkeit

Fähigkeit, während des Handlungsvollzugs, das Handlungsprogramm veränderten Umgebungsbedingungen anzupassen oder evtl. ein völlig neues und adäquates Handlungsprogramm zu starten.

Einige Praxisbeispiele aus dem Kanupolo, in denen eine gut entwickelte Umstellungsfähigkeit wichtig ist:

- Beim Umkehrspiel muss der Sportler die Fähigkeit besitzen, sich auf die neue Spielsituation einzustellen und situativ von Angriff auf Verteidigung oder Verteidigung auf Angriff umschalten können.
- Befindet sich der Sportler in der Verteidigung, muss er situativ auf wechselnde Angriffsformen reagieren können und sich auf unterschiedliche Gegner einstellen.
- Im Angriff muss der Sportler die Fähigkeit besitzen, Angriffsformen und/oder seine eigene Spielerposition umzustellen und den taktischen Gegebenheiten anzupassen

## 1.5 Technik

Der Kanupolosport ist verglichen mit manchen anderen großen Sportspielen eine Sportart, in der eine große Bandbreite an technischen Fähigkeiten beherrscht werden müssen, um überhaupt das Spiel ausüben zu können. Nur wenigen Sportlern ist es möglich, ohne weitreichende Vorerfahrungen in ein Kanupoloboot zu steigen und sofort ein Spiel 2x10 Minuten zu spielen. Das ist vielleicht auch der Grund, warum der Kanupolosport noch immer eine Randsportart ist, da er zum einen sehr hohe technische Anforderungen an den Sportler stellt, die Erlernung viel Zeit beansprucht und die örtlichen Gegebenheiten zum Kanupolospielen nicht überall vorhanden sind, im Vergleich zu z.B. Fußballplätzen. Verglichen mit den Sportarten Handball, Fußball oder Basketball, sind diese Sportarten je nach Spielniveau auch technisch anspruchsvoll, doch diese Sportarten kann jedes Kind, jeder Erwachsene ohne viel Übung sehr zeitnah auf einem spielfähigen Niveau ausführen. Die Grundtechniken des Laufens und des Ballpassens lernen Kinder bereits in frühen Jahren. Beim Kanupolo muss der Sportler jedoch erst einmal beginnen, sich überhaupt im Kajak zu halten und sich in Bewegung zu setzen. Ehe er dann das Kajak dort hin manövriert hat, wo er es hin haben möchte, werden einige Trainingseinheiten erforderlich sein. Wurden die notwendigen Paddeltechniken erworben, ist der Kanupolosportler noch längst nicht am Ende seines Basistechniktrainings angelangt. Im Anschluss muss gelernt werden das Boot aus voller Fahrt abzubremsen, Richtungen zu wechseln, den Ball aus der sitzenden Position auf ein Tor oder zu einem Mitspieler zu passen. Dieses sind nur einige Beispiele, die einen groben Eindruck über die Vielfalt der Techniken des Kanupolos darstellen sollen. Das gesamte technische Leistungsspektrum im Kanupolo besteht aus vielen Teilkomponenten die im Weiteren kategorisiert und die einzelnen technischen Anforderungen aufgelistet werden. Zuvor soll aber ein kleiner Exkurs in die Sportwissenschaften stattfinden und einige Gedankengänge anderer Autoren zu dieser Thematik dargestellt werden.

**HOFFMANN** u.A. beschreiben den Begriff "sportliche Technik" als "...Sammelbezeichnung für eine Reihe technischer Fertigkeiten eines Sportlers oder einer Sportart. Eine technische Fähigkeit ist eine erprobte, zweckmäßige und effektive Bewegungsfolge zur Lösung einer definierten Aufgabe in Sportsituationen. Das technische Leistungsniveau eines Sportlers wird durch die Disposition beschrieben, technische Fertigkeiten in einer hohen Qualität ausführen zu können" (Hoffmann u.A., S. 105). Aus dieser Definition lässt sich ableiten, dass Sportler, die über hohe technische Kompetenzen bei der Ausführung der spezifischen Kanupolotechniken verfügen, ihren Sport auf einem hohen sportlichen Niveau auszuführen werden.

**ELLWANGER** wird in seiner Definition etwas spezifischer und beschreibt, dass Technik "...zunächst die motorischen Fertigkeiten der Spielenden, Spielsituationen gemäß den vorgegebenen Spielregeln mit und ohne Ball zu bewältigen und zu gestalten..." umfasst (vgl. Ellwanger, S. 22). Dabei unterteilt er die Techniken im Kanupolo grob in zwei Kategorien:

- Techniken die im Ballbesitz ausgeführt werden und
- Techniken die ohne Ballbesitz ausgeführt werden.

**DANZ** geht sogar noch einen Schritt weiter und unterteilt die Techniken der Spielhandlung zunächst in "*Techniken der Angriffshandlungen*" und "*Techniken der Abwehrhandlungen*" die er dann in die Kategorien:

- Techniken der *Angriffshandlungen* ohne Ball.
- Techniken der *Angriffshandlungen* mit Hand und Ball.
- Techniken der *Angriffshandlungen* mit Paddel und Ball.

unterteilt (vgl. Danz, S. 28).

Bei der folgenden Darstellung wird sich an keiner der oben aufgeführten Strukturen orientiert, da sich viele technische Elemente z.B. die technischen Elemente des Unterfahrens oder Unterschneidens nicht ausschließlich einer Angriffs- oder Abwehrhandlung zuzuordnen lassen.

Im Folgenden wird sich an der Struktur der Lernsoftware von **SALZWEDEL** orientiert. Eine Unterteilung in Angriffshandlungen und Abwehrhandlungen werden in diesem Fall für nicht erforderlich gehalten.

### 1.5.1 Bootsbeherrschungstechniken

Die Bootsbeherrschung oder Bootskontrolle hat im Kanupolo eine besondere Bedeutung. Durch einen geschickten Einsatz des Bootes können schnell Wendemanöver eingeleitet oder im Zweikampf eine vorteilhafte Position eingenommen werden.

- Kanten des Kajaks nur durch Schenkel- und Kniedruck (vgl. Machatschek, S. 61)
- Unterfahren mit dem Heck

- Unterfahren mit dem Bug
- Unterschneiden mit dem Heck
- Unterschneiden mit dem Bug
- Überfahren
- Zweikampf

### 1.5.2 Paddeltechniken

Die Paddeltechnik umfasst Methoden, das Kanupoloboot möglichst rhythmisch, ergonomisch, ökonomisch, kraftvoll, kraftsparend fortzubewegen.

- steiler/flacher Grundschlag vorwärts
- steiler/flacher Grundschlag rückwärts
- Bogenschlag vorwärts
- Bogenschlag rückwärts
- seitlicher Ziehschlag

**Tipp:** Auf der Homepage www.kayakpaddling.net werden die Grundpaddeltechnik sehr anschaulich als Animation dargestellt. Die einzelnen Phasen werden gerade für den Einsteiger sehr detailliert und verständlich gezeigt.

### 1.5.3 Paddelstütztechniken

Bei der Paddelstütze wird der Paddelschlag nicht vertikal, sondern horizontal angewandt. Der Druck der Blattfläche flach auf das Wasser wirkt kurzzeitig so stark, dass man sich mit dem Körpergewicht abstützen und wieder hoch drücken kann (vgl. Machatschek, S. 53). Dem Kanupolospieler gelingt es, dadurch eine Kenterung zu verhindern oder das Boot auch in einer Verteidigungssituation dauerhaft anzukanten.

- flache Paddelstütze
- hohe Paddelstütze

### 1.5.4 Techniken der Ballaufnahme

Die Ballaufnahme ist eine Technik, den Ball aus dem Wasser aufzunehmen. Diese Technik wird mit der Hand oder dem Paddel umgesetzt. Sie wird eingesetzt, wenn der Ball ungenau zugespielt wird und dadurch nicht gefangen werden kann. Abhängig von der Ausgangssituation bzw. der Ballposition zum aufnehmenden Spieler wird der Ball mit der Hand oder dem Paddel aufgenommen (vgl. Salzwedel).

- Ballaufnahme mit der Hand von vorn
- Ballaufnahme mit der Hand von oben
- Ballaufnahme mit dem Paddel
- Ballaufnahme mit der Bootsspitze
- Ball mit dem Paddel heranziehen
- "Hechtsprung" auf den Ball

### 1.5.5 Techniken der Ballannahme

Die Ballannahme ist eine Technik, den Ball nach einem direkten Zuspiel anzunehmen. Diese Technik wird einhändig, zweihändig oder mit dem Paddel ausgeführt. Die Annahme mit dem Paddel wird bei größeren Abständen zum Ball (außerhalb der Armreichweite) eingesetzt (vgl. Salzwedel).

- Ballannahme zweihändig
- Ballannahme einhändig links
- Ballannahme einhändig rechts
- Ballannahme mit dem Paddel
- flache Ballweitergabe mit dem Paddel
- hohe Ballweitergabe mit dem Paddel
- Torschuss mit dem Paddel

### 1.5.6 Techniken der Ballabgabe mit der Hand

Die Ballabgabe ist die entscheidende Technik, den Ball weiterzuspielen oder mit einem Torschuss abzuschließen (vgl. Salzwedel).

- Schlagwurf
- Bogenlampe
- Druckpass
- Schleuderwurf
- Rückhandwurf
- gerade Hinterrückswürfe
- seitliche Hinterrückswürfe

### 1.5.7 Techniken der Ballführung (Balltreiben)

Die Ballführung ist eine Technik, bei der sich der Ball während der Vorwärtsbewegung in kurzen Distanzen selbst vorgelegt wird. Diese Technik kann mit der Hand oder dem Paddel erfolgen. Dabei werden die Techniken der Ballaufnahme und die Ballabgabe mit der Hand bzw. dem Paddel hintereinander angewandt (vgl. Salzwedel).

- Balltreiben mit der Hand (links/rechts)
- Balltreiben mit dem Paddel (links/rechts)

### 1.5.8 Techniken der Ballabwehr

Die Ballabwehr ist eine Technik, um im Nahbereich des Gegners das Abspiel oder Zuspiel zu stören bzw. einen Torwurf zu verhindern (vgl. Salzwedel).

- Ballabwehr mit der Hand
- Ballabwehr mit dem Paddel

### 1.5.9 Techniken des Körpereinsatzes

Der Körpereinsatz umfasst den geschickten Einsatz des Körpers im Zweikampf mit einem Gegenspieler.

- Ausführung des Schulterstoß
- Abwehr des Schulterstoß

### 1.5.10 Techniken des Eskimotieren

Die Eskimorolle ist eine Methode, um ein gekentertes Kajak schnell und ohne aussteigen zu müssen wieder aufzurichten. Die Ausübung dieser Methode wird Rollen oder auch Eskimotieren genannt.

- Eskimotieren mit der Hand
- Eskimotieren mit dem Paddel
- Eskimotieren mit dem Ball

## 1.6 Taktik

Das Thema "Taktik im Kanupolo" ist gleich nach "Methoden und Übungen" eines der spannendsten und praxisorientiertesten Themen im Kanupolosport. Werden die grundlegendsten Techniken des Sport beherrscht, ist es für viele Sportler besonders reizvoll, eigene taktische Handlungsschritte zu erproben und anzuwenden. Es ist dann besonders interessant, die Taktiken der gegnerischen Mannschaft zu deuten, um möglichst wirkungsvoll auf diese zu reagieren.

Trotz des großen Interesses an dieser Thematik existieren bis heute nur wenige veröffentlichte Skripte und Dokumentationen. In der englischsprachigen Literatur ist der australische Autor **BEASLEY** seit einigen Jahren sehr aktiv und hat bereits drei Bücher "Canoe-Polo - skills and tactics" veröffentlicht, in denen er sich ausführlich mit den Grundfertigkeiten und Taktiken des Kanupolos beschäftigt. In Deutschland lassen sich zwei häufig zitierte wissenschaftliche Arbeiten von **DANZ** (1996) und **ELLWANGER** (2001) finden, die taktische Spielzüge im Kanupolo thematisiert haben. Besonders zu erwähnen ist auch die 2006 in Leipzig, im Rahmen einer Magisterarbeit, von **SALZWEDEL** entwickelte Lernsoftware für Kanupolo, in der sehr übersichtlich die unterschiedlichen Grundfertigkeiten und Taktiken des Kanupolo dargestellt werden.

Taktik im Kanupolo umfasst den Einsatz von unterschiedlichen Handlungsstrategien, die einen bestimmten Spielabschnitt oder eine Spielsituation so zu regeln gestattet, dass ein optimaler sportlicher Erfolg gegenüber dem gegnerischen Spieler, einer Gruppe oder der gesamten Mannschaft möglich wird. Dieser sportliche Erfolg kann z.B. der Torerfolg, einen Angriff der Gegner zu unterbinden oder zu einer Vorteilssituation zu gelangen sein.

Drei klassische Formen taktischen Handelns lassen sich im Kanupolo wiederfinden.

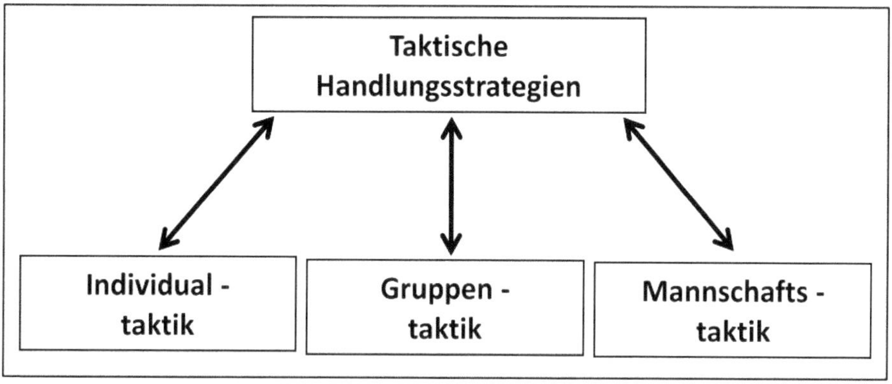


Abb. 6: Taktische Handlungsstrategien

***<u>Individualtaktik</u>***

Die Individualtaktik umfasst das taktische Verhalten <u>eines</u> Spielers in bestimmten Spielsituationen.

“Mit Individualtaktik bezeichnen wir den situativen Einsatz der motorischen Mittel eines Spielers, um ein angestrebtes Spielziel, das für ihn sinnvoll und erstrebenswert ist, so anzusteuern, dass für seine Erwartung die größtmögliche Erfolgswahrscheinlichkeit besteht” (Ellwanger, S. 22).

***Gruppentaktik:***

Die Gruppentaktik bzw. teilkollektive Taktik umfasst das taktische Zusammenspiel von mindestens zwei bis zu vier Spielern einer Mannschaft in bestimmten Spielsituationen.

“Mit Gruppentaktik bezeichnen wir die planbaren Möglichkeiten (Handlungsprogramme) der Spielenden, Spielsituationen im Sinne ihres Spielziels gemeinsam mit Teilen der Mannschaft zu bewältigen und solche Spielsituationen zu schaffen, die die Erfüllung ihrer gemeinsamen Erfolgserwartungen wahrscheinlicher machen. Zu diesen Möglichkeiten zählen aktive und passive Hilfen sowie Formen des Zusammenspiels und der Kommunikation” (Ellwanger, S. 20). **DANZ** ergänzt zudem, dass die Spieler entsprechend den Spielverhältnissen ihre Räume nutzen und mögliche gegnerische Handlungen vorhersehen.

"Dabei sollen die Spieler entsprechend den Spielverhältnissen effizient ihre Räume nutzen und im richtigen Augenblick, auch durch Vorwegnahme gegnerischer Handlungen (Handlungsantizipation), effektiv gruppentaktische Maßnahmen durchführen” (Danz, S. 38).

Gruppentaktische Elemente sind immer von den individuellen Möglichkeiten der Spieler abhängig.

***Mannschaftstaktik:***

Die Mannschaftstaktik bzw. kollektive Taktik umfasst das taktische Zusammenspiel aller Spieler einer Mannschaft in bestimmten Spielsituationen. Die Mannschaft hat sich grundlegend auf bestimmte mannschaftliche Maßnahmen verständigt, die in bestimmten Spielsituationen zum Einsatz kommen und kann diese im Laufe des Spieles auch spontan ändern. Mit diesen Taktiken soll das eigene Spielziel durchgesetzt und die eigenen Erfolgschancen gesteigert werden (vgl. Ellwanger, S. 17). Innerhalb dieser Mannschaftstaktik fließen Individualtaktiken und gruppentaktische Elemente ein. Die erfolgreiche Ausführung der Individualtaktiken und Gruppentaktiken haben einen entscheidenden Einfluss auf den Erfolg der

Mannschaftstaktiken und sind bei der Wahl oft von den vorhandenen Spielerressourcen abhängig. Verfügen die einzelnen Sportler über hohe individuelle taktische Fähigkeiten, ist eine komplexe Gruppen- und Mannschaftstaktik möglich.

**DANZ** unterteilt die Mannschaftstaktiken noch einmal in Mannschaftsangriffs- und Mannschaftsabwehrtaktik, diese bilden wiederum die Grundlage für das gruppentaktische und individuelle Verhalten in einer Spielsituation (vgl. Danz, S. 50). **ELLWANGER** ergänzt die Einteilung um den Typ Transition, dem Umkehrspiel bzw. "Fastbreak". Wird situativ schnell und technisch brillant vom Verteidigungsspiel in das Angriffsspiel umgestellt, ergibt sich für die Mannschaft ein entscheidender Vorteil, der sehr erfolgsversprechend ist (vgl. Ellwanger, S. 14).

Die absolut vervollkommnende Stufe des taktischen Spiels im Kanupolo ist, wenn eine Mannschaft eine Vielzahl an Handlungsstrategien beherrscht und auch unter Druck während eines Kanupolospiels frei und situativ angemessen anwenden kann. Um diese Entwicklungsstufe zu erreichen, müssen die verschiedenen Taktiken während des Trainings mit einer hohen Konzentration und Fokussierung erprobt und weiterentwickelt sowie bei zahlreichen Wettkämpfen verinnerlicht werden.

"Das im taktischen Verhalten umgesetzte Spielkonzept ist abhängig von den individuellen Leistungsvoraussetzungen, von dem Ausbildungsstand der Taktikkenntnisse, von den spielerischen Erfahrungen der Mannschaft, von der Spielweise der Mannschaft, von dem Kommunikationsvermögen und von der Spielauffassung und der Beeinflussung durch den Trainer" (Danz, 1996, S. 38).

Der Trainer hat ein entscheidenden Einfluss auf ein erfolgreiches und taktisch anspruchsvolles Spiel seiner Mannschaft. Durch die gezielte Beobachtung seiner Spieler und derer vorhandenen Fähigkeiten kann er passende Taktiken bestimmen und Rollen zuteilen. Zudem kann er die systematische Einübung der Handlungsstrategien während des

Trainings und des Wettkampfes durchsetzen und das Spielgeschehen während eines Spieles von außen steuern. Er muss sich jedoch bewusst sein, dass Sportler auch während des Trainingsspiels nicht ausschließlich frei ohne System spielen dürfen, sondern gezielte taktische Handlungsabläufe immer wieder einüben und wiederholen müssen, um eine taktische Perfektion zu erreichen.

Im weiteren Verlauf werden nun einige gängige Mannschaftstaktiken dargestellt.

## 1.7 Mannschaftsverteidigungstaktiken

Die Verteidigungssituation im Kanupolo stellt die Situation da, in der sich die gegnerische Mannschaft im Ballbesitz befindet. Im Verteidigungsspiel besteht das Ziel der Verteidiger darin, ein Gegentor zu verhindern, nach Möglichkeit das Angriffsspiel der Gegner zu verhindern und den Ball zu erobern.

### 1.7.1 klassische 3/1 torraumorientierte Raumverteidigung

Diese 3/1 Raumverteidigungstaktik ist die am häufigsten angewendete Verteidigungsform der Welt. Im Fokus dieser Verteidigungsformation steht das Positionsspiel und die Verteidigung der jeweiligen Position. Neben der **Torwartposition** werden die Positionen **Pfosten links**, **Mittelverteidiger** ("Mitte"), **Pfosten rechts** und die des **vorgezogenen Spieler,** der als "1ser" oder "Störer" bezeichnet wird, eingenommen. Die Pfostenverteidiger und der Mittelverteidiger bilden eine Dreierkette unmittelbar vor dem Tor und versuchen ihre Bereiche (rote Kreise in Abb. 7) von Gegenspielern frei zu halten. Diese sehr kompakte Abwehrformation, bietet, wenn sie eng gespielt wird, nur wenige Lücken, in die ein Gegenspieler fahren kann und bietet kaum Raum zur guten Positionierung des Gegners. Zudem stehen die Spieler der Dreierkette so dicht am Tor, dass mindestens zwei Spieler die Chance haben, Torschüsse der Gegner aus der zweiten Reihe mit dem Paddel abzuwehren, ehe der Torwart zum Einsatz kommen muss.

Heutzutage werden viele Angriffsformen auch mit einem Center gespielt, der sich idealer Weise unmittelbar vor dem Torwart in eine gute Schussposition bringen möchte. Dieser Center wird optimal vom Mittelverteidiger gedeckt und an seinem Vorhaben gehindert. Der Mittelverteidiger fungiert in diesem Fall als **Centerdecker**. Verlagert der Center seine Position auf den Aktionsradius eines Pfostenspielers, wird dieser vom Pfostenspieler übernommen. Kommt ein zweiter Center oder ein "Blocker/Schieber" in die Abwehr gefahren, um eine gute Position einzunehmen oder einen "Block" zu stellen, wird dieser entsprechend vom nächstliegenden Pfostenspieler übernommen. Ziel aller Abwehrspieler ist, durch den frühzeitigen und technisch geschickten Bootseinsatz den Gegenspieler zu attackieren und aus seinem Aktionsradius zu befördern. Als eine besondere wichtige technische Fähigkeit zur optimalen Verteidigung seiner Position, hat sich die Beherrschung des Unterfahrens in Kombination mit einem tief aufgestellten Bug herausgestellt. Der verteidigende Spieler muss erreichen, dass sein Boot vor dem ersten Bootskontakt möglichst tief Unterwasser schneidet, damit er beim Auftauchen das generische Boot aufnehmen kann oder durch korrektes Ankanten des Bugs abfängt und an der Weiterfahrt hindert. Einige Sportler üben zur Erlangung dieser Technik den aus dem Kanu-Wildwassersport bekannten "Double Pump", um den Bug möglichst leicht unter die Wasseroberfläche schneiden zu lassen.

Ein weiterer Abwehrspieler fungiert als vorgezogener Spieler ("1ser"), der möglichst dicht vor der Dreierkette liegen bleibt und vorrangig die Angriffe der Gegner über die Mitte blockt und das Zuspiel verhindert. Der "1ser" sollte zudem auf Fehlpässe der Gegner lauern, die Gegner zu einem ungenauen Abspiel provozieren und versuchen den Ball zu gewinnen. Der "1ser" sollte seinen Aktionsradius nur verlassen und auf eine vorgezogene Pfostenposition rücken, wenn dort eine gefährliche Überzahlsituation entstehen könnte, die der Pfostenspieler nicht mehr alleine bewältigen kann. Ist die Gefahr vorbei, muss der "1ser" schnell seine ursprüngliche Position wieder einnehmen.

Der Torwart hat während dieser Angriffssituation der Gegner, neben der aufmerksamen Torverteidigung und dem Lauern auf spontane Fernwürfe, auch die Aufgabe, seine Abwehrspieler in der Abwehrkette zu koordinieren und mit geeigneten Kommandos auf mögliche Schwachstellen aufmerksam zu machen. In diesem Fall ist eine kurze und klare Ansprache des jeweiligen Verteidigers, mit einem deutlich formulierten Hinweisen, hilfreich, aber auch ständige Kommunikation der Verteidiger untereinander.

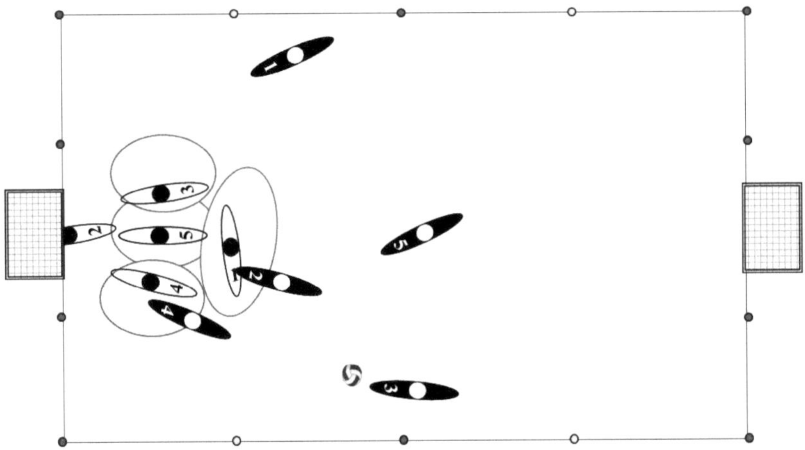

Abb. 7: 3/1 Raumverteidigungstaktik

Gespielt wird diese Verteidigungsform insbesondere dann, wenn die Angriffsstärke der Gegner noch nicht abzuschätzen ist, der Torpunkteabstand der beiden konkurrierenden Mannschaften sehr gering ist und/oder sich das Spiel in den ersten Minuten bzw. der ersten Halbzeit befindet.

Der Übergang in eine andere Verteidigungsform, die meist offensiver ist, geschieht in vielen Fällen erst dann, wenn die Spielzeit geringer wird und die zu verteidigende Mannschaft feststellt, dass sie in der noch verbleibenden Zeit nur geringe Chancen hat mit der bisher gewählten

Verteidigungstaktik zeitnah in den Ballbesitz zu gelangen und wieder in den Angriff übergehen zu können, um eine Torwurfchance zu erspielen.

Zu einem besonderen Kräftemessen avanciert die klassische 3/1 Torraumverteidigung, wenn in den letzten Spielminuten die verteidigende Mannschaft bisher mehr Tore erzielt hat als die Gegner. In diesem Fall wird noch einmal mehr um jeden Preis die Position gehalten, Lücken verhindert und konzentriert auf den Ball geachtet. Kaum eine verteidigende Mannschaft, die im laufenden Spiel mehr Tore erzielt hat als die Gegner, wird in dieser Situation von dieser kompakten und risikoarmen Abwehrstrategie abweichen.

### 1.7.2 3/1 ballorientiert Raumverteidigung

Die 3/1 ballorientierte Raumverteidigung weicht nur an wenigen Punkten von der zuvor beschriebenen raumorientierten Verteidigungsform ab. Das Positionsspiel der Verteidiger lässt sich aus der klassischen 3/1 raumorientierten Verteidigung übernehmen und ist eine riskante Verteidigungsform, da es aufgrund der offenen Spielweise schnell zu Überzahlsituationen für die Angreifer kommen kann, die in einem Torschuss enden können.

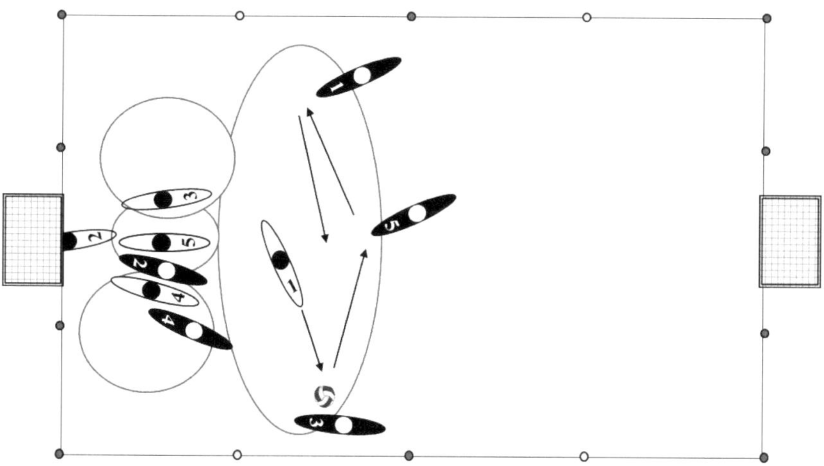

Abb. 8: 3/1ballorientierte Raumverteidigungstaktik

Risiko gehen viele Mannschaften erst ein, wenn sich die verteidigende Mannschaft im Rückstand befindet, nur noch wenige Minuten der Spielzeit bestehen und dringend der Ball für die Chance zum Erzielen eines Ausgleichtreffers benötigt wird. Die verteidigende Mannschaft setzt quasi alles auf eine Karte, um den Ball zu gewinnen und erneut eine Torchance zu erhalten.

In diesem Fall werden die Aktionsradien der Spieler größer. Insbesondere der "1ser" hat nun die Aufgabe, aktiv auf einen ballführenden Spieler zu steuern, ehe dieser zur Fahrt auf die Abwehr ansetzt. Wichtigstes Ziel des "1ser" ist es, in dieser Situation das Zuspiel der Gegner zu unterbrechen, die Flugbahn des Balles mit dem Paddel zu verändern und/oder einen möglichst ungenaues Zuspiel zu provozieren. Alle anderen Abwehrspieler müssen in diesen Momenten sehr aufmerksam sein und ggf. ihre Position verlassen und aus dem 6m-Bereich ausbrechen, um einen fehlgeleiteten Ball zu gewinnen.

Eine weitere Möglichkeit die sich aus dieser aktiven Verteidigungsform ergibt, ist der direkte Übergang in die Manndeckung. Ist sowohl der "1ser", als auch ein weiterer Abwehrspieler von seiner Position ausgerückt, kann mit einer zügigen Reaktion aller Verteidiger schnell in die Mannverteidigung übergegangen werden.

Wie in Abbildung 9 dargetstellt, hat der "1ser" durch den geschickten Einsatz seines Paddels die Flugbahn des Balles beim Zuspiel unter den Angreifern so stark verändert, dass sich eine Chance für den Abwehrspieler (3) ergibt den Ball vor dem Gegenspieler (1) zu erreichen. Abwehrspieler (3) rückt in diesem Fall zügig von seiner Position und ein Kommando zur Auflösung der Abwehr zum Übergang in die Manndeckung, erfolgt.

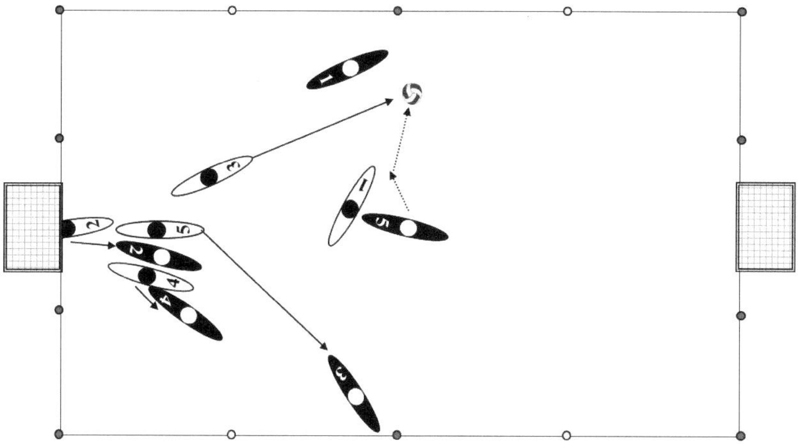

Abb. 9: 3/1ballorientierte Raumverteidigungstaktik mit zwei offensiven Spielern

Innerhalb weniger Sekunden müssen die Verteidiger sich nun einem Gegenspieler zuordnen, zu diesem sprinten, diesen abdecken und in der Manndeckung verbleiben. Viele Fehler geschehen bei diesem Übergang unmittelbar bei der Abstimmung des Torwarts, dem verbliebenen Pfostenverteidigers und dem Mittelverteidiger. Es ist daher zu beachten, dass in dieser Situation schnell entschieden wird, welcher Verteidiger schnellstmöglich zu dem am weitesten entfernten, ungedeckten Spieler (3) sprintet. In diesem Beispiel macht sich der Mittelverteidiger auf den Weg und lässt den Center (2) zur Verteidigung für den Torwart stehen. Dieser muss ebenfalls sehr aufmerksam sein und zügig Angreifer (2) abdecken, ehe doch ein langer Pass von Angreifer (1) erfolgen kann. Der Abwehrspieler (4) hätte ebenfalls zu Angreifer (3) fahren können, steht jedoch im sehr dichten Gedränge, hat den Angreifer (4) aber bereits in der engen Deckung und in eine gute Ausgangsposition manövriert. Zudem wäre der Weg für den Torwart (2) zu Angreifer (4) weiter, als zu Center (2), was entscheidende Sekunden kosten könnte.

### 1.7.3 "Four-Flat"

Bei dieser torraumorientierten Raumverteidigung stehen alle vier Abwehrspieler in einer kompakten Viererkette unmittelbar vor dem Tor und versuchen mit aller Kraft gemeinsam ihren Bereich von Gegenspielern frei zu halten. Wichtig ist, dass der erste ankommenden Gegenspieler direkt unterfahren, aufgenommen und ggf. auch von zwei Verteidigern gleichzeitig an der Verteidigung vorbei zur Außenseite geleitet wird.

Gelingt es den Verteidigern vor der ersten Angriffswelle die Positionen der 4/0 einzunehmen, wird es dem angreifenden Center besonders schwer fallen in die Abwehr vorstoßen zu können. In vielen Fällen gelingt dies jedoch nach einigen Anläufen, sodass aus der 4/0 oft in die 3/1 übergegangen wird. Dennoch ergibt sich für die verteidigende Mannschaft hierdurch ein Vorteil, da sie den Gegnern einige Sekunden Angriffszeit nehmen können, ehe ein erfolgversprechender Angriff möglich ist. Ein weiterer Vorteil der "Four-Flat" besteht darin, dass ein klassischer 3/2 Angriff über die Seiten eher machtlos erscheint, da die Seiten nur schwer zu öffnen sind. Zudem darf die motivierende Wirkung, einer geschlossenen Viererkette, an der die Gegner "abprallen" nicht unterschätzt werden.

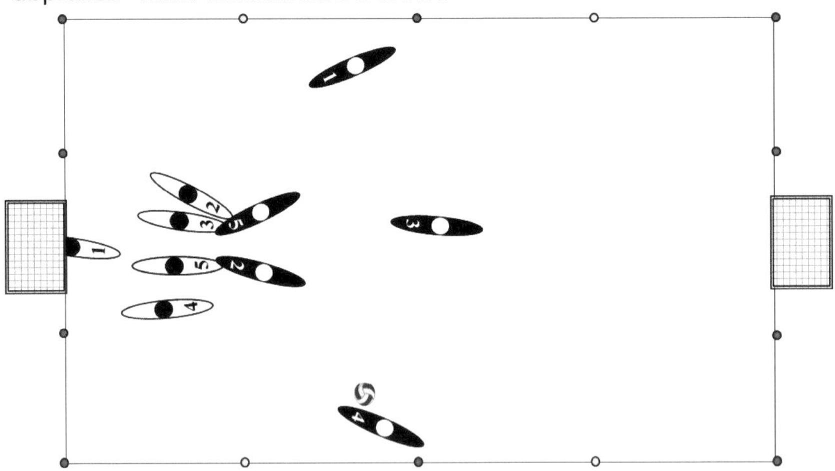

Abb. 10: "Four Flat" - Viererkette

Die "Four-Flat" ist in den vergangenen Jahren scheinbar eine immer beliebtere Art der Verteidigung geworden und taucht immer mal wieder auf. Insbesondere wenn die gegnerische Angriffstaktik eine 3/1 Verteidigung erwartet, wird der Angriff durch eine "Four-Flat"-Verteidigung irritiert. Die größte Schwierigkeit für die Angreifer ergibt sich für den Center und Schieber. Dem Center wird es besonders schwerfallen über die Mitte auf die gewünschte Position zu fahren, da ihn gleich zwei Abwehrspieler begrüßen. Auch der Angreifer der einen Block oder eine Seitensperre stellen soll, wird beim Einfahren in die Abwehr von zwei Abwehrspielern daran gehindert.

## 1.7.4 Doppelspitze 2/2 (offensiv)

Bei der 2/2 ballorientierten Press-Verteidigung, dieser sehr offensiven Raumverteidigungstaktik, stehen zwei Verteidiger links und rechts an den Pfostenpositionen und verteidigen den Raum vor dem Tor. Zwei weitere Verteidiger befinden sich vor dieser 2er-Kette und versuchen, offensiv Fehlpässe zu provozieren und den Ball zu gewinnen, ehe es zu einer Torchance kommt.

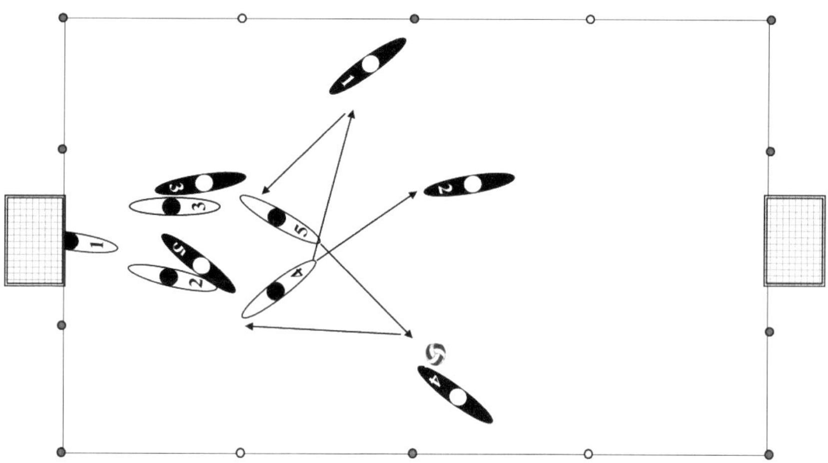

Abb. 11: Doppelspitze 2/2 (offensiv)

Der taktische Angriffsaufbau der Gegner wird dadurch aktiv gestört. Die Verteidiger hoffen auf Fehler beim Zuspiel, die zu einem schnellen Ballverlust führen. Aufgrund der sehr offenen Spielweise der Verteidiger ist diese Verteidigungsform jedoch auch sehr anfällig und es wird ein hohes Risiko eingegangen, einen Gegentreffer zu kassieren. Die Angreifer müssen geschickt und präzise die zwei vorgezogenen Verteidiger ausspielen und in die eröffneten Lücken aufrücken.

Diese Verteidigungsform kann gespielt werden, wenn sich die verteidigende Mannschaft im Rückstand befindet, nur noch wenige Minuten der Spielzeit bestehen und dringend der Ball für die Chance zum Erzielen eines Ausgleichtreffers benötigt wird. Eine weitere Möglichkeit, die sich aus dieser aktiven Verteidigungsform ergibt, ist der direkte Übergang in die Manndeckung (siehe Kapitel 1.7.2).

### 1.7.5 Fliegende Abwehr (Dynamische Verteidigung)

Bei dieser Verteidigungstaktik kreuzen die vier Abwehrspieler offensiv im Torraum. Die vorderen beiden Spieler kreuzen jeweils auf die gegenüberlegenden Seite, blocken einen Gegenspieler und positionieren sich auf der hinteren Abwehrposition. Die hinteren Abwehrspieler sind währenddessen auf die vorderen Positionen gerutscht. Alle vier Spieler bleiben dauerhaft in Bewegung und richten ihre Blicke zum Ball bzw. auf die anfahrenden Spieler. Diese Verteidigungstaktik ist sehr anspruchsvoll, kräftezehrend und risikoreich für die verteidigende Mannschaft. Die vorstechenden Spieler müssen nach dem attackieren des Angreifers sofort in die zweite Reihe zurückkehren, damit der Mitspieler der zweiten Reihe, in die erste Reihe rutschen kann. Diese Spielweise erfordert von allen vier Abwehrspielern höchste Konzentration, viel Vertrauen in die Mitspieler sowie Disziplin.

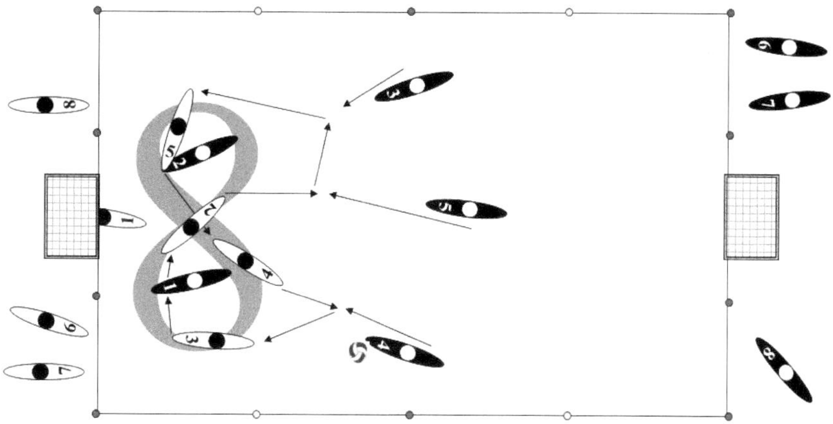

Abb. 12: Fliegende Abwehr

Alle Spieler rotieren durchgehend ohne Pause in einer Acht vor der Abwehr, müssen sich stets auf die anfahrenden Gegenspieler konzentrieren, Spieler der zweiten Reihe für den zurückkehrenden Mitspieler stehen lassen, kraftvoll die Gegenspieler wegschieben oder unterfahren, und in besonderen Fällen auch mal eine "Leehrfahrt", also ohne Blocken eines Gegenspielers in Kauf nehmen, um den "Flow", die Bewegung der Abwehrspiele, in Gang zu halten.

Diese Verteidigungstaktik wurde einige Jahre von einer niederländischen Vereinsmannschaft sehr erfolgreich gespielt. Seitdem hat es keine Nachahmer gegeben, die erfolgreich diese Handlungsfolge spielen konnten.

## 1.7.6 klassische Manndeckung ("5 out")

Die klassische Manndeckung, die auch als strikte, rigide oder Nummernmanndeckung bezeichnet wird, ist eine offensive Mannverteidigungsform, in der die Verteidiger in direkter Zuordnung zu ihren Gegenspielern agieren. Die ballführende Mannschaft wird in die "eins zu eins" Deckung genommen. Dabei sucht sich jeder Spieler einen Gegenspieler und versucht sich selber in eine vorteilhafte Situation und den Gegenspieler möglichst in eine schlechte Anspielposition zu bringen. Dies ist die im Kanupolo am häufigsten wiederzufindende Form der Manndeckung.

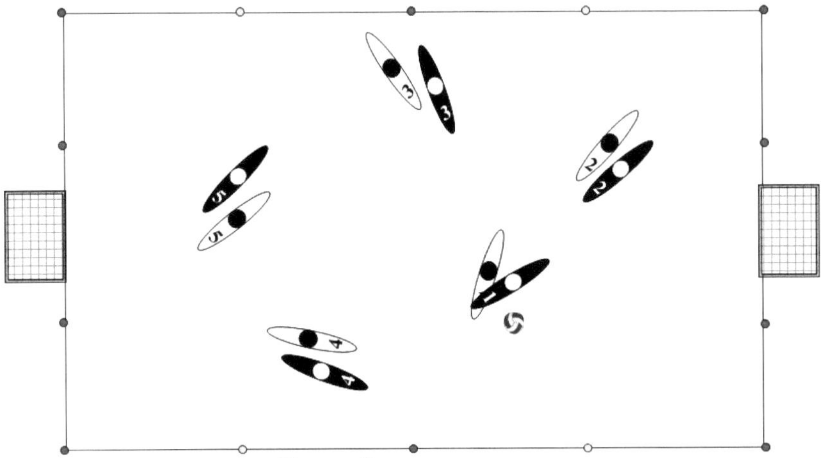

Abb. 13: Manndeckung ("5-out")

Die Hauptziele der Manndeckung sind, die angreifende, ballführende Mannschaft daran zu hindern, einen geordneten Positionsangriff aufzubauen, ihre Aktionen einzudämmen und nach Möglichkeit den Ball frühzeitig zu erobern, ehe sich eine Torchance ergibt.

Ein weiteres Ziel der Verteidiger besteht darin, die Angreifer solange ohne ein Regelvergehen unter Druck zu setzen, bis die 60sekündige Angriffsuhr (Shot-Clock) abgelaufen ist und der Ballbesitz wechselt. Die Manndeckung erfordert von allen Spielern eine gute Spielübersicht und ständige Absprache mit den Mitspielern.

Besonders wichtig ist, dass kein Abwehrspieler einen Spieler der ballführenden Mannschaft, der sich nicht im unmittelbaren Ballbesitz oder innerhalb der 6-Meterzone befindet, an der Fahrt behindert. Dieser Spieler darf vom Gegenspieler begleitet werden, aber erst attackiert werden, sowie er sich in Ballreichweite von 3 Metern befindet. Anderenfalls wird ein Foul aufgrund einer unerlaubten Behinderung ausgesprochen.

Die ballführende Mannschaft hat nun die schwierige Aufgabe, den Ball trotz der druckvollen Gegenspieler zum gegnerischen Tor zu tragen und ein Tor zu erzielen. Einige taktische Verhaltensweisen sind hier besonders hilfreich.

Während der Manndeckung müssen die Angreifer ihrem ballführenden Mitspieler eine ***freie Anspielseite*** anbieten, auf die jeder Zeit der Ball sicher gespielt werden kann (rote Kreise in Abbildung 14).

Um dem Mitspieler eine freie Seite anbieten zu können, muss das Boot geschickt manövriert und der Gegenspieler ausgespielt werden. Das ***Abstreifen*** am Heck eines Gegners oder Mitspielers ist hierbei eine wichtige Option um sich vom Verteidiger absetzen zu können.

In Abbildung 14 setzt der weiße Verteidiger (1) den schwarzen Angreifer (1) unter Druck. Angreifer (2) erkennt die Situation und manövriert sein Boot zwischen seinen Mitspieler und den Gegenspieler. Angreifer (1) erhält so wieder den Freiraum, um den Ball zu treiben oder einen Pass zu spielen ohne unter Druck zu stehen.

Eine weitere wichtige Position stellt die ***Ankerposition*** da. Der Ankerspieler (5) legt sich auf der 6m-Linie der gegnerischen Spielfeldhälfte quer zum Tor. Der Gegenspieler muss sich auf der dem Tor zugewendeten Seite positionieren und bietet seinem Mitspieler die freie Seite an. Gelingt nun ein Anspiel zu diesem Spieler kann das gesamte Team einige Meter zum gegnerischen Tor aufrücken.

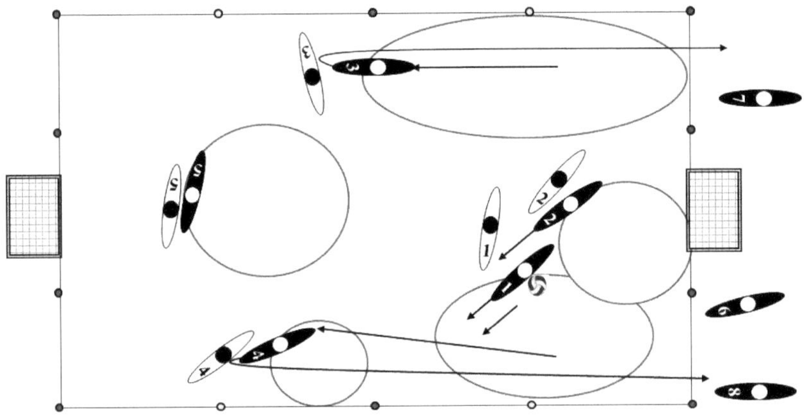

Abb. 14: Fahrwege der Manndeckung

Eine weitere Option wählen die Spieler (3 + 4). Sie ***sprinten an der Seitenauslinie*** zum gegnerischen Tor, werden von jeweils einem Gegenspieler begleitet, aber kehren an der Mittellinie plötzlich wieder um und stehen so als Anspielpartner zur Verfügung. Besonders anspruchsvoll ist in dieser Situation auch das geschickte Zusammenspiel mit den Spielern in der Auswechselzone. Sprintet ein Angreifer (3) die Seitenauslinie entlang zurück, kann er direkt in die Wechselzone sprinten, damit auf der gegenüberliegenden Seite Mitspieler (8) einwechseln kann und ohne Gegenspieler als Anspielpartner zur Verfügung steht. Auf diesen ***Wechseltrick*** müssen die Gegenspieler schnell reagieren, wobei oft Fehler in der Abstimmung geschehen.

Die Manndeckung wird in der Praxis überwiegend zum Ende der Spielzeit als Taktik favorisiert und insbesondere dann, wenn ein knapper Torrückstand aufgeholt werden muss. In der Manndeckung wird sich erhofft, schneller einen Fehler der Gegner zu provozieren und so möglichst schnell den Ball für sich zurück zu erobern, um wieder in den Angriff übergehen zu können.

Diese Form der klassischen Manndeckung wird im Kanupolo in den meisten Situationen auch immer als flexible Manndeckung gespielt. Die Zuteilung der Spieler untereinander ergibt sich oft aus dem aktuellen Spielgeschehen und den Abständen der Angreifer zu den einzelnen Angreifern. In der Regel fahren alle Verteidiger den kürzesten Weg zu ihrem Gegenspieler, woraus sich eine automatische Zuordnung ergibt. Wichtig bei der Aufnahme der Manndeckung ist der frühe verbale Austausch über die Zuordnung der Gegenspieler. Durch die laute Nennung der Spielernummern sollen Doppelungen vermieden werden. Nach der ersten Zuordnung können diese im weiteren Spielgeschehen jedoch flexibel wechseln. Versperrt sich für einen Spieler der Fahrweg zu seinem Gegenspieler oder befindet sich ein Verteidiger in einer strategisch besseren Position zu einem anderen Angreifer, können die Paare gewechselt werden.

### 1.7.7 Manndeckung von Individuen

Neben der häufig wiederzufindenden klassischen Manndeckung ist die Manndeckung bestimmter Individuen oder von bestimmten Positionen oder Zonen ebenfalls im Kanupolo wiederzufinden.

Die **Manndeckung eines Individuums** bezieht sich immer auf einen bestimmten Spieler, der als Schlüsselspieler eine besondere Bedeutung im Angriff der gegnerischen Mannschaft hat. Dieser Spieler kann besonders torgefährlich, trickreich, schnell oder für die strategische Vorgehensweise im Angriffsverlauf von besonderer Bedeutung sein. In diesem Fall kann ein Verteidiger den Auftrag erhalten, während der gesamten Angriffszeit der Gegner, diesen bestimmten Spieler in die "eins zu eins"-Deckung zu nehmen. Wie ein "Kettenhund" verfolgt der Verteidiger den Schlüsselspieler und verhindert, dass dieser seine

Fähigkeiten ausspielen kann oder seiner Mannschaft zu strategisch vorteilhaften Situationen verhilft.

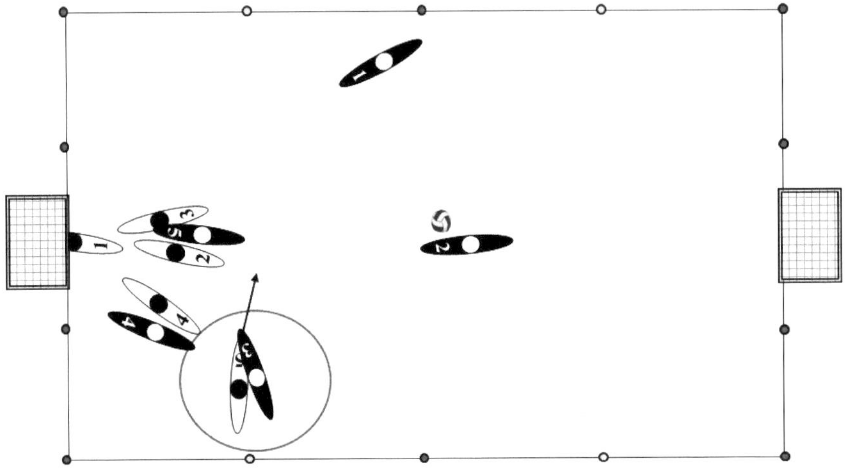

Abb. 15: Manndeckung eines besonderen Spielers "eine zu eins"

In dieser Situation ist es für den verteidigenden Spieler besonders wichtig, dass er bei der Deckung eines besonderen Spielers unbedingt die Einhaltung des aktuellen Regelwerkes beachtet. Demnach ist es dem Verteidiger nicht gestattet, außerhalb der 6-Meterzone einen Gegenspieler zu attackieren oder von seinem Fahrweg abzubringen, sofern er sich nicht im Ballbesitz, im Umkreis von drei Metern zum Ball oder im Kampf um den Ball befindet. Demnach sollte außerhalb der 6-Meterzone eine passive Begleitung des Gegenspielers und innerhalb der 6-Meterzone eine aktive Manndeckung erfolgen.

Im internationalen Vergleich war in den vergangenen Jahren Luca Bellini (Nationalspieler Italien) als ein solcher Schlüsselspieler zu betrachten, der großen Einfluss auf den taktischen Spielaufbau nahm und eine große Torgefahr ausstrahlte. Zur Verhinderung dieser Fähigkeiten genoss Bellini eine besondere Aufmerksamkeit. Doch diese Aufmerksamkeit muss nicht perse von einem Verteidiger permanent ausgeführt werden, da bei hochkarätigen Mitspielern schnell auch ein anderer Spieler wichtige Schlüsselspieler übernehmen kann und dadurch kein Abwehrspieler dauerhaft in der Abwehrkonstellation fehlen würde. Demnach ist eine flexible, also von wechselnden Personen durchgeführte Manndeckung eines Schlüsselspielers ebenfalls eine denkbare Form der Manndeckung im Kanupolo.

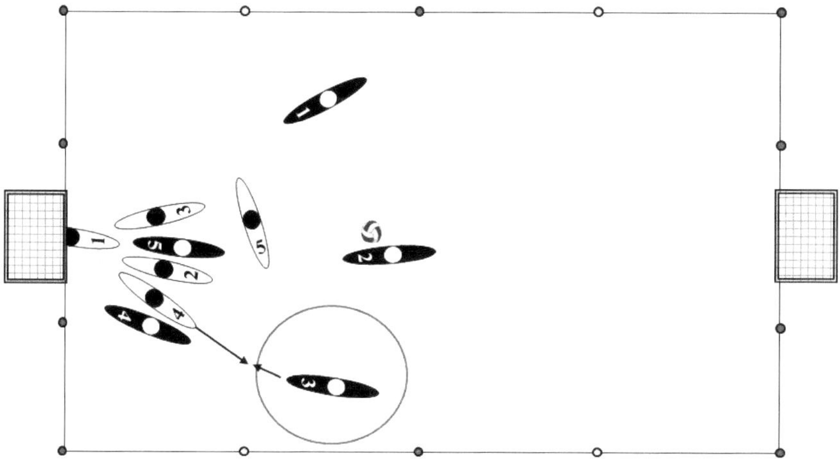

Abb. 16: aktive Begleitung des Schlüsselspieler innerhalb der 6-Meterzone

Ist ein Schlüsselspieler identifiziert, kann dieser von allen Spielern eine besondere Aufmerksamkeit erhalten. Allen Spielern muss im Vorfeld eines Spieles bewusst gemacht werden, welche Gefahr durch diesen Schlüsselspieler aus geht und welche Fähigkeiten dieser besitzt. In der Verteidigungssituation muss dann jeder Verteidiger diesem Spieler eine besondere Aufmerksamkeit schenken und ggf. seine Position verlassen, um den Schlüsselspieler zu decken.

Die Manndeckung einer bestimmten Zone ist ebenfalls im Kanupolo wiederzufinden. Die klassische 3/1 raumorientierte Verteidigung ist geprägt durch eine Manndeckung innerhalb einer bestimmten Zone. Die Mittelposition (2) sowie die linke (3) und rechte (4) Verteidigungspositionen haben grundsätzlich immer den Auftrag ihre Zone zu verteidigen und mit allen Angreifern, die dieses Position streitig machen wollen, in den Zweikampf zu gehen und sie von der Position fern zu halten.

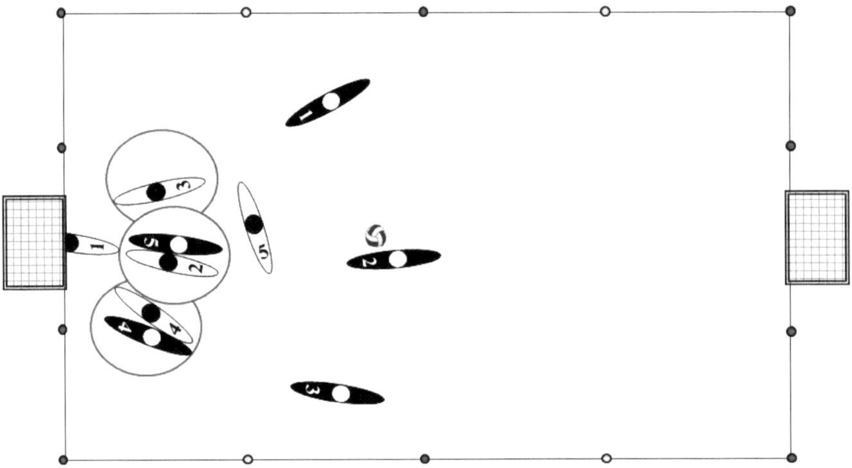

Abb. 17: klassischen Zonen der 3/1 raumorientierten Verteidigung

## 1.7.8 Manndeckung in Überzahlsituation

Erhält die gegnerische Mannschaft während des Angriffspiels eine gelbe Karte so entsteht für die verteidigende Mannschaft eine Überzahlsituation, da sich die gegnerische Mannschaft auf vier Spieler reduziert hat. In diesem Fall ergibt sich für die verteidigende Mannschaft die Gelegenheit, in eine Manndeckung "vier gegen vier", mit einem Spieler als Torverteidiger überzugehen. Durch den Übergang in die Manndeckung wird das Angriffsspiel der Gegner erschwert. Zudem besteht für die verteidigenden Spieler eine vorteilhafte Situation, da sich noch ein Torverteidiger im Tor befindet, der auch bei

Fehlern seiner Mitspieler die Chance hat, einen Torschuss abzuwehren. Ziel der Verteidiger ist, neben der Eindämmung des Angriffsspieles, zu verhindern, dass die Gegenspieler eine vorteilhafte Wurfposition für einen Torschuss einnehmen können, die Angriffszeit ohne Torschuss abläuft und das sie nach Möglichkeit im Zusammenspiel einen Fehler machen und so der Ballbesitz wechselt.

Besonders wichtig für die Verteidiger ist in der "vier gegen vier"-Manndeckung möglichst keine Fouls zu begehen, damit die Angreifer keine neue Angriffszeit erhalten.

Entscheidend für den Erfolg einer "vier gegen vier"-Manndeckung ist die schnelle Reaktion der Verteidiger. Eine Unterzahlsituation kann schnell aufgrund eines Wechselfehlers der Gegner nach Ballgewinn innerhalb der eigenen 6-Meterzone, während der Umstellung vom Verteidigungs- auf das Angriffsspiel geschehen. In dieser Situation befindet sich der Ball bereits im Besitz der Angreifer, diese befinden sich aber noch innerhalb ihrer eigenen 6-Meterzone und konnten das Angriffsspiel noch nicht beginnen. Diese Situation eignet sich hervorragend für die verteidigende Mannschaft in Windeseile in die "vier gegen vier"-Manndeckung, mit einem Torwart überzugehen.

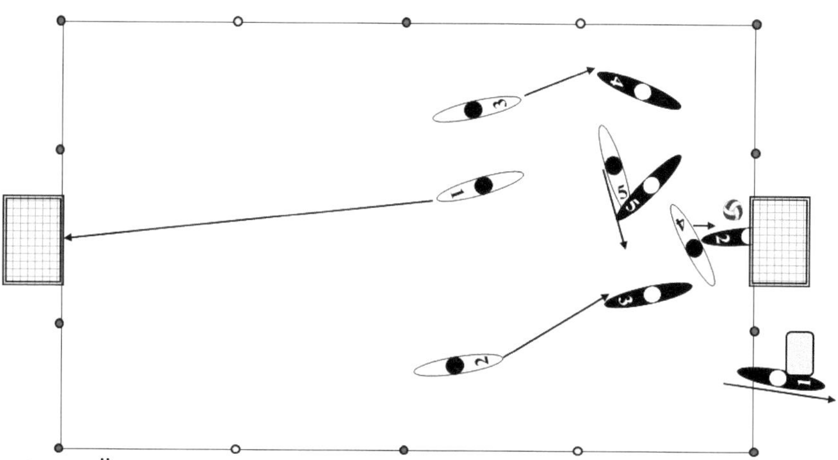

Abb. 18: Übergang in Manndeckung nach 2 Minuten-Strafe

### 1.7.9 Manndeckung in Unterzahlsituation

Als Gegensatz zur Manndeckung in Überzahl soll nun ein Perspektivwechsel vorgenommen werden und die "vier gegen vier"-Manndeckung aus der Sicht der in Unterzahl, angreifenden und ballführenden Mannschaft betrachtet werden.

Ziel der Angreifer ist, sich über die Strafzeit von 2 Minuten zu retten ohne großen Schaden zu nehmen. Es gilt zu verhindern, einen möglichen Rückstand durch ein zusätzliches Gegentor zu vergrößern, die Führung oder den Gleichstand abzugeben. Liegen die Angreifer im Torpunktestand zusätzlich hinter dem der Verteidiger, ist ein weiteres Ziel innerhalb der "vier gegen vier"-Manndeckung einen Anschlusstreffer zu erzielen.

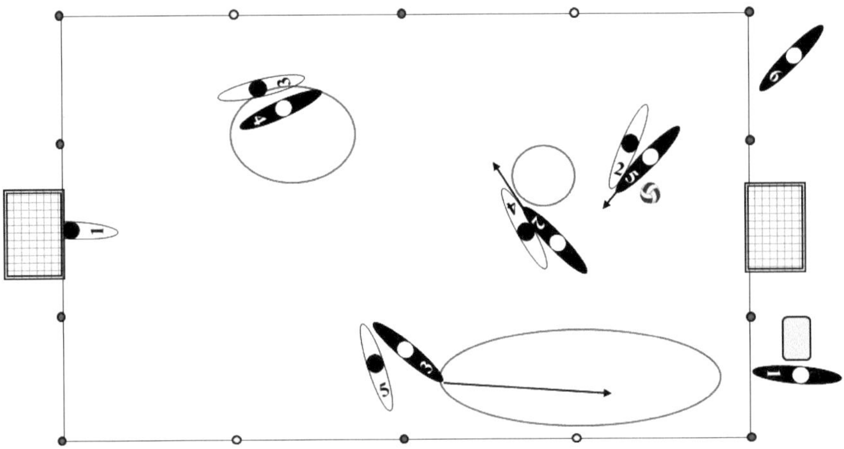

Abb. 19: Taktisches Verhalten in Unterzahl

Für das taktische Vorgehen der Angreifer ist daher ein konzentriertes Zusammenspiel ohne Fehler oder regelwidriges Verhalten von besonderer Wichtigkeit. Durch ein geschicktes Zusammenspiel (siehe Kapitel 1.7.6) muss der Versuch unternommen werden, trotz Manndeckung und einem zusätzlichen Torverteidiger eine möglichst vielversprechende Torschussposition einzunehmen. Wenn dies nicht innerhalb der ersten 60 Sekunden der Angriffsuhr möglich ist, muss ein riskanter Torwurf unternommen werden, mit der Hoffnung, weiterhin im Ballbesitz zu bleiben oder einen Eckstoß zu erhalten. Zudem wäre es taktisch vorteilhaft, einen Regelverstoß der Verteidiger zu provozieren, um weiterhin im Ballbesitz zu bleiben.

## 1.8 Mannschaftsangriffstaktiken

Die Angriffssituation im Kanupolo stellt die Situation da, in der sich die angreifende Mannschaft im Ballbesitz befindet. In der Regel besteht im Angriffsspiel das Ziel, ein sicheres Tor zu erzielen oder weitere 60 Sekunden Angriffszeit zu generieren.

Seit der Einführung der Shot-Clockregelung, nach der innerhalb von 60 Sekunden nach Ballgewinn ein Torschuss erfolgen muss, hat auch das Angriffspiel einen neuen Charakter erhalten. Das Erzielen eines Tores ist weiterhin das oberste Ziel eines Angriffs. Ein untergeordnetes, aber sehr wichtiges Ziel ist aber auch, nach einem missglücktem Torschuss, weiterhin im Ballbesitz zu bleiben und somit die vorteilhafte Situation des Angriffsspiels zu nutzen. Aufgrund des "Zeitdrucks" sind die Spieler gezwungen, vor Ablauf der Zeit auf das Tor zu werfen, stimmen ihre Spielzüge immer mehr mit dieser Zeit ab und versuchen kurz vor Ablauf der Shot-Clock durch einen Torwurf, einen Eckball oder ein unerlaubtes Spiel zu provozieren, um weitere Chancen im Angriffspiel zu haben.

### 1.8.1 Positionsangriff 3/2

Charakteristisch für den 3/2 Positionsangriff in seinen unterschiedlichen Formen sind drei Rückraumspieler und zwei Spieler die sich innerhalb der 6-Meterzone zwischen den Abwehrspielern befinden. Diese Spieler werden im weiteren Verlauf als Center oder Schieber bezeichnet.

Der **Center** (5) in Abbildung 20 hat innerhalb der gegnerischen Abwehr die Aufgabe, eine gute Wurfposition einzunehmen, um nach dem Zuspiel des Balles einen möglichst schnellen, harten und präzisen Torschuss abzugeben.

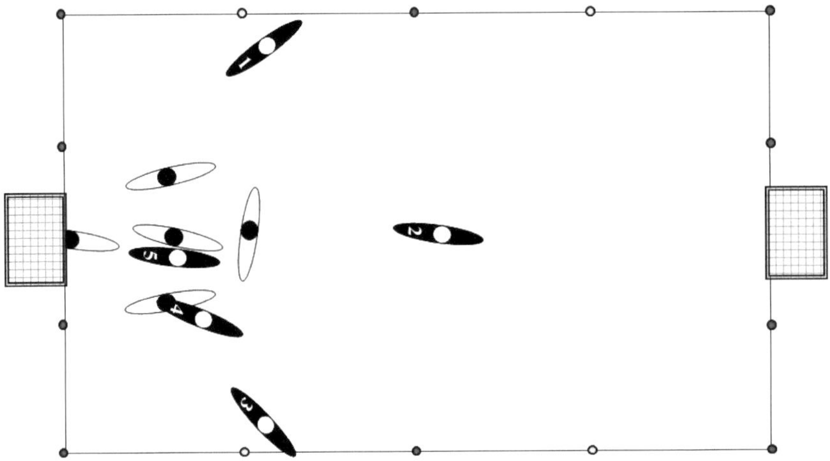

Abb. 20: Positionsangriff 3/2

Der **Schieber** (4) hingegen hat den Auftrag, einen bestimmten Spieler von seiner Verteidigungsposition zu schieben, um eine vorteilhafte Situation für den Center oder die drei Rückraumspieler zu erlangen.

Die drei **Rückraumspieler** (1)+(2)+(3) positionieren sich vor der Verteidigung der Gegenspieler im Rückraum. Dort halten sie den Ball und versuchen zuvor abgestimmte taktische Handlungsfolgen einzuleiten.

Diese Mannschaftsangriffstaktik ist am Effektivsten, wenn das Zusammenspiel aller fünf Spieler gut aufeinander abgestimmt wurde. Besonders in den Nachwuchsklassen lässt sich immer wieder beobachten, dass die Angreifer im Rückraum das Spiel gestalten und Torschüsse versuchen, ohne aktiv den Schieber (4) oder Center (5) in den taktischen Spielzug einzubeziehen. Gerade der Schieber (4) hat eine sehr wichtige Funktion. Er darf Kommandos aus dem Rückraum erhalten oder sich auch in eine vorteilhafte Wurfsituation bringen, wenn sich die Chance ergibt. Im Gegenzug müssen die Rückraumspieler die Aktivitäten des Schiebers (4) und auch des Centers (5) gut beobachten und ihre Handlungsschritte entsprechend anpassen und auf mögliche Lücken in der Abwehr achten.

**<u>Variante I:</u>** Für den 3/2 Angriff bietet sich neben der oben aufgeführten Spielweise, mit einem Schieber und einem Center (5), eine Spielweise mit einem weiteren Center (4) anstatt des Schiebers an. In diesem Fall versuchen beide Center möglichst im Zentrum der Abwehr, unmittelbar vor dem Torwart eine gute Ausgangsposition für einen möglichen Torschuss einzunehmen. Dabei ist zu beachten, das sich beide Center nicht behindern. Ihr Aktionsradius ist in der Abbildung 21 in Form der roten Kreise dargestellt. Idealer Weise wird zudem auf der rechten Centerposition ein Rechtshänder und auf der linken Position ein Linkshänder in Stellung gebracht. Ihre Aufgabe ist, möglichst die Gegenspieler auf der gegenüberliegenden Bootsseite ihrer Wurfhand zu platzieren, um gut aus dem Rückraum angespielt werden zu können und ohne Behinderung durch einen Gegenspieler direkt schießen zu können. Ist diese optimale Besetzung nicht möglich, muss sich der Center kurz vor dem Anspiel seitlich vom Gegenspieler absetzen, um ausreichend Freiraum zu erhalten.

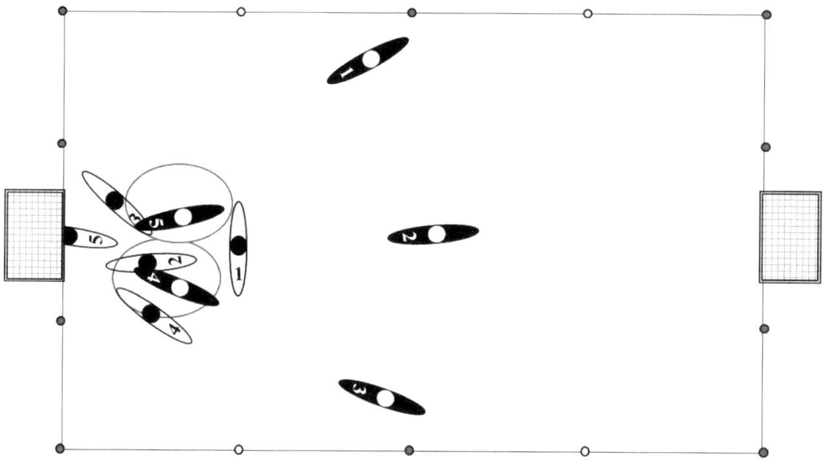

Abb. 21: Positionsangriff 3/2 - zwei Center

**<u>Variante II:</u>** Der klassische **Block** umfasst eine Individualtaktik des Schiebers (5). Er hat die Aufgabe, einen bestimmten Abwehrspieler (3) zu blocken, dass dieser nicht auf den anfahrenden "Schützen" (1) fahren kann, um den Torschuss zu verhindern. Der Block wird in den meisten Fällen, wie in Abbildung 22 gegen einen der Pfostenspieler ausgeführt, kann grundsätzlich aber auch gegen alle anderen aktiven Abwehrspieler ausgeführt werden.

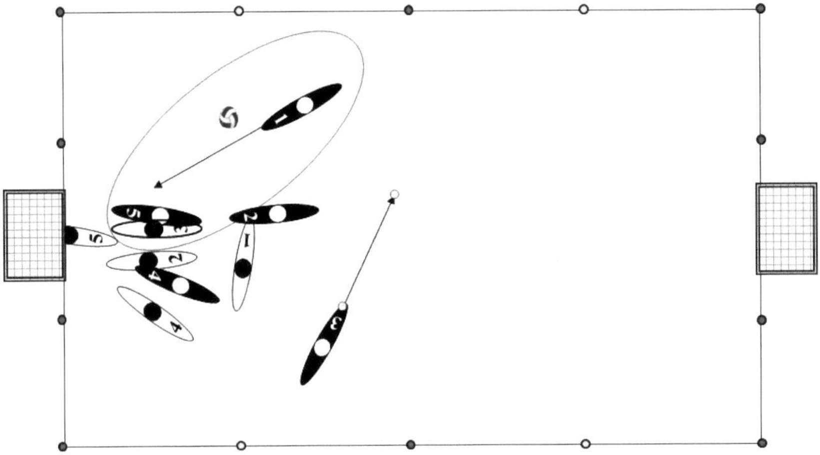

Abb. 22: Positionsangriff 3/2 - Abschluss rechte Seite mit "Einsersperre"

Der Schieber (5) versucht den linken Pfostenverteidiger (3) nach innen zum Mittelverteidiger zu blocken, damit der "Schütze" (1) möglichst dicht an das Tor fahren kann, um den Torschuss abzugeben.

**Variante III:** Die Seitensperre ist eine Individualtaktik, die dem Block sehr nahe kommt. Die Seitensperre wird ebenfalls gegen einen Pfostenverteidiger (3) gespielt. Dieser soll jedoch nicht wie beim Block tendenziell zur Verteidigungsmitte ausgeführt werden, sondern eher in die Richtung der Seitenauslinie. Der Schieber (5) hat in dieser Situation die Aufgabe, einen den Abwehrspieler (3) in Richtung der Seitenlinie zu schieben.
Wichtig ist dabei, dass sich der Schieber (5) zwischen dem gegnerischen Tor und dem linken Pfostenabwehrspieler (3) befindet. In diese geschobene Lücke kann der Rückraumspieler (1) ziehen und einen Torschuss abgeben.

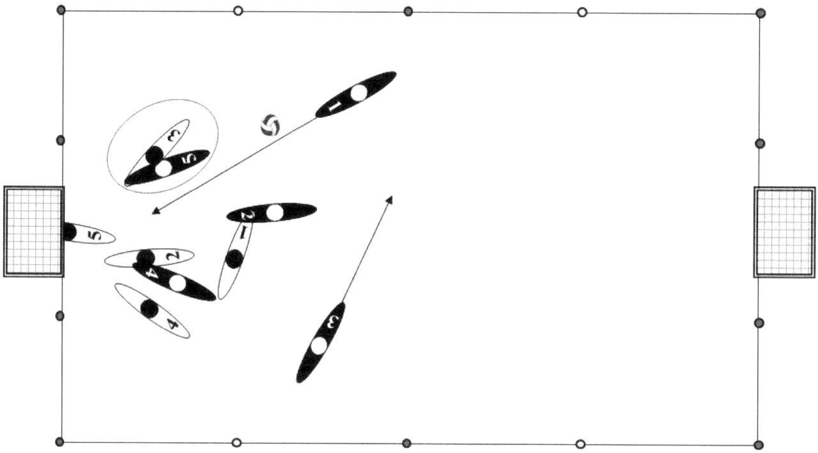

Abb. 23: Positionsangriff 3/2 - Seitensperre mit "Einsersperre"

**<u>Variante IV:</u>** Der **Keil** ist eine Gruppenangriffstaktik. Zwei Schieber (4)+(5) versuchen auf einer Verteidigungsseite oder über die Mitte einen Keil in die Abwehr zu treiben. Die vorherige Abstimmung dieser beiden Spieler (4)+(5) ist von besonderer Bedeutung. In diesem Fall werden ein Block (4) und eine Seitensperre (5) gleichzeitig gesetzt, um einem angreifenden Rückraumspieler (1) den Weg zum Tor zu eröffnen und ihn für den Torschuss so dicht wie möglich an das gegnerische Tor fahren zu lassen.

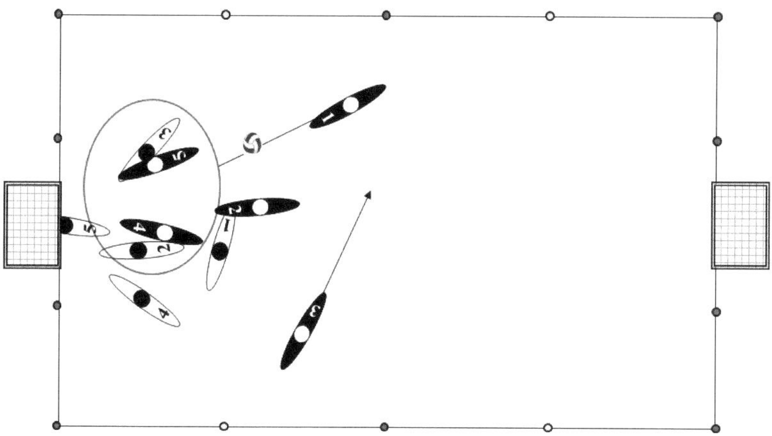

Abb. 24: Positionsangriff 3/2 - Keil

**Hinweis:** Bei allen hier aufgeführten Varianten wurden immer nur bestimmte Teilaufgaben einzelner Angreifer, die für die erfolgreiche Durchführung der Taktik elementar sind betrachtet. Jedoch muss in dem gesamten Angriffssystem jeder einzelne Spieler eine Aufgabe erhalten und kann mit nur kleinen geschickten Positionierungen seines Kajaks den Angriffserfolg fördern. Insbesondere der vorgezogene Abwehrspieler "1ser" muss von einem der Rückraumspieler (2), der nicht unmittelbar in die letzte Handlungsschritte eingebunden ist mit einer "Einsersperre" innerhalb der 6-Meterzone binden, damit dieser den letzten Torschuss nicht stören kann. Auch die Abdeckung des Rückraums (3) ist eine wichtige Aufgabe, um beim Scheitern des Angriffs eine sichere Passstation zu haben oder bei Ballverlust schnell das eigene Tor verteidigen zu können.

### 1.8.2 Die Welle 3/2 - klassisch

Die "3erWelle" ist ein Handlungsplan, der die gegnerische Abwehr unter Druck setzen, den "1ser" ausspielen, eine freie Torwurfposition provozieren und nach Möglichkeit zu einer Torchance führen soll. Zwei Angreifer (4)+(5) positionieren sich als Center oder Schieber in der gegnerischen Abwehr. Alle anderen Angreifer (1)+(2)+(3) positionieren sich im Halbkreis vor der Abwehr und fahren in kurzen Abständen auf die Abwehr zu, beginnend mit einem der äußeren Rückraumspieler (1), der auch den Ball treibt. Bevor der Spieler (1) an den Abwehrspieler (3) stößt oder sich der Passweg verschließt muss der Ball zu dem nächsten anfahrenden Spieler (2) gepasst werden . In der Grundversion dieses Angriffes werden alle drei Anspielstationen durchgespielt. Optional besteht an jeder Position die Möglichkeit den Ball auf das Tor zu schießen, zum Center (5) bzw. Schieber (4) zu passen, einen Doppelpass mit dem vorherigen Passgeber zu spielen oder in den sicheren Rückraum zu passen. In den meisten Fällen soll der Ball über alle drei Rückraumspieler (1)+(2)+(3) gepasst und schließlich vom Letzten (3) auf das Tor geschossen werden. Demnach sollte auch der Schieber (4) auf der abschließenden Seite aktiv schieben.

**Hinweis:** Die ersten beiden Angreifer (1)+(2) müssen schnell wieder den Rückraum abdecken. Scheitert der Angriff ist ein Neuaufbau zu versuchen oder ein Konter zu unterbinden.

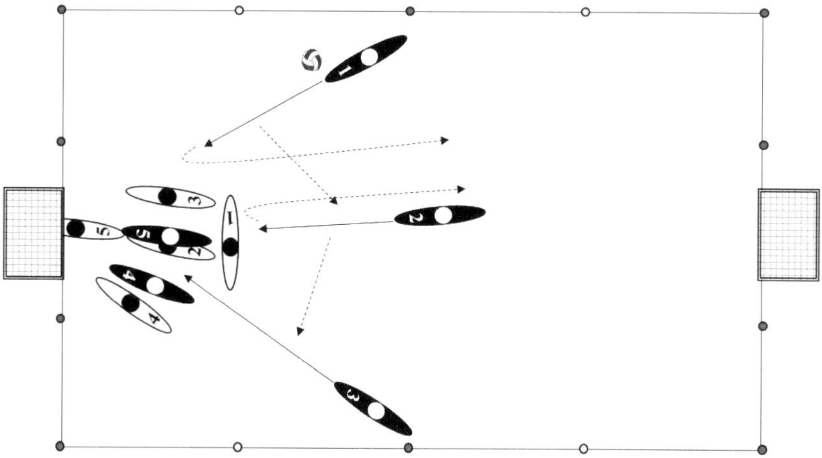

Abb. 25: Die Welle 3/2 - klassisch

### 1.8.3 Der Mittelstart 3/2

Dieser Angriff ist eine Variante der klassischen "3er Welle". Der Angriff wird jedoch nicht von einem seitlichen stehenden Rückraumspieler (2) oder (3) begonnen, sondern von dem mittleren Rückraumspieler (1). Ziel dieses Spielers ist, mit dem Ball auf den vorgezogenen Verteidiger "1ser" zuzufahren und diesen zu einem Handlungsschritt zu provozieren. Der "1ser" muss zunächst den anfahrenden Spieler abdecken und dann entscheiden, zu welchem seitlichen Rückraumspieler (2) oder (3) er als nächstes fährt. Währenddessen sprinten beiden Rückraumspieler (2)+(3) auf die Abwehr zu und erhoffen den Ball zu erhalten. Der ballführende Angreifer (1) hat nun die schwierige Aufgabe, den Ball sicher zu einem der beiden anfahrenden Spieler zu passen und muss zuvor entscheiden auf welcher Seite eine bessere Torchance besteht. Idealer Weise versuchen die Angreifer (2)+(3), nach Erhalt des Balles noch mit dem Ball in der Hand zwischen den Pfostenverteidigern (3)+(4) und dem "1ser" hindurch zu surfen, um dann den Torschuss zu wagen oder den sicheren Rückpass in den Rückraum zu spielen.

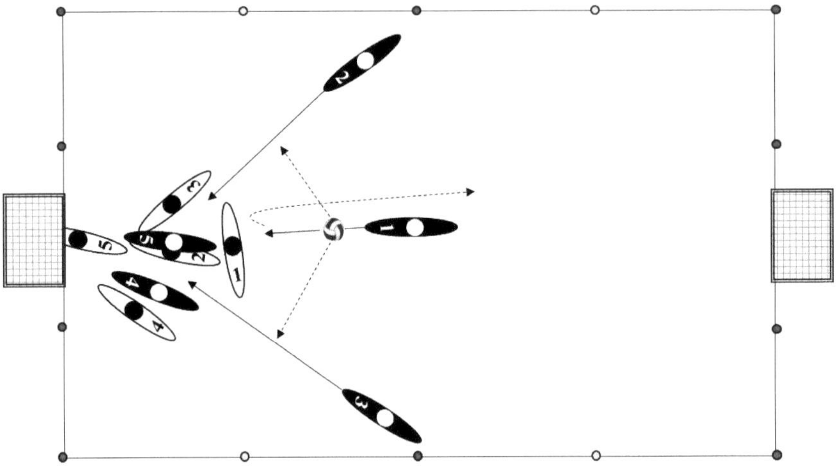

Abb. 26: Der Mittelstart 3/2

**Hinweis:** Sowie der Mittelangreifer (1) den Ball abgespielt hat muss er den Rückraum abdecken, um ggf. bei Ballverlust einen Konter zu verhindern oder um einen Rückpass von (2) oder (3) zu erhalten. Gleiches gilt für den Angreifer (2) oder (3), wenn er nicht den Ball erhalten hat.

### 1.8.4 Positionsangriff 4/1

Charakteristisch für den 4/1 Positionsangriff sind vier Rückraumspieler und ein Center.

Der Center (5) hat das Ziel, im Zentrum der gegnerischen Verteidigung eine gute Wurfposition einzunehmen, um nach dem Zuspiel des Balles einen möglichst schnellen, harten und präzisen Torschuss abzugeben.

Die vier Rückraumspieler positionieren sich vor der Positionsabwehr der Verteidiger im Rückraum. Dort halten sie den Ball und versuchen zuvor abgestimmte taktische Handlungsfolgen zu spielen.

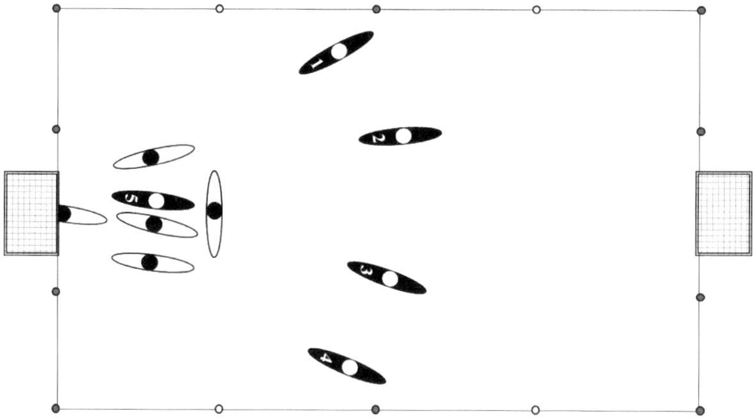


Abb. 27: Positionsangriff 4/1

In vielen Kanupolospielen lässt sich beobachten, dass die Feinabstimmung zwischen den Rückraumspielern bereits eine besonders anspruchsvolle kognitive Herausforderung darstellt. Alle Spieler müssen hoch konzentriert sein, das gesamte Spielgeschehen im Blick haben, mögliche Torchancen erkennen und den richtigen Rhythmus finden, damit die taktische Handlungsfolge gelingt. Eine zusätzliche Herausforderung liegt darin, die Aktivitäten des Centers in den gesamten Handlungsplan einzubeziehen. Der Center darf nicht auf die alleinige Positionierung in der Verteidigung reduziert werden. Er dient nicht nur als Anspielstation zum Torschuss, sondern kann auch, je nach Vorgehen der Rückraumspieler "Assistenz" geben, einen Verteidiger gezielt blocken, als Doppelpassstation dienen oder in dem entscheidenden Moment in die offenen Lücken rücken. Das Zusammenspiel des Centers (5) und der vier Rückraumspieler ist somit entscheidend, um eine gute Torchance zu erspielen und die Überzahlsituation im Angriff optimal zu nutzen.

**Variante:** Alternativ kann ein 4/1 Positionsangriff auch ohne Center, sondern mit einem Schieber gespielt werden, der in erster Linie das Ziel hat einen bestimmten Verteidiger von seiner Position zu schieben, einen Block oder Seitensperre zu setzen, damit eine vorteilhafte Situation für weitere Handlungsschritte der Rückraumspieler entsteht.

### 1.8.5 Die Welle 4/1 - klassisch

Die "4er Welle" ist eine Steigerung der klassischen "3er Welle". Vier Angreifer positionieren sich im Halbkreis vor der gegnerischen Abwehr. In dieser Variante starten alle Spieler versetzt, in wenigen Metern Abstand, mit dem Sprint auf die gegnerische Abwehr. Ein seitlicher Angreifer (1) führt den Ball und versucht den linken Abwehrspieler (3) auf sich zu ziehen. Für ihn ergeben sich aus seinem Vorstoß drei Optionen: 1. Weitergabe des Balls in der Welle an Spieler (2), 2. Anspiel des Centers (5) oder 3. ein Torschuss. Wird der Ball in der Welle weitergegeben, hat jeder weitere Spieler (2)+(3)+(4) erneut diese drei Optionen und die Möglichkeit als vierte Option einen Doppelass zurück zum Passgeber zu spielen. Jeder Angreifer, der einmal den Ball weitergereicht hat, muss sofort prüfen, ob er den Rückraum absichern sollte oder sich dort zu einer zweiten rückläufigen Welle positioniert muss.

Ziel der "4er Welle" ist ein Überzahlsituation oder einen Verteidigungsfehler der Abwehrspieler zu provozieren.

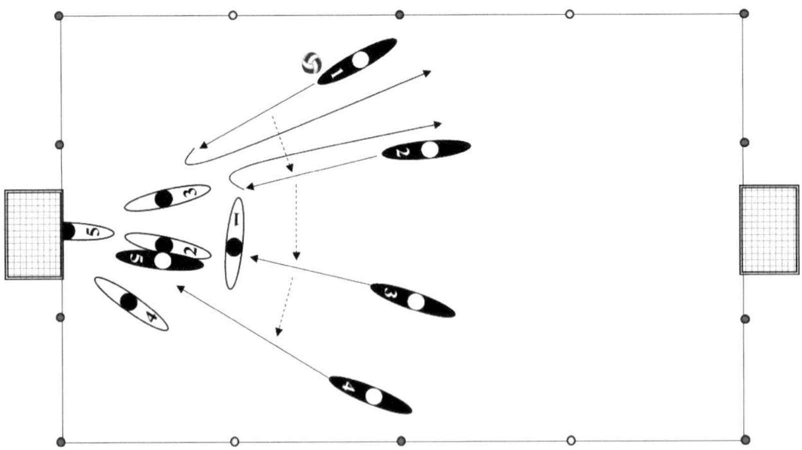

Abb. 28: Die Welle 4/1 - klassisch

**Variante I:** Die 4er Welle kann im ersten Durchgang als solche gespielt werden, aber direkt in eine "3er Welle" übergehen. In diesem Fall verbleibt der erste anfahrende Spieler (1) direkt als Block in der Abwehr, um für eine rückläufige Welle einen Block oder eine Seitensperre zu setzen.

**Variante II:** Eine weitere anspruchsvolle Variante ist der Abschluss des Angriffs mit einem "Schützen" (grau 2 in Abbildung 29) in der zweiten Angriffswelle. In diesem Fall nehmen nach dem ersten Angriffsstoß alle vier Rückraumspieler eine neue Position ein, um den gewünschten Abschluss zu erzielen. Wichtig ist aber, dass die 4erWelle konzentriert und fehlerfrei über alle vier Stationen gespielt wurde.

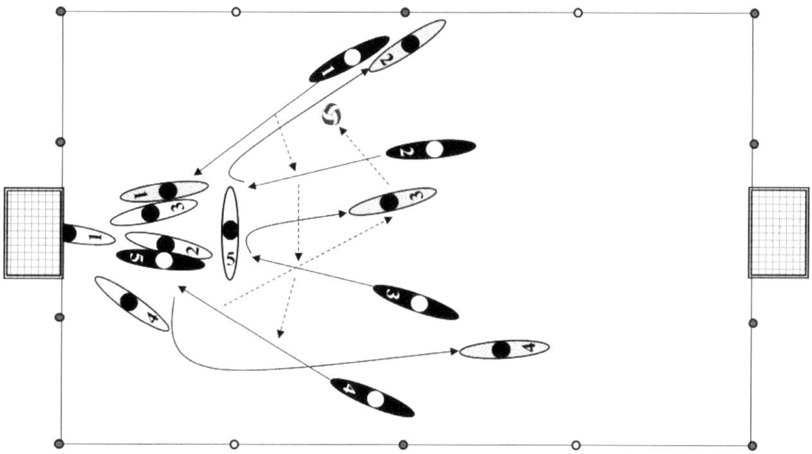

Abb. 29: Die Welle 4/1 - Variante 2

Angreifer (schwarz 1) wird nach seiner Ballabgabe sofort zum Block. Angreifer (schwarz 2) dreht sofort sein Boot und begibt sich in die Anfahrposition von Angreifer schwarz (1), um als "Schütze" (grau 2), nach Rücklauf der ersten Angriffswelle einen Torschuss abzugeben und die zweite Welle abzuschließen. Angreifer (3) fährt direkt in den Rückraum, bleibt konzentriert, um von Angreifer (schwarz 4) den präzisen Rückpass zu empfangen, um diesen direkt an den anfahrenden "Schützen" (grau 2) weiterpassen zu können. Mit der Rückgabe des Balles von Angreifer (4), an Angreifer (3) beginnt die zweite Angriffswelle. Angreifer (4) fährt unmittelbar nach Ballabgabe in den Rückraum, um einen möglichen Konter bei Ballverlust zu verhindern. Angreifer (3) bleibt ebenfalls in Fahrtrichtung zum Rückraum, um diesen nach der Ballabgabe abzusichern.

### 1.8.6 Der Mittelstart 4/1

Dieser Positionsangriff ist eine Erweiterung der klassischen 4/1 Welle. Es wird wie bei dem Mittestart der klassischen 3/1 Welle der Beginn der ersten Welle nicht von einem der Rückraumspieler auf der äußersten linken oder rechten Rückraumposition begonnen, sondern von einem der beiden innenstehenden Rückraumspielern. Mit dieser Angriffsvariante ergeben sich für die Rückraumspieler diverse taktische Entscheidungsoptionen.

**<u>Option I:</u>** Der Angriff wird von Angreifer (1) gestartet. Er fährt mit dem Ball auf die Abwehr zu. Angreifer (2) und (3) begleiten ihn versetzt.

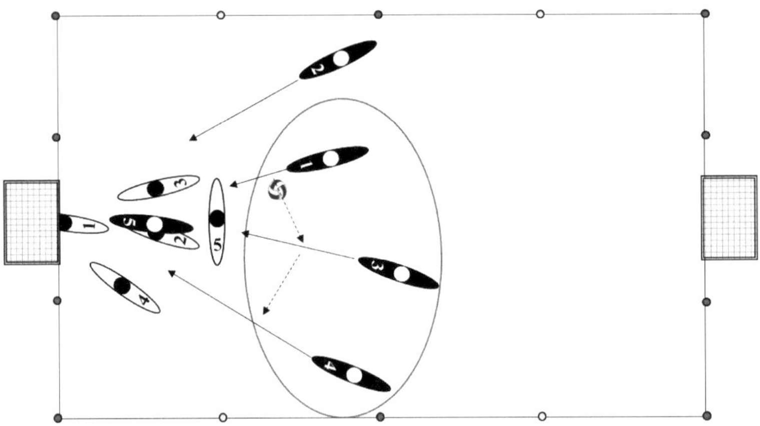

Abb. 30: Der Mittelstart 4/1

Für die Verteidiger ist in diesem Moment noch nicht abzusehen, in welche Richtung der Ball gespielt wird. In diesem Fall spielt Angreifer (1) den Ball links zu Angreifer (3). In diesem Beispiel wird der Angriff mit einer **"3er Welle"** nach links fortgesetzt. Dadurch sind ebenfalls alle Spieloptionen die Bereits bei der Erklärung der "3er Welle" beschrieben wurden möglich.

**Option II:** Der Angriff wird von Angreifer (1) gestartet. Er fährt mit dem Ball auf die Abwehr zu. Angreifer (2) und (3) begleiten ihn versetzt. Für die Verteidiger ist in diesem Moment noch nicht abzusehen, in welche Richtung der Ball gespielt wird. In diesem Beispiel spielt Angreifer (1) den Ball rechts zu Angreifer (2) der als "Schütze" einen Torschuss unternimmt. Diese Option ist mit dem **3/2 Mittelstart** vergleichbar. Die Aufgabe des Angreifers (4) ist in dieser Situation den Rückraum zu sichern.

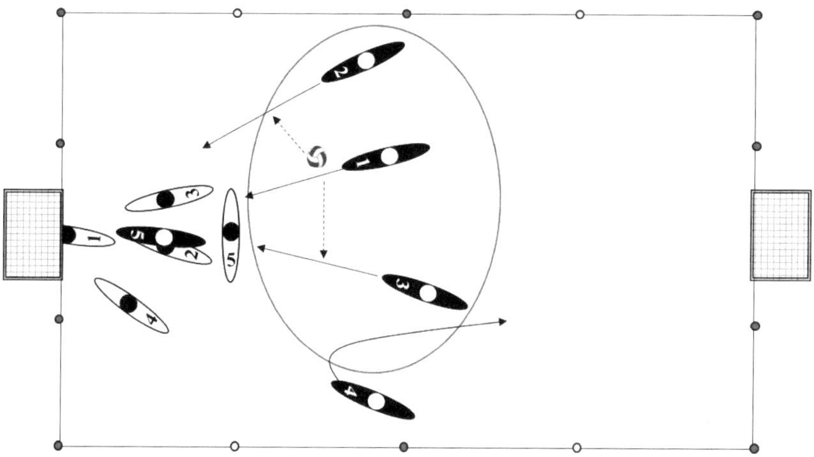

Abb. 31: Der Mittelstart 4/1 - Option 2

**Option III:** Der Spielzug wird von Angreifer (1) gestartet. Er fährt mit dem Ball auf die Abwehr zu. Angreifer (2) und (3) begleiten ihn versetzt. Für die Verteidiger ist in diesem Moment noch nicht abzusehen, in welche Richtung der Ball gespielt wird. In diesem Beispiel spielt Angreifer (1) den Ball rechts zu Angreifer (2), der während der Fahrt zum Tor den linken Abwehrspieler auf sich lockt. Spieler (1) bleibt währenddessen auf seinem Kurs und versucht über den Abwehrspieler (1) voran zu kommen, um dann einen **Rückpass** von Angreifer (2) zu erhalten. Nach dem erhaltenen Rückpass hat Angreifer (1) wieder die Möglichkeit, selber einen Torschuss zu wagen oder den Center anzuspielen. Angreifer (3) und (4) decken inzwischen den Rückraum ab.

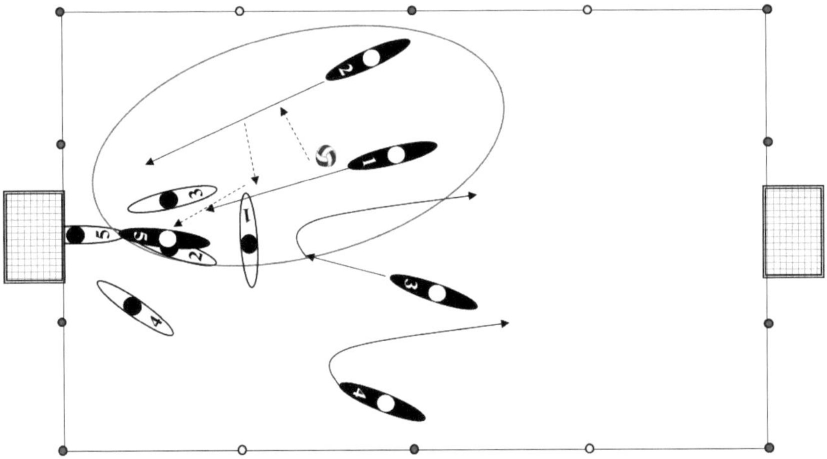

Abb. 32: Der Mittelstart 4/1 - Option 3

### 1.8.7 Die Welle 5/0

Die "5er Welle" ist eine Steigerung der "4er Welle" und eine Angriffstaktik, die sehr selten gespielt wird, aber in den letzten Jahren immer mal wieder auftaucht. Aus der "5er Welle" ergeben sich ebenfalls wie in den anderen Angriffswellen 3/2 und 4/1 diverse Optionen zur detaillierten Ausgestaltung. Diese Taktik in der ersten Angriffswelle klassisch über fünf Stationen zu spielen, erscheint die naheliegendste, aber eher unkreativste Version zu sein. Die fünf Angreifer fahren etwas versetzt auf die Abwehr zu. Hieraus soll eine plötzliche Überzahlsituation auf der abschließenden Seite zustande kommen und eine Chance zum Torschuss erspielt werden. Diese Angriffstaktik wird aber in den seltensten Fällen über mehrere Durchgänge in einer Angriffszeit gespielt. In den meisten Fällen verbleiben nach dem ersten kräftigen Angriffsstoß ein oder zwei Center bzw. Schieber in der gegnerischen Abwehr und ein Übergang in eine 3er oder 4er Angriffshandlung, mit einer unmittelbar folgenden 2. Angriffswelle folgt. Besonders wichtig bei dieser Angriffshandlung ist, dass alle Angreifer die gesamte Spielfeldbreite ausnutzen um eine große Angriffsfläche zu nutzen.

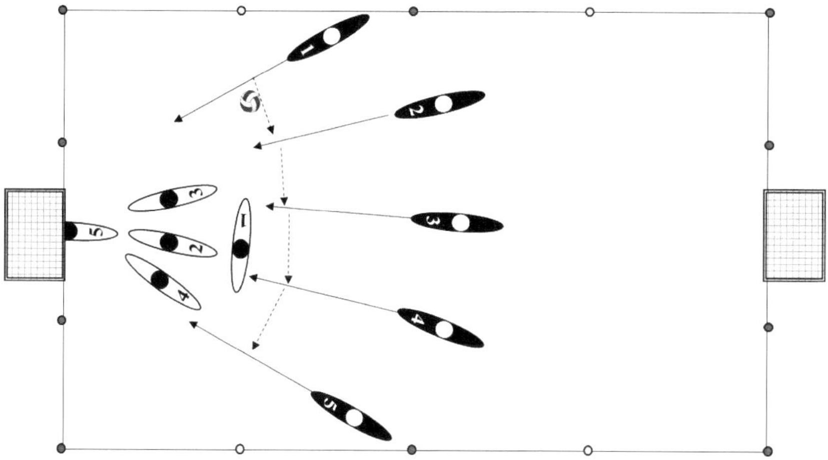

Abb. 33: Die Welle 5/0

**Variante:** Diese Angriffsform kann ebenfalls mit einer rückläufigen Welle gespielt werden. Wie in der "4er Welle" beschrieben. In diesem Fall verbleiben nach dem ersten Angriffsstoß zwei Spieler auf einer Seite der Abwehr und versuchen schnell einen Block für den Schützen der 2. rückläufigen Welle zu schaffen.

### 1.8.8 Rotationsangriff 4/1 - klassisch

Diese 4/1 Angriffsform ist eine anspruchsvolle Handlungsfolge und wird mit einem Center und vier Rückraumspielern gespielt.

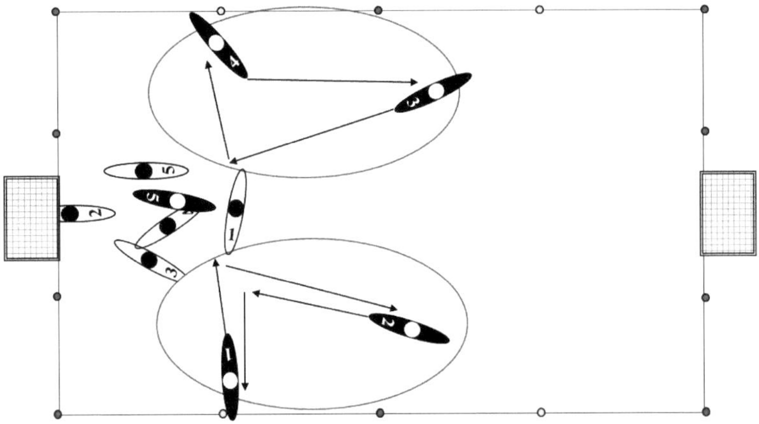

Abb. 34: Rotationsangriff 4/1 - klassisch

Die vier Rückraumspieler bilden zwei Angriffsgruppen. Zwei Spieler (1)+(4) stehen mit dem Heck auf der 6m-Linie, zwei weitere Spieler (2)+(3) befinden sich auf Höhe der Mittellinie, mit Blick zur Abwehr. Während des Angriffs entstehen zwei autarke Kreisel (rote Markierung in Abbildung 34) in denen die zwei Spieler immer wieder die Positionen wechseln. Während des Positionswechsels wechselt der Ball ebenfalls zwischen den gegenüberliegende Gruppen. Hat der Ball die vierte Passstation erreicht, so wird der Angriff erneut, auf einer beliebigen Seiten entsprechend von Angreifer (2) oder (3) begonnen, die ihre neue Position eigenommen haben. Ist diese Taktik gut eingeübt, wechselt der Ball ständig, in einem gleichbleibenden Rhythmus zwischen den vier Rückraumspielern, bis sich eine Torchance ergibt. Diesen "Flow" zu erreichen ist das oberste Ziel dieses Handlungsplanes, auf dem weitere Varianten aufbauen können.

**Variante I:** In der hier abgebildeten Variante wird jeder Angriffskreisel nur einmal durchgespielt und danach mit einem "Schützen" (1) in der zweiten Angriffswelle der Abschluss gesucht. Die grauen Angriffsspieler stellen die neuen Positionen nach der 1. Welle da. In dieser Varianten liegen zwei entscheidende Schlüsselpositionen bei den Angreifern (grau 4 + 1). Nachdem Angreifer (grau 1) den Ball erstmalig gepasst hat, muss er sehr zügig auf die Position (schwarz 2) fahren und sich für die Anfahrt zum Torschuss bereithalten. Er ist der "Schütze" der zweiten Welle. Ist die erste Welle bei Spieler (4) angekommen, muss dieser den entscheiden Pass, die "Assistenz", für den "Schützen" geben, der bereits zum Spint angefahren ist. Für Spieler (4) gilt unmittelbar nach der "Assistenz"" den Rückraum zu sichern, falls der Torschuss des "Schützen" missglückt. Um diese Taktik noch weiter zu optimieren können den Angreifern (2)+(3) noch aktive Aufgaben zugeteilt werden. Insbesondere Angreifer (2) könnte in der Abwehr verbleiben und für den "Schützen" einen Block setzen. Angreifer (3) sollte zusätzlich den Rückraum absichern.

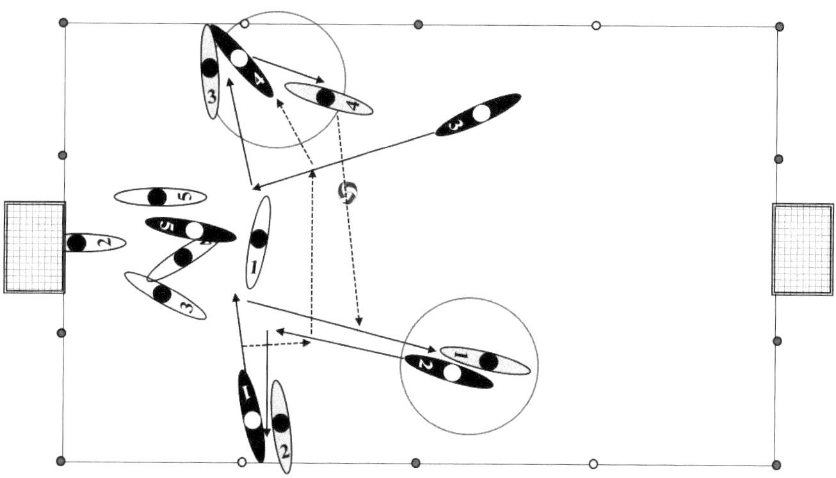

Abb. 35: Rotationsangriff 4/1 - Variante 1

**Option:** Während der 1. Angriffswelle hat jeder anfahrende Rückraumspieler immer die Chance den Centers anzuspielen oder einen Torschuss zu wagen, wenn sich eine gute Möglichkeit ergeben sollte oder die Shot-Clock abläuft.

## 1.9 Sonstige mannschaftstaktische Verhaltensweisen

Die bekanntesten und gängigsten Kanupolotaktiken beziehen sich auf das Angriffs- und das Verteidigungsspiel. Bei genauer Betrachtung lassen sich jedoch auch immer häufiger taktische Verhaltensweisen beobachten, die z.B. bei üblichen Standardsituationen zur Anwendung kommen und zu einem entscheidenden Vorteil gegenüber dem Gegner verhelfen soll.

### 1.9.1 offensive Ecke

Als verteidigende Mannschaft besteht in jeder Eckballsituation, die Möglichkeit des Übergangs in die offensiven Ecke, um die Ausführung dieser Standardsituation für die Angreifer zu verkomplizieren. Das Kommando zur offensive Ecke muss von den Verteidigern direkt zum Pfiff des Schiedsrichters geben werden, um möglichst viel Zeit zur Einnahme der neuen Abwehrpositionen zu gewinnen.

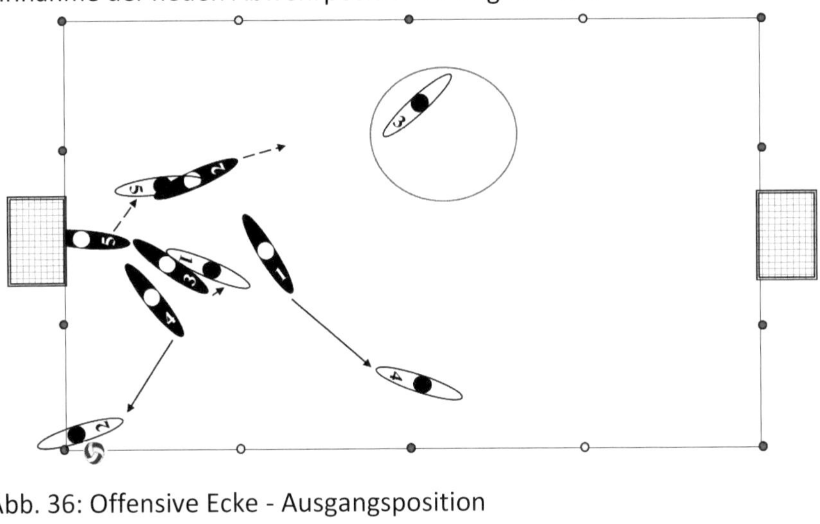

Abb. 36: Offensive Ecke - Ausgangsposition

Der dem Eckpunkt am dichtesten positionierte Pfostenspieler (4) rückt in die Ecke zum ausführenden Spieler (2). Er achtet darauf, dass kein Bootskontakt zum ausführenden Angreifer (2) besteht und hindert diesen nicht bei der Ausführung des Eckballs, versucht aber regelkonform mit dem langen Paddel die Flugbahn des Balles zu verändern oder den ausführenden Gegenspieler (2) daran zu hindern den Ball eigenständig zu treiben. Im selben Moment muss der "1ser" (1) zum Angreifer (4) fahren und den Passweg von der Eck zu ihm blockieren. Abwehrspieler (3) kontrolliert weiterhin Angreifer (1) und verhindert, dass dieser aus der Ecke angespielt werden kann. Abwehrspieler (2) lauert auf Angreifer (3) und der Torwart hält aufmerksam den Angreifer (5) im Blick.

Hat die verteidigende Mannschaft alle wichtigen Positionen eingenommen, ehe die Gegner die Ecke ausführen können, ist der ausführende Spieler (2) in der Situation, dass bis auf ein Mitspieler (3) alle seine Mitspieler (1)+(4)+(5) von Gegenspielern abgedeckt sind und keine Anspielmöglichkeit besteht. Aufgrund des engen Blocks des Angreifers (4) besteht außerdem nicht die Möglichkeit mit dem Ball selbst zu starten und den Ball vorzulegen ohne dass der Ball verloren geht. Die Abwehrspieler haben es, aufgrund ihrer taktisch gut und schnell formierte offensive Ecke geschafft, dass der ausführende Spieler (2) nur noch eine scheinbar sichere Anspielstation in Angriffsspieler (3) sieht. Er wird also dazu bewegt, einen sehr langen und hohen Pass auf die andere Seite des Spielfeldes zu spielen, der nur in wenigen Fällen so genau und präzise in die Hand des Mitspielers gespielt werden kann.

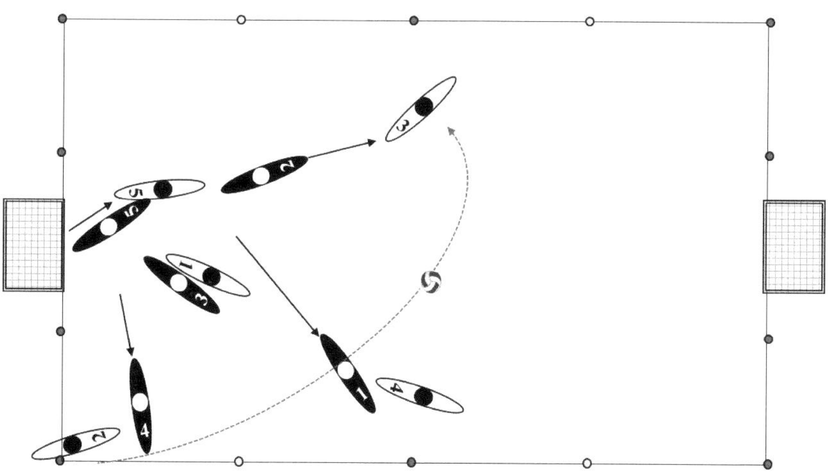

Abb. 37: Offensive Ecke - Abspielsituation

Ist der Ball wieder auf dem Weg ins Spiel, muss der Abwehrspieler (2) schon während des Flugs des Balls die Flugbahn abschätzen und entscheiden, ob sich ein offensiver Angriff gegen Spieler (3) lohnt. Dieser Moment ist entscheidend für das weitere taktische Verhalten der Verteidiger.

Wird der Ball voraussichtlich präzise das Ziel, also die Armreichweite des Angreifers (3) erreichen, verbleibt der Verteidiger (2) in der Abwehrposition, deckt Angreifer (5) ab und alle anderen Abwehrspieler (1)+(4) kehren ebenfalls auf ihre 3/1 Raumverteidigungspositionen zurück.

In der Abbildung 37 wird jedoch davon ausgegangen, dass der Verteidiger (4) den Ball mit dem Paddel leicht ablenkt und der Ball so nicht präzise genug aus der Ecke zu Angreifer (3) gespielt werden kann. Der Abwehrspieler (2) erkennt diese Situation frühzeitig und macht sich noch während sich der Ball in der Luft befindet auf den Weg zu Angreifer (3), um den Ball zu erobern oder den Spieler zu blocken. Währenddessen rückt der Torwart aus dem Tor und deckt den Angreifer (5) ab. Mit dem Herausrücken des Torwartes muss das Kommando "Manndeckung" erfolgen, damit alle Verteidiger wissen, dass die Raumverteidigung nun in die Manndeckung gewechselt hat.

### 1.9.2 Anstoß

Der Gewinn des Mittelanstoßes einer jeden Halbzeit hat einen besonders hohen Stellenwert für ein erfolgreichen Verlauf des Spieles. Der erste Gewinn des Balles ist das erste, mögliche Erfolgserlebnis eines Teams, zeigt die erste Überlegenheit einer Mannschaft und hat eine positive Wirkung auf die Psyche der Mannschaft. Die Gewinner werden bestärkt, die Verlierer erstmals endkräftigt.

Der Ballgewinn beim Mittelanstoß ermöglicht den ersten Ballbesitz und eröffnet die erste Angriffssituation. Insbesondere zur „Overtime“ ist diese Situation von erheblichem Vorteil, da so die erste Chance besteht, das alles entscheidende „Golden Goal“ zu erzielen.

In der Anstosssituation tritt in der Regel der Spieler an, der die schnellste Reaktions-, Beschleunigungs- und Endgeschwindigkeit erreichen kann. Zudem muss der Spieler einen entsprechend guten Blick für die Lage des Balles und die Position des Gegenspielers haben, sowie den Mut mit dem ganzen Körpereinsatz den Ball zu gewinnen. Neben diesen Fähigkeiten kann eine strategisch gute Ausgangssituation zum Start des Anstoß von hoher entscheidender Bedeutung sein. An dieser Stelle muss dem Verhalten des gesamten Schiedsrichterteams eine besondere Aufmerksamkeit geschenkt werden. Linienrichter und Schiedsrichter sind bemüht, eine möglichst faire Ausgangssituation für beide Teams zu schaffen. Jedoch besteht durch ein geschicktes taktisches Verhalten der Spieler die Möglichkeit, das Verhalten des Schiedsrichterteams zu beeinflussen und für sich ein Vorteil zu gewinnen.

In der Vergangenheit konnte ich eine Vielzahl von Startverstößen zu Lasten eines Teams beobachten. Welche Ursachen dazu führen macht ein genaues Hinschauen erforderlich und lässt ein bewusstes strategisches Verhalten unterschiedlicher Teams beobachten.

**Variante I:** Der Fahrer des Anstoßes, der "Sprinter" des weißen Teams, geht erst in Startposition, wenn die grüne Fahne bei den Gegnern gehoben wurde. Der weiße Sprinter (2) hält den Linienrichter auf der gegenüberliegenden Seite hierfür fest im Blick und rückt erst in die korrekte Startposition, wenn die grüne Fahne erscheint. Die anderen weißen Mitspieler geben während dessen akustische Orientierung, damit der Sprinter (2) weiß wann er selber korrekt auf der Linie steht und wann der Linienrichter für ihn die grüne Fahne hebt. Ein Vorteil ergibt sich daraus, dass der weiße Sprinter (2) den Beginn des Starts beeinflussen kann. Er entscheidet wie schnell er auf die richtige Position fährt und wann das Spiel begonnen wird. Alles wartet auf ihn. Währenddessen steigt die Anspannung des schwarzen Sprinters (4) und es besteht zudem die Möglichkeit, aufgrund dieser verzögernden Verhaltensweise einen Fehlstart des schwarzen Spielers (4) zu provozieren oder dass sein Kajak inzwischen vorwärts, oder zum Vorteil des weißen Teams, in Richtung der Wechselzone treibt. So müsste der schwarze Sprinter einige Zentimeter mehr zurücklegen.

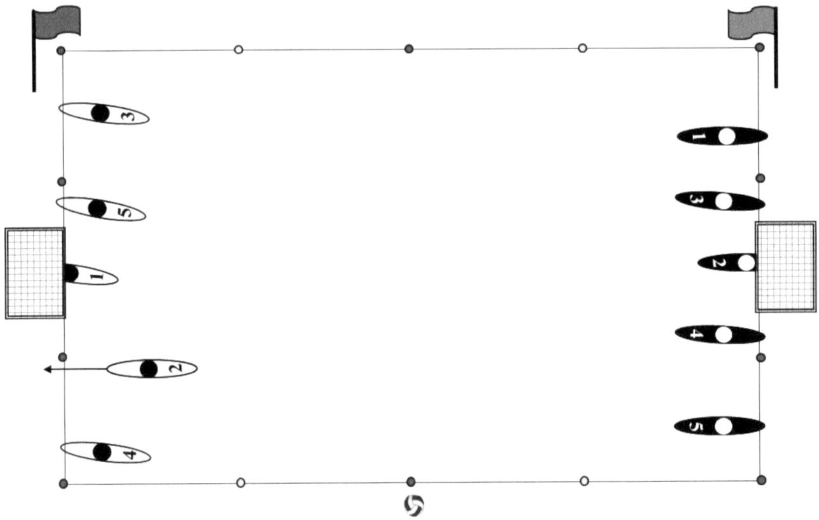

Abb. 38: Anstosssituation - Variante I

**<u>Variante II:</u>** Der Sprinter (2) des weißen Teams und drei weitere Mitspieler (1)+(3)+(5) gehen in die korrekte Startposition. Ein letzter weißer Spieler (4) rückt erst dann in die korrekte Startposition, wenn die grüne Fahne des schwarzen Teams zu erkennen ist. Er hält den Linienrichter des schwarzen Teams fest im Blick. Die anderen Mitspieler (1)+(3)+(5) geben akustische Orientierung, damit die weißen Spieler (2) und (4) wissen, wann sie die korrekte Startposition eingenommen haben und das Spiel beginnen kann. Ein Vorteil ergibt sich daraus, dass der weiße Spieler (4), wie im ersten Beispiel, den Beginn des Starts bestimmt. Auch in diesem Fall kann dies zur Nervosität des Gegners (4) führen, der bereits einige Sekunden länger angespannt die Position halten muss. Auch in dieser Variante besteht die Gefahr eines Startverstoßes oder dem Verlassen der Startposition des schwarzen Sprinters (4) aufgrund des Windes und des Wellengangs.

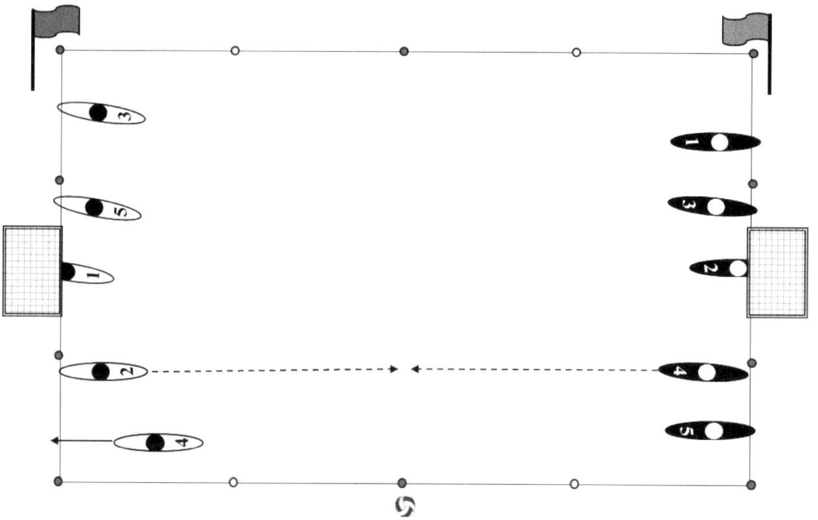

Abb. 39: Anstosssituation - Variante II

## 1.10 Taktikvermittlung im Kinder- und Jugendalter

Neben Kondition, Koordination und Technik ist die Taktik eine der entscheidenden Voraussetzungen für das Sportspiel Kanupolo. Daher ist es von zentraler Bedeutung für Trainer und Spieler, sich mit diesem Bereich auseinanderzusetzen, ihn intensiv neben den anderen Komponenten zu trainieren und kontinuierlich zu verbessern. Die große Frage ist nun, wie die Vielzahl an taktischen Handlungsplänen vermittelt werden kann.

Bevor im weiteren Verlauf auf einige Trainingsmethoden zur Vermittlung eingegangen wird, sollen zunächst einige kurze Überlegungen zur Taktikvermittlung in der Leistungsklasse Schüler C, B, A und Jugend vorgenommen werden. Die leitende Frage ist, ab welchem Alter eine Vermittlung von komplexen taktischen Mannschaftsabläufen überhaupt Sinn macht und effektiv ist.

Schaut man sich die Rahmentrainingskonzeption der großen Ballsportart Handball an, so ist aus dieser zu entnehmen, dass gerade die Taktikschulung behutsam und nach einer bestimmten Systematik den Sportlern näher gebracht wird. Der **DEUTSCHE HANDBALLBUND** legt in der Phase der Basisschulung im Alter von 6-12 Jahren großen Wert darauf, Kinder nicht mit großen komplexen Handlungsabläufen (Mannschaftstaktiken) zu konfrontieren, sondern richtet in dieser Zeit das Hauptaugenmerk auf die mannorientierte Spielweise und das sammeln vielfältiger Spielerfahrungen. Der Abwehrspieler lernt seinen Gegenspieler ständig zu suchen, sich auf dem Spielfeld zu orientieren und die Aktionen des Gegners nicht nur zu verfolgen, sondern diese vorherzuahnen und zu antizipieren. Erst mit 13-14 Jahren richtet sich in der Phase des Grundlagentrainings der Fokus auf den Übergang von der mannorientierten zur raumorientierten Spielweise in der komplexe Handlungsabläufe trainiert werden (vgl. Deutscher Handballbund, 2004, S. 1).

Im Fußball wird vergleichbar vorgegangen. Auch hier liegt in den ersten Jahren des Trainings der Fokus auf der Ausbildung der allgemeinen koordinativen Fähigkeiten, der unterschiedlichen Techniken und des individuellen taktischen Geschick des Sportlers. Das Spielen ohne Zwänge, das Ausprobieren, ohne sofort in bestimmte Denkmuster und Handlungsfolgen gezwängt zu werden, steht in dem Alter von 7-10 Jahren im Trainingsfokus und ermöglichen dem Sportler eigenständig zahlreiche Bewegungserfahrungen zu sammeln (vgl. Deutscher Fußball-Bund, S. 16f).

Hinter diesen Grundhaltungen der beiden großen Verbände ist das langfristige Ziel verborgen, den Sportler nachhaltig auszubilden, sodass er im weiteren Verlauf seiner sportlichen Karriere Höchstleistungen erzielen kann. Um diese Leistung erbringen zu können und langfristig zum Sporttreiben motiviert zu sein, muss gerade in den ersten Trainingsjahren eine elementar wichtige Basisarbeit stattfinden in der die allgemeinen und nach und nach auch die spezifischen sportlichen Fähigkeiten entwickelt werden, eh die Schulung großer, komplexer Mannschaftstaktiken erfolgt. Diese Entwicklung bedarf Zeit, Geduld und Freiraum zur individuellen Entfaltung.

Für den Kanupolosport lässt sich die Erkenntnis ableiten, dass auch in dieser Sportart dem Taktiktraining eine besondere Aufmerksamkeit gewidmet werden sollte und diese überlegt erfolgen muss. Kinder sollten in ihren ersten Trainingsjahren zunächst vielfältige Bewegungserfahrungen im/am Kajak, an Land und mit dem Ball sammeln. Auch kleine Spiele an Land tragen zur Ausbildung der konditionellen und koordinativen Fähigkeiten bei, die zum späteren Erlernen der spezifischen Techniken und Taktiken von großer Wichtigkeit sind. Gerade in der Spielklasse der Schüler C und B muss der Fokus ganz eindeutig auf die Technikschulung und die Ausbildung individueller Taktiken gerichtet werden. Das Training der systematischeren, komplexeren Mannschaftstaktik kann beispielsweise nicht vor dem Training der Individualtaktik erfolgen. Was nützt es dem Spieler eine Angriffstaktik zu kennen, aber individualtaktisch den Ball in einer 1:1 Situation nicht verteidigen zu können oder sich auch nicht von einem Gegenspieler lösen zu können. Demnach sollte das Trainingsprinzip **Individualtaktik vor Mannschaftstaktik** gelten. Die Beherrschung der grundlegenden Techniken des Kanupolos verleiht erst der Taktik des Kanupolos das Fundament. Einsteiger und insbesondere Kinder müssen erst das gesamte technische Repertoire beherrschen, bevor sie dann von einem bestimmten Spielsystem taktisch reglementiert werden.

Der Erfolg im Wettkampf darf in dieser Zeit nicht im Fokus stehen. Erst wenn die wichtigsten Grundlagen zur Ausübung des Sportes gelegt, vielfache Bewegungserfahrungen gesammelt wurden, ist auch das Fundament für die Ausführung komplexer Mannschaftstaktiken gelegt. Je nachdem wie gut diese Grundlagen ausgebildet sind, entscheidet sich später auf welchem Niveau komplexe Handlungspläne gespielt werden können und individuelle sportliche Reaktionen auf neue und plötzliche Situationen erfolgen.

*Das technische Niveau bestimmt die taktischen Möglichkeiten*
(vgl. Weineck, S. 864).

Eine weitere Argumentation die dafür spricht, komplexe Mannschaftstaktiken erst in der Schüler A bzw. Jugendklasse zu fokussieren, lässt sich aus der Theorie zum genetischen Lernen von dem "Urvater der Entwicklungspsychologie" Jean Piaget ableiten. **PIAGET** hat sich mit der kognitiven Entwicklung von Kindern beschäftigt und geht davon aus, dass sich das kindliche Denken die gesamte Kindheit über entwickelt und erst mit der Pubertät (ca. 15 Jahren) abgeschlossen und ausgereift ist. Er unterteilt diese Zeit in die vier Entwicklungsphasen die sensomotorische Phase (0-2 Jahre), die präoperationale Phase (2-7 Jahre), die Phase der konkreten Operationen (7-12 Jahren) und die Phase der formalen Operationen (12-15 Jahren). In der Lerntheorie wird davon ausgegangen, dass ein Kind alle diese Phasen während der kindlichen Entwicklung durchläuft, der Verbleib in den unterschiedlichen Phasen, also das Entwicklungstempo, je nach Individuum unterschiedlich lang oder kurz sein kann. In der vierten Phase der formalen Operationen beschreibt Piaget, dass das Kind erst mit der Erreichung dieser Phase, also mit ca. 12 Jahren, in der Lage ist, Probleme vollständig auf einer hypothetischen Ebene zu lösen. Zudem sind erst jetzt logische Schlussfolgerungen möglich, wie das geistige Variieren von Variablen. Das Kind kann sich nun mit hypothetischen Fragen beschäftigen "Was wäre wenn der Spieler XY so reagieren würde? Was würde passieren, wenn die Abwehrformation plötzlich anders konzipiert ist, als wir es geplant hatten?" und kann logische Zusammenhänge erschließen und sein praktisches Handeln entsprechend anpassen (vgl. Zimbardo, S. 65ff).

Für den Kanupolosport lässt sich aus dieser Grundannahme Piagets ableiten, dass Kinder bis zum 12 Lebensjahr nicht die komplexen Denkstrukturen mitbringen, die für eine komplexe mannschaftstaktische Leistung erforderlich sind. Mannschaftstaktiken setzen voraus, dass man sich in der Mannschaft zuvor hypothetisch mit gewissen Handlungsfolgen und Schritten der Gegner auseinandersetzt und auch seine eigenen Handlungsschritte entsprechend abstrakt betrachten kann. Ein umfassende Angriffstaktik, wie die 4/1 mit unterschiedlichen Handlungsoptionen und Varianten können für Schüler, aufgrund der noch nicht ausgereiften kognitiven Fähigkeiten zu einer Überforderung führen. Auch eine komplexe Verteidigungstaktik, in der die Spieler ihre Positionen verlagern müssen, um mögliche Räume zu schließen und um die Angreifer zu einer bestimmten Handlung zu zwingen, setzt diese Denkfähigkeit voraus.

Die noch nicht vollständig entwickelte kognitive Reife von Kindern und die Notwendigkeit vor dem Erwerb komplexer mannschaftstaktischer Handlungen die notwendigen allgemeinen koordinativen, konditionellen, technischen und individualtaktischen Fähigkeiten zu beherrschen lässt auch für den Kanupolosport als Schlussfolgerung zu, zum einen diese kognitive Entwicklung des Kindes abzuwarten und zum anderen bis zum Eintritt in die Spielklasse der Schüler A (13+14 Jahre) die elementare Basisschulung zu fokussieren. In der Spielklasse Schüler C+B sollte daher ebenfalls, neben der Sammlung vielfältiger Bewegungserfahrungen, technischer und individualtaktischer Erfahrungen der mannorientierten Spielweise eine besondere Aufmerksamkeit gewidmet werden. Die Manndeckung ("Five-out") entspricht kindlichen Bedürfnissen und der Entwicklung am ehesten. Kinder möchten dem Ball hinter fahren, den Ball erobern und nicht in ein bestimmtes Schema gedrückt werden. Die Manndeckung erfordert von den Spielern zudem, dass sie sich ihre zuvor erlernten koordinativen, konditionellen und technischen Fähigkeiten anwenden, erproben und verfeinern. Ein besonderes Basistraining, auf dem spätere komplexe Handlungen aufbauen, ist die Zweikampfstärke eines Sportlers. Mit der Manndeckung wird diese so wichtige Grundlage gelegt. Der Sportler lernt sich gegen einen anderen Spieler durchzusetzen, sich freizufahren, den Ball zu behaupten, sein Kajak und Paddel geschickt einzusetzen, unter Druck zu agieren, Schulterstößen auszuweichen, präzise Pässe zu spielen oder nach einem Schulterstoß mittels der Eskimorolle wieder aufzutauchen und das Spiel fortzusetzen. Hat der Sportler all diese Fertigkeiten innerhalb dieser Zeit erlernt, hat der Trainer seine Aufgabe als Kindertrainer erfolgreich erfüllt und seine

Sportler für weitere komplexe Mannschaftstaktiken vorbereitet, denn wer diese Fertigkeiten umfangreich beherrscht, bringt die besten Voraussetzungen mit, um auf einem hohen taktischen Niveau den Kanupolosport zu betreiben.

## 1.11 Taktikvermittlung

Für viele Trainer spielt die Taktikvermittlung eine besonders wichtige und entscheidende Rolle für den Erfolg ihrer Mannschaft. Den Sportlern bestimmte Handlungsfolgen beizubringen stellt nicht nur den Trainer, sondern auch die Sportler vor eine besondere Herausforderung. Das Zusammenspiel der motorischen Fähigkeiten der Sportler und der Vermittlungsfähigkeit des Trainers haben am Ende große Auswirkung auf den Erfolg der unterschiedlichen Handlungsfolgen.

Im weiteren Verlauf dieses Kapitels sollen nun einige praxisnahe Methoden aufgeführt werden, die die Schulung und Vertiefung des spielerisch-, taktischen Verhaltens der Sportler, begünstigen.

<u>Wechselwirkung Theorie und Praxis</u>
Die taktische Ausbildung erfolgt in enger Wechselwirkung zwischen Theorie und Praxis (Weineck, S. 864). Bevor eine taktische Handlungsfolge praktisch ausgeführt werden kann, muss sie theoretisch von allen Sportlern verstanden werden.

Um Sportlern taktische Spielzüge zunächst theoretisch zu vermitteln ist eine Erklärung der Spielzüge anhand eines Taktikbrettes sinnvoll. Außerhalb des Wassers können einzelne Individualtaktiken und spezielle Spielzüge gezeigt, mögliche Hindernisse oder taktische Gegenstrategien der Gegner oder das Verhalten bei Unterbrechungen bzw. des Scheiterns des Handlungsplanes diskutiert werden.

Im weiteren Verlauf der Taktikschulung ist es möglich, einzelne Abläufe der Spielzüge an Land nachzulaufen. Jeder Sportler nimmt in diesem Fall an Land seine Position ein und es werden zunächst ohne Zuhilfenahme des Balls die Fahrwege abgesprochen und gelaufen. Jeder Sportler sollte diese Position verinnerlichen, um sie im späteren Trainingsverlauf auf dem Wasser anwenden zu können.

Zur Einübung und Perfektionierung eines Handlungsplanes gehört es auch, dass das taktische Verhalten regelmäßig reflektiert und auf seine Wirksamkeit überprüft wird. Hierzu eignen sich Trainingsspiele die gerne immer wieder mal unterbrochen werden sollten, um gut gelaufene, aber auch gescheiterte Situationen zu analysieren. Im Wettkampfverlauf sollte eine konstruktive Taktikbesprechung mit allen Sportlern der Mannschaft ein festes Ritual sein und unmittelbar nach dem jeweiligen Spiel erfolgen, da hier die Erlebnisse noch am präsentesten sind und oft bei den Spielern auch ein Gesprächsbedarf besteht, der nicht in der Einzelgruppe diskutiert, sondern mit allen Mannschaftsmitgliedern geteilt werden sollte. Bei der Reflektion des taktischen Handeln ist eine konstruktive Vorgehensweise von besonderer Wichtigkeit, damit Fehlverhalten angenommen und eine Anpassung erfolgen kann. Daher sollte unbedingt darauf geachtet werden, mit positiven Rückmeldungen zu beginnen, dann negative Verläufe zu besprechen, abschließend erneut mit positiven Aspekten die Reflektion zu beenden und bei der Formulierung der Kritik in der Ich-Perspektive gesprochen wird.

Während eines Punktspieles auf einem Wettkampf sollte ebenfalls die dreiminütige Halbzeitpause für eine kurze taktische Reflektion genutzt werden. Leider lässt sich doch immer wieder beobachten, dass Trainer diese Zeit nutzen um ihren Sportlern ihre Fehler offen zu legen, ohne konstruktive Verbesserungsvorschläge zu machen. Ein guter Trainer sollte daher die Kritik innerhalb einer Halbzeitansprache auf ein Minimum reduzieren und stattdessen die positiven Aspekte hervorheben und seine Mannschaft zu weiteren guten Leistungen motivieren. Kritische komplexe Situationen sind vom Trainer zu notieren und nach dem Spiel in der entsprechenden Taktikbesprechung zu analysieren, sodass erneut Handlungsoptionen theoretisch erschlossen und begriffen werden können. Ausgenommen hiervon sind Fehler die in der 2. Halbzeit auf keinen Fall nicht wieder passieren dürfen.

"Vom Leichten zum Schweren - vom einfachen zum Komplexen"

Das taktische Verhalten wird unter zunehmender Schwierigkeit nach den Trainingsprinzipien "vom Leichten zum Schweren" und "vom Einfachen zum Komplexen" trainiert und gefestigt. (vgl. Weineck, S. 864). Die Aufgabe des Trainers ist es, zur Erlernung und Verinnerlichung großer komplexer Handlungsstrategien, diese in kleine Schritte zu zerlegen und schrittweise einzuüben.

Zunächst muss die komplexe Handlungsstrategie im ganzen betrachtet werden. Es ist zu prüfen, welche individuellen technischen Fähigkeiten der einzelne Sportler benötigt und welche Individual- oder Gruppentaktiken schlussendlich das große Ganze bilden. Im weiteren Trainingsverlauf sollte damit begonnen werden, zunächst die einfachen technischen Teilelemente zu trainieren und diese nach und nach unter erschwerten Bedingungen durchzuführen. Bevor eine Mannschaft beispielsweise eine Angriffssituation 4/1 mit Torabschlüssen über den Center spielen kann, muss der Center lernen, sich in der Abwehr zu positionieren, die notwendigen Boots- und Paddeltechniken beherrschen, die Aufmerksamkeit auch auf das Agieren im Rückraum richten, den Ball fangen und diesen unter Druck möglichst platziert auf das Tor schießen können. Außerdem müssen die Rückraumspieler das richtige und verwertbare Anspiel des Centers trainieren. Diese verschiedenen Komponenten können mit diversen Übungen trainiert werden.

Neben den technischen Komponenten ist auch der komplexe Handlungsplan inklusive der festgelegten Fahrwege in Kleinschritte zu zerlegen. Die Rückraumspieler eines 4/1 Angriffs können zunächst ohne Ball und ohne Beteiligung der Gegenspieler oder des Centers die Fahrwege abfahren und diese verinnerlichen. Im nächsten Schritt können die Trainingsbedingungen erschwert werden, indem die zunächst ausgeschlossenen Komponenten nach und nach da zugefügt werden.

Wiederholung von Teilkomponenten

Wurde der große komplexe Handlungsplan in kleine Schritte zerlegt, so sollten im Trainingsverlauf diese Teilkomponenten immer wieder trainiert und ständig wiederholt werden. Durch die wiederholte Ausführung bestimmter taktischer Verhaltensweisen kommt es zu einer Automatisierung von Teilkomponente des bewussten Handelns (Weineck, S. 862). Hat der Kanupolosportler bestimmte Teilkomponenten verinnerlicht, wie beispielsweise der Center das präzise und sichere Schießen auf das Tor oder die Rückraumspieler die Fahrwege, kann die Ausbildung weiterer Teilabschnitte fokussiert werden und die Aufmerksamkeit des Sportlers auf andere Elemente des komplexen Handlungsablaufes gerichtet werden. Sind schließlich alle Teilkomponenten verinnerlicht, besteht die Möglichkeit, diese zur komplexen Taktik zusammenzufügen und eine Feinabstimmung vorzunehmen.

Grundzüge vor Varianten

Zur Einübung einer neuen Taktik sollte zunächst die taktische Grundverhaltensmaßnahme eingeübt werden. In einem Angriff 3/2 mit dem Ziel, eine Welle zu spielen, sollte zunächst diese auch geübt und durchgeführt werden. Das Ziel sollte sein, dass zunächst die Rückraumspieler sicher den Ball in der Welle durchlaufen lassen können ohne zu stocken oder den Ball gar zu verlieren. Besteht Sicherheit in dieser Teilkomponente können andere Varianten, wie des Spielens einer rückläufigen Welle, dem Anspiel des Centers oder eines Mittelstarts erprobt und angewendet werden.

*Es werden zunächst die taktischen Grundverhaltensmaßnahmen und erst wenn diese beherrscht werden die Varianten trainiert und verinnerlicht* (vgl. Weineck, S. 864).

Bildung der Beobachtungsfähigkeit

Die taktische Handlungsfähigkeit eines Sportlers wird in starkem Maße durch seine Beobachtungsfähigkeit beeinflusst. Diese Fähigkeit kann durch Wettkampfbeobachtungen, Videoaufzeichnungen und der Beurteilung bestimmter Spielszenen geschult werden (vgl. Weineck, S. 864). Gemeinsam ein Endspiel als Zuschauer erleben, mit der Mannschaft einen Livestream verfolgen oder Aufzeichnungen von Spielen der letzten Weltmeisterschaft zu schauen sollte heutzutage für jeden Kanupolosportler möglich sein und stellt eine große Chance dar, das eigene spielerische Verhalten zu verändern.

Gemäß der Lerntheorie des "sozialen Lernens" nach Albert Banduras lernt der Mensch auf Grundlage der Beobachtung anderer. Das auch genannte "Modellernen" basiert auf der Grundannahme, dass Menschen durch das Beobachten des Verhaltens anderer Personen, lernen und ihr eigenes Verhalten entsprechend anpassen. Der Mensch lernt demnach komplexe Verhaltensweisen leichter, wenn er eine andere Person (ein Modell), die das erwünschte Verhalten zeigt und dafür belohnt wird, beobachtet und das gewünschte Verhalten nachahmt (vgl. Zimbardo, S. 549).

Darüber hinaus bietet eine Videoaufnahme des eigenen sportlichen Verhalten des Spielers, die Möglichkeit, sich selbst in Spielsituationen zu betrachten und die eigene taktische Leistung zu bewerten. Einigen Sportlern hilft es zu verstehen, warum ein bestimmter taktischer Spielzug nicht funktioniert hat, wenn sie selber ihre Spielweise betrachten können. Daher ist es für Spieler und Trainer sinnvoll, Wettkampfsituationen zu filmen und anschließend zu analysieren. Aus den gesammelten Erkenntnissen lassen sich für die Sportler sinnvollere Handlungsstrategien ableiten und für den Trainer ergeben sich Aufgaben und Inhalte zur Gestaltung einer nächsten Trainingseinheit.

## 1.12 Langfristige Trainingsplanung

In Anlehnung an diverse allgemeine und spezifische Rahmentrainingskonzeptionen (RTK) aus verschiedenen Sportarten soll im folgenden ein idealtypischer Verlauf eines langfristigen Leistungsaufbaus (LLA) für Kanupolo dargestellt werden. Diese Darstellung ist keineswegs ein Dogma, sondern als Orientierung zu verstehen.

Der idealtypische Weg beginnt mit dem Zeitpunkt der unter entwicklungspsychologischen Gesichtspunkten betrachtet am geeignetsten ist, um mit dem ersten Training zu beginnen und endet mit der Höchstleistung, die ein Sportler im Kanupolo erreichen kann. Im

Kindesalter findet die Reifung der Funktionssysteme statt. Kinder befinden sich dann in einer sensiblen Phase für die Entwicklung motorischer Fähigkeiten, lernen neue Fertigkeiten schnell und sind empfänglich für diverse spannende und neue Umweltreize. Durch ein verantwortungsvolles, ganzheitliches, gesundheitsbewusstes Training können elementare Grundlagen für die spezielle Anforderungen im Sport und im Kanupolo geschaffen werden.

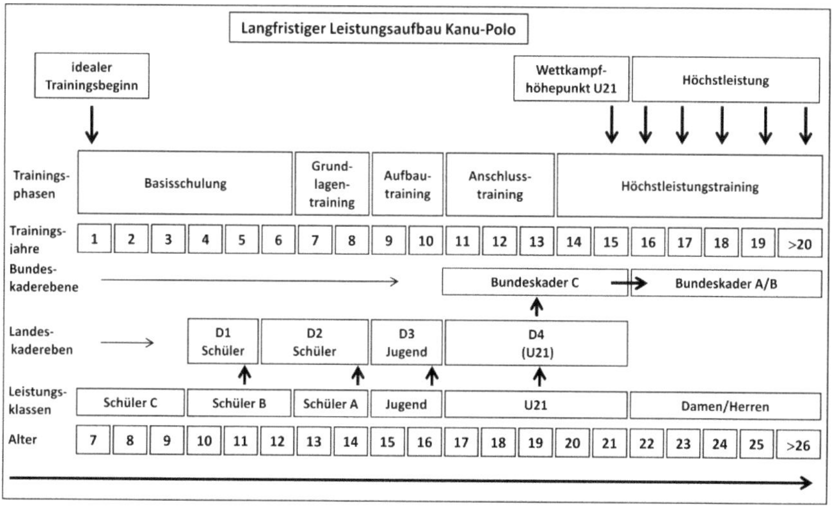


Abb. 40: Langfristiger Leistungsaufbau (LLA) Kanupolo

Diese Folge hat einen idealisierten Weg und geht davon aus, dass die Inhalte der fünf Trainingsphasen systematisch aufeinander aufbauen und nacheinander durchlaufen werden müssen. Ihre Übergänge müssen in der Praxis jedoch als fließend betrachtet werden. Besonders wichtig ist, dass die jeweiligen Ausbildungsinhalte vollständig und umfassend geschult werden müssen, damit sich keine Defizite für die darauffolgenden Trainingsstufen ergeben. Sind Entwicklungsschritte frühzeitig erfüllt, kann direkt in die nächste Trainingsphase übergegangen werden.

Nicht jedem Sportler ist es möglich, von Beginn an diesem "idealtypischen" Weg zu folgen. Schulische Belange, zahlreiche andere

Sportarten und diverse Möglichkeiten der Freizeitgestaltung führen einige Sportler erst über Umwege und zu unterschiedlichen Zeitpunkten im Leben zum Kanupolo. Deshalb gilt für diese Sportler nicht das kalendarische Alter zur Orientierung und Zuordnung der Trainingsphase. Ein 18jähriger "Quereinsteiger" kann beispielsweise nicht in der Anschlussphase (AST) mit dem Training seiner erfahrenen Gleichaltrigen beginnen, sondern muss trotz seines kalendarischen Alters mit der Basisschulung (BAS) beginnen. Für Sportler die zu einem späteren Zeitpunkt einsteigen, sind gewisse Trainingsinhalte der vorherigen Phasen aufzuholen, was ein sehr intensives und bewusstes Training erforderlich macht. Nur so ist es möglich den Anschluss in den jeweiligen Leistungsklasse zu finden.

Im Folgenden sollen die fünf Phasen des langfristigen und systematischen Leistungsaufbaus konkretisiert und auf den Kanupolosport bezogen werden. Die hier aufgeführten Trainingsziele sind in keinster Weise vollständig, da nur schwer die gesamte Komplexität der Anforderungen des Kanupolos abgebildet werden kann. Die Rahmentrainingskonzeptionen der unterschiedlichen internationalen Bundesverbände, Landesfachverbände oder Vereine unterscheiden sich an einigen Punkten, da Ziel- und Schwerpunktsetzungen teilweise unterschiedlich definiert werden. Daher soll auch diese Auflistung als Orientierung verstanden werden.

| **1. Basisschulung (BAS)** | |
|---|---|
| Alter | 7-12 Jahren |
| Leistungsklasse (LK) | Schüler C+B (WKR-Kanupolo) |
| allgemeine Zielsetzung | • Interesse und Gesundheit<br>• altersgemäßes, regelmäßiges Training<br>• Freude am Vereinsleben<br>• Bindung an den Kanupolosport und Verein<br>• Selbstvertrauen durch Sport<br>• Gewinnung der Eltern |
| koordinative/konditionelle Trainingsziele | • Entwicklung allgemeiner koordinativer Fähigkeiten<br>• Schaffung einer breiten konditionellen Basis auch mit unspezifischen Mitteln (Laufen, Kleine Sportspiele, Schwimmen, allgemeine Kraftentwicklung)<br>• Entwicklung von Bewegungsschnelligkeit |
| technisch/taktische Trainingsziele | • Entwicklung eines positiven Bootsgefühls<br>• Erlernen der Grobform des Kanufahrens (Paddeltechnik)<br>• Entwicklung von Stabilisations- und Stütztechniken<br>• Erlernen der Grobform des Passens und Fangens<br>• Erlernen der Ballabwehr mit dem Paddel<br>• Beginn erster Eskimotiererfahrungen (sicheres Kentern, Angstabbau)<br>• Vielfältige Bewegungserfahrungen aus verschiedenen Sportarten sammeln<br>• Entwicklung der Aktionsvariabilität |

| | |
|---|---|
| Abwehrspiel | • Entwicklung der mannorientierten Spielweise "Five-out" |
| Angriffsspiel | • 3/2 Einübung |
| spezifische Trainingsinhalte | • Spielbetonung (Kleine Kanu-Spiele, Kleine Kanupolo-Spiele)<br>• allgemeine Übungen der Bootsgewöhnung<br>• einfache Kanupoloübungen mit zahlreichen Wiederholungen |
| allgemeine Trainingsinhalte | • Spielbetonung (Kleine Spiele, spielerische Körperkraftübungen in der Turnhalle, insbesondere in der Übergangsperiode |
| gesamt Trainingsumfang je Woche | 1 - 2 Einheiten je 90 Minuten zzgl. Wettkampfbetrieb und Trainingslehrgänge |
| Wettkämpfe | • Kanuspiele gegen andere Teams<br>• Teilnahme am allg. Wettkampfbetrieb des Deutschen Kanu-Verbandes |

| **2. Grundlagentraining (GLT)** | |
|---|---|
| Alter | 13+14 Jahre |
| Leistungsklasse (LK) | Schüler A (WKR-Kanupolo) |
| allgemeine Zielsetzung | • Gesundheit<br>• Trainingsmotivation für die gewählte Sportart<br>• Freude an Leistung |
| koordinative/konditionelle Trainingsziele | • Beginn der sportartspezifischen Spezialisierung<br>• allgemeine konditionelle und koordinative Ausbildung<br>• Beginn der Entwicklung der Kraftfähigkeiten vorrangig mit Hilfe des eigenen Körpergewichtes |
| technisch/taktische Trainingsziele | • Erlernen der grundlegenden technischen Fertigkeiten bis zur Feinform (Boots-, Paddel- und Wurftechnik)<br>• Erlernen ausgewählter Teilelemente (Schubsen, Schubsabwehr Unterfahren, Überfahren)<br>• Erlernen beidseitiger Ballführung mit Paddel<br>• Erlernen der Eskimorolle (Hand, Paddel, Ball, beidseitig)<br>• Positionsvariabilität<br>• Ermittlung der Positionsspezialisierung<br>• Erprobung einfacher taktischer Spielzüge |
| Abwehrspiel | • Übergang von der mannorientierten- zur raumorientierten Spielweise<br>• 3/2 Einübung |
| Angriffsspiel | • 3/2 Vertiefung mit Varianten (zwei Center, Block, Außensperre, Keil) |

| | |
|---|---|
| spezifische Trainingsinhalte | • Spielbetonung (kleine Kanu-Spiele, kleine Kanupolo-Spiele)<br>• fordernde Kanupoloübungen<br>• erste Tempowechselübungen auf Kurzdistanz |
| allgemeine Trainingsinhalte | • Spielbetonung (kleine Spiele, Kraftübungen in der Turnhalle)<br>• behutsame Heranführung an das Krafttraining insbesondere in der Übergangsperiode |
| gesamt Trainingsumfang je Woche | 2-3 Einheiten je 90 Minuten<br>zzgl. Wettkampfbetrieb und Trainingslehrgänge |
| Wettkämpfe | • Teilnahme am allg. Wettkampfbetrieb des Deutschen Kanu-Verbandes<br>• Teilnahme am Meisterschaftsbetrieb des Deutschen Kanu-Verbandes<br>• Teilnahme an nationalen Bundesländervergleichswettkämpfen |

| 3. Aufbautraining (ABT) | |
|---|---|
| Alter | 15+16 Jahren |
| Leistungsklasse (LK) | Jugend (WKR-Kanupolo) |
| allgemeine Zielsetzung | • Gesundheit<br>• Leistungsfortschritte im allgemeinen und spezifischen Training<br>• Findung der Spezialdisziplin<br>• wachsende Belastungsverträglichkeit<br>• Anhebung der Umfänge in den sportartspezifischen Anforderungen |
| koordinative/konditionelle Trainingsziele | • allgemeine und spezifische konditionelle Grundlagen verbessern<br>• koordinatives Niveau speziell und allgemein verbessern |
| technisch/taktische Trainingsziele | • Bewegungsrepertoire speziell und allgemein stabilisieren und erweitern<br>• Festigung der Eskimorolle in allen Formen<br>• Erlernen taktischen Verhaltens in Kontersituationen<br>• Erlernen taktischen Verhaltens in Unterzahlsituationen<br>• Erlernen von Fahrwegen nach Wechsel Angriff-/Abwehrspiel<br>• Einführung taktischer und psychologischer Elemente<br>• Ausweitung der raumorientierten Spielweise<br>• Positionsspezialisierung |
| Abwehrspiel | • Einübung Abwehrstrategien<br>• 3/1<br>• 2/2 "Box", offensiv, defensiv<br>• 4/0 "Four-flat"<br>• 5/0 "Five-out" |
| Angriffsspiel | • Einübung Angriffsstrategien mit |

| | |
|---|---|
| | Varianten (zwei Center, Block, Außensperre, Keil)<br>• 3/2, 4/1 |
| spezifische Trainingsinhalte | • komplexe Kanupoloübungen<br>• regelmäßige Tempowechselübungen auf Kurz- Mitteldistanz<br>• Einübung einfacher taktischer Spielzüge |
| allgemeine Trainingsinhalte | • Vertiefung und Intensivierung des Krafttrainings, insbesondere in der Übergangsperiode |
| gesamt Trainingsumfang je Woche | 2 - 4 Einheiten je 90 Minuten<br>zzgl. Wettkampfbetrieb und Trainingslehrgänge |
| Wettkämpfe | • Teilnahme am allg. Wettkampfbetrieb des Deutschen Kanu-Verbandes<br>• Teilnahme am Meisterschaftsbetrieb des Deutschen Kanu-Verbandes<br>• Teilnahme an allgemeinen Wettkämpfen international<br>• Teilnahme an nationalen Bundesländervergleichswettkämpfen |

| **4. Anschlusstraining (AST)** | |
|---|---|
| Alter | 17-19 Jahren |
| Leistungsklasse (LK) | U21 (WKR-Kanupolo) |
| allgemeine Zielsetzung | • Entwicklung der Spezialdisziplin<br>• wachsende Belastungsverträglichkeit und Erholungsfähigkeit<br>• erkennbare Eigenständigkeit und Motivation |
| koordinative/konditionelle Trainingsziele | • Entwicklung leistungsbestimmender Faktoren der Spezialdisziplin<br>• Schulung spezifischer koordinativer Fähigkeiten<br>• Einführung Sportpsychologie - "Mental Coaching" |
| technisch/taktische Trainingsziele | • Bewegungsrepertoire bis zur allgemeinen Verfügbarkeit entwickeln und stabilisieren<br>• Weiterführung taktischer und psychologischer Elemente<br>• raumorientierte und mannorientierte Spielweise im Übergang<br>• Unterbinden von Standardsituationen (Freischuss, Ecke)<br>• Finten legen<br>• Ausweitung der Positionsspezialisierung<br>• Spiel in engen Räumen |
| Abwehrspiel | • Erprobung gegnerorientierter Anpassung in unterschiedlichen Abwehrformationen<br>• Einübung flexibler Abwehrstrategien<br>• 3/1<br>• 2/2 "Box", offensiv, defensiv<br>• 4/0 "Four-flat"<br>• 5/0 "Five-out " |

| | |
|---|---|
| Angriffsspiel | • Erprobung gegnerorientierter Anpassung in unterschiedlichen Angriffsformationen<br>• Einübung flexibler Angriffsstrategien<br>• 3/2, 4/1, 5/0 |
| spezifische Trainingsinhalte | • komplexe, anspruchsvolle Kanupoloübungen<br>• regelmäßige Tempowechselübungen auf Mitteldistanz<br>• Vertiefung verschiedener taktischer Spielzüge |
| allgemeine Trainingsinhalte | • regelmäßiges Krafttraining, insbesondere in der Übergangsperiode<br>• Erlernen von Regenerationstechniken (Dehnung, Faszientraining, Yoga) |
| gesamt Trainingsumfang je Woche | 4 - 5 Einheiten je bis zu 120 Minuten zzgl. Wettkampfbetrieb und Trainingslehrgänge |
| Wettkämpfe | • Teilnahme am allg. Wettkampfbetrieb des Deutschen Kanu-Verbandes<br>• Teilnahme am Meisterschafts-betrieb des Deutschen Kanu-Verbandes<br>• Teilnahme am Ligasystem des Deutschen Kanu-Verbandes<br>• Teilnahme an nationalen Bundes-ländervergleichswettkämpfen<br>• Teilnahme an allgemeinen Wettkämpfen international<br>• Teilnahme an Wettkämpfen der European Canoe Association<br>• Teilnahme an Wettkämpfen International Canoe Federation |

| **5. Hochleistungstraining (HLT)** | |
|---|---|
| Alter | >19 |
| Leistungsklasse (LK) | U21/Damen/Herren (WKR-Kanupolo) |
| allgemeine Zielsetzung | • Bildung einer hohen Belastungsverträglichkeit und Erholungsfähigkeit<br>• ausgeprägte Eigenständigkeit und Motivation<br>• gezielte Vorbereitung auf einen jährlichen internationalen Wettkampfhöhepunkt |
| koordinative/konditionelle Trainingsziele | • Vervollkommnung der bis dahin entwickelten Fähigkeiten<br>• intensivierte Entwicklung leistungsbestimmender Faktoren der Spezialdisziplin<br>• intensivierte Entwicklung spezifischer koordinativer Fähigkeiten<br>• Sportpsychologische Vertiefung - "Mental Coaching" |
| technisch/taktische Trainingsziele | • Bewegungsrepertoire stabilisieren und erweitern<br>• Stabilisierung taktischer uns psychologischer Elemente<br>• Vervollkommnung und Feinabstimmung taktischer Übergänge<br>• Ausprägung eines individuellen Spielertyps |
| Abwehrspiel | • gegnerorientierte Anpassung in unterschiedlichen Abwehrformationen<br>• Vervollkommnung flexibler Abwehrstrategien<br>• 3/1<br>• 2/2 "Box", offensiv, defensiv<br>• 4/0 "Four-flat" |

| | |
|---|---|
| | • 5/0 "Five-out "<br>• dynamische Abwehrformen (fliegende Abwehr, Kreisabwehr) |
| Angriffsspiel | • gegnerorientierte Anpassung in unterschiedlichen Angriffsformationen<br>• Vervollkommnung flexibler Angriffsstrategien<br>• 3/2, 4/1, 5/0 |
| spezifische Trainingsinhalte | • komplexe, anspruchsvolle Kanupoloübungen intensivieren<br>• Vertiefung und Vervollkommnung verschiedener und komplexer taktischer Spielzüge<br>• häufige Tempowechselübungen auf Mitteldistanz |
| allgemeine Trainingsinhalte | • regelmäßiges und ganzjähriges Krafttraining<br>• regelmäßige Anwendung von Regenerationstechniken |
| gesamt Trainingsumfang je Woche | 7 - 12 Einheiten je bis zu 120 Minuten zzgl. Wettkampfbetrieb und Trainingslehrgänge |
| Wettkämpfe | • Teilnahme am allg. Wettkampfbetrieb des Deutschen Kanu-Verbandes<br>• Teilnahme am Meisterschaftsbetrieb des Deutschen Kanu-Verbandes<br>• Teilnahme am Ligasystem des Deutschen Kanu-Verbandes<br>• Teilnahme an allgemeinen Wettkämpfen/Ligasystem international<br>• Teilnahme an Wettkämpfen der European Canoe Association<br>• Teilnahme an Wettkämpfen International Canoe Federation |

## 1.13 Saisonplanung im Kanupolo

Die Deutsche Meisterschaft im Kanupolo hat stattgefunden, ein letzter Wettkampf beim benachbarten Kanuverein wurde gespielt. So langsam werden die Tage kürzer, die Temperaturen fallen und die Trainingsbeteiligung der Sportler wird geringer. Die „Off-Season", wie sie gerne genannt wird, beginnt. Das Training wird in die Halle und in den Kraftraum verlagert, das Kanupoloboot wird in der Bootshalle winterfest verstaut. Nur für wenige Sportler pausiert das Wassertraining in den dunklen Herbst- und Wintermonaten nicht.

Zu dieser mitteleuropäischen Jahreszeit im September/Oktober ist der passende Zeitpunkt, die vergangene Kanupolosaison mit ihren Höhen und Tiefen zu reflektieren und die Planungen für die neue Saison zu beginnen.

Nun liegt es an den Trainern, in welchem Umfang sie die Planung der neuen Saison vertiefen und ausarbeiten. Gängige Praxis ist, eine grobe Jahresplanung im Kopf zu haben, die sich meistens an der Vergangenen orientiert. Ein systematisches Training im Winter erfolgt maximal im Kraftraum, doch das Wassertraining wird in vielen Fällen eher spontan aus dem Bauchgefühl gestaltet.

Mit diesem Beitrag soll ein erster systematischer Grundbaustein für eine strukturierte Saisonplanung auf Grundlagen der Trainingslehre geleistet werden. Zunächst wird auf den Sinn und Zweck einer Planung eingegangen, bevor einige Arbeitsschritte zur Erstellung einer Saisonplanung dargestellt werden.

Die Planung ist ein prognostisches Verfahren, um ein bestimmtes Ziel zu erreichen und der Plan ist das Mittel zur Transparentmachung des Weges zu diesem Ziel. Dieser Plan muss jedoch als „theoretischer Vorentwurf" einer Kanupolosaison und die in dieser Zeit stattfindenden Trainingsprozesse verstanden werden, und wird auf Grundlage eines Kalendariums mit Monats- und Wocheneinteilung in Kalenderwochen (KW) angelegt.

Jeder gut durchdachte Plan verschafft Orientierung und Sicherheit, ermöglicht aber auch jederzeit eine Anpassung und Korrektur. Diese Korrektur ist u.A. dann erforderlich, wenn sich Gegebenheiten der Trainingsstätte ändern, sich Verletzungen der Sportler ergeben, berufliche Probleme auftauchen, Wettkämpfe entfallen, die anvisierten Ziele der Teilabschnitte nicht erlangt werden oder der Plan von denen, die ihn umsetzen sollen, nicht befolgt wird. Ein Saison- bzw. Trainingsplan darf daher nicht als starres Konstrukt betrachtet werden, sondern bedarf einer ständigen Rückkopplung und Anpassung.

Bei der Erstellung von Saison- bzw. Trainingsplänen gibt es unterschiedliche Formen, diese sollte zuvor bestimmt werden. Zunächst muss entschieden werden, ob ein Gruppentrainingsplan für die ganze Mannschaft oder ein individueller Trainingsplan für einen einzelnen Sportler erstellt werden soll. Erfahrungsgemäß lässt sich im Kanupolosport als Mannschaftssport sehr gut ein Gruppentrainingsplan als Handlungsgrundlage verwenden. Bei Bedarf kann einzelnen Sportlern aber auch zusätzlich ein individuell angepasster oder ergänzender Trainingsplan. Insbesondere für Landes- oder Nationalkadersportler kann dieses von Bedeutung sein. Ihre Vereinstrainingspläne sollten von den Landes- oder Nationaltrainern ggf. ergänzt werden, damit die individuellen Kaderziele erreicht werden.

Im nächsten Schritt muss ein zeitlicher Rahmen für die Planung festgelegt werden, anhand dessen das höchste sportliche Ziel in einem bestimmten Zeitrahmen zu erreichen ist. Die Saisonplanung ist ein auf ein Saisonziel ausgerichtetes Verfahren, der vorausschauenden, systematischen, sich an trainingspraktischen Erfahrungen und sportwissenschaftlichen Erkenntnissen orientierende Strukturierung des Trainingsprozesses. Die Gestaltung und inhaltliche Strukturierung dieser Saison- und Trainingsplanung obliegt dem Trainer und ist individuell zu gestalten. Die inhaltliche Ausgestaltung ist jedoch von diversen Faktoren u.A. der spezifischen Art des Sportes, den Trainingsmöglichkeiten, den Fähigkeiten und Fertigkeiten der Sportler (Leistungsniveau), den sportlichen Zielen, aber auch von den

Witterungsverhältnissen und Jahreszeiten abhängig. Als kleine Orientierungshilfe zur Erstellung einer Saisonplanung kann das folgende Schema dienen.

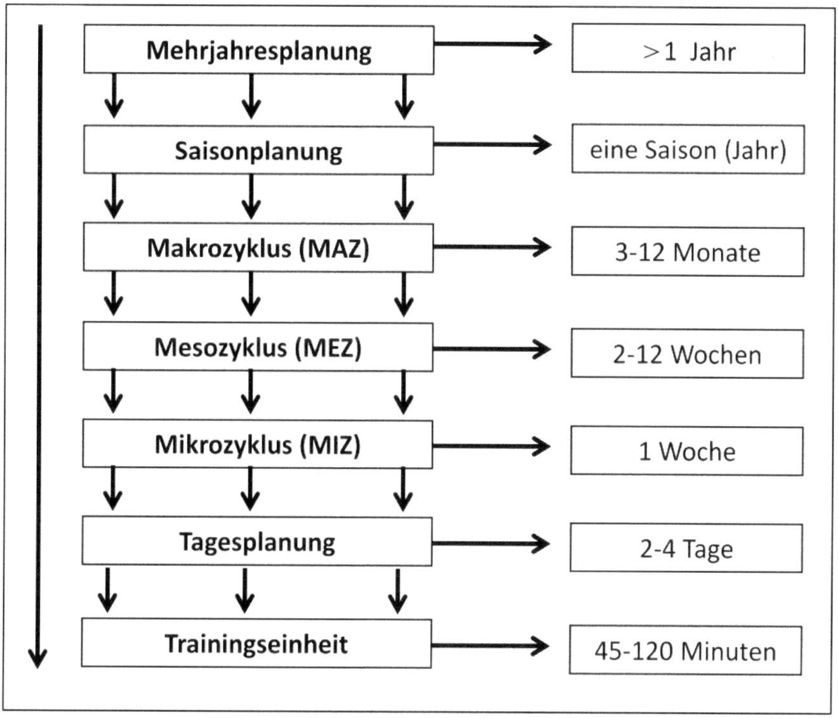


Abb. 41: Zyklisierung der Trainingsplanung

Diese Orientierungshilfe basiert auf dem Prinzip der Periodisierung und Zyklisierung. Ein periodisiertes Training bedeutet demnach, dass in bestimmten Zeitabschnitten das Trainingsprogramm systematisch verändert wird. Die Systematisierung erfolgt über die Veränderung von verschiedenen Trainingsvariablen (Wiederholungen, Satzanzahl, Pausenlänge, Übungen). Dieser planmäßige Wechsel der Trainingsanforderungen führt zu einer langfristigen und nachhaltigen Leistungsverbesserung (vgl. www.akademie-sport-gesundheit.de). Wie umfangreich und detaillierte eine solche theoretische Auseinandersetzung und die damit verbundene Verschriftlichung dieses

Trainingsverlauf ist, hängt vom Engagement und den zeitlichen Möglichkeiten des verantwortlichen Trainers ab. Für die Weiterentwicklung des Kanupolosports ist jedoch zwingend erforderlich diese Überlegungen auf allen Ebene zu betreiben, zu dokumentieren und zu evaluieren. Für den Trainer ergibt sich daraus jährlich ein erheblicher Planungsaufwand, da Pläne immer wieder hinterfragt, angepasst oder fortgeschrieben werden müssen. Jedoch ergibt sich aus dieser Struktur auch eine Strukturierung für die einzelne Trainingseinheit, wodurch sich bei der inhaltlichen Gestaltung der jeweiligen Trainingseinheiten aber auch eine Zeitersparnis ergibt, da ein Großteil der Inhalte einfach abgelesen werden können.

Der mündige Sportler sollte frühestmöglich bei dieser Planung eingebunden werden und teilhaben. Ab dem Jugendalter erscheint es sinnvoll, gemeinsam mit den Sportlern Ziele für die Zukunft zu formulieren und sich auf die Zielerreichung zu verständigen. Aus diesen Ergebnissen ergibt sich die Chance, eine langfristige Zielsetzung zu formulieren und einen Mehrjahrestrainingsplan zu erstellen und daraus die folgenden kurzfristigen Pläne abzuleiten. Bezogen auf eine Kanupolomannschaft der Leistungsklasse III kann sicherlich ein Mehrjahresziel fokussiert werden, mit dem langfristigen Ziel den Aufstieg in die 1. Bundesliga zu erreichen. Der Weg dorthin kann anhand von Jahresplänen systematisch strukturiert und geplant werden. Ein mittelfristiges Saisonziel könnte u.A. der Aufstieg in die 2. Liga umfassen und die Planungsgrundlage für die Saisonplanung bilden.

Im weiteren Verlauf soll nun die Erstellung eines Saisontrainingsplanes beschrieben werden. In sechs Schritten ist es möglich, eine fundierte und auf sportwissenschaftlichen Erkenntnissen basierende Grobplanung für den Kanupolosport zu erstellen.

Für die Strukturierung der Saisontrainingsplanung muss zunächst eine formale Struktur gefunden werden, in die abschließend die Trainingsinhalte eingetragen werden. Diese formale Struktur soll im Folgenden geschaffen werden.

Im ersten Schritt ist der **Saisonhöhepunkt,** zu definieren. Für die oben erwähnte Mannschaft der Leistungsklasse III wäre das Saisonziel der Aufstiegs in die 2. Bundesliga zum Zeitpunkt der Deutschen Meisterschaft der anstehenden Saison. Die Deutsche Meisterschaft wird daher als Saisonhöhepunkt des Jahres gesetzt. In diesem Fall wir eine einfache Jahreszyklisierung vorgenommen. Sollte ein weiterer Saisonhöhepunkt bestehen, ist auch eine Mehrfachperiodisierung denkbar. Nun erfolgt eine chronologisch, rückwärts erfolgende Saisonaufteilung. Eine Möglichkeit besteht zunächst darin, die Saison (in Deutschland meist September bis August) in **Mesozyklen** von Blöcken zu je 6 Wochen zu **unterteilen**. Daraus ergeben sich 8-9 Mesozyklen in der Saison. Bevor die Trainingsschwerpunkte für die einzelnen Mesozyklen bestimmt werden, muss die Saison zuvor noch in **Makrozyklen unterteilt** werden. In diesem Beispiel werden diese Zyklen als Perioden bezeichnet, die in einer festen Reihenfolge eine Kanupolosaison bestimmen. Diese Folge ist als immer wiederkehrender Kreislauf zu verstehen, der von Saison zu Saison jedoch in unterschiedlicher Intensität und mit unterschiedlichen Trainingsschwerpunkten wiederkehren wird. Die Wettkampfperiode (WP) ergibt sich aus den angesetzten Turnieren oder wichtigen Trainingslehrgängen und kann auch als "Water-Season" bezeichnet werden. In dieser Zeit ist die Teilnahme an den Wettkämpfen sehr hoch und das spezifische Wassertraining mit der Mannschaft erhält einen besonders hohen Stellenwert. Technik, Taktik und die Ausbildung spezifischer Fertigkeiten, bis hin zur Feinabstimmung und Optimierung stehen im Fokus des täglichen Trainings.

Die Vorbereitungsperiode (VP) umfasst in Deutschland meist die "Off-Season", der Zeit im Jahr, zu der kaum Wettkämpfe oder Wassertraining stattfindet. Ein Großteil der Vorbereitungsphase findet meist in den Wintermonaten statt. Aus diesem Grund werden die Trainingsumfänge auf dem Wasser, im Vergleich zur Wettkampfzeit, deutlich reduziert sein. Die Dunkelheit und die kalten Temperaturen ermöglichen es kaum den Ball zu greifen. Da auch nur wenige Vereine und Gruppen in

Hallenbädern Trainingszeiten zur Verfügung stehen, wird die Intensität des spezifischen Trainings deutlich reduziert und die Umfänge des allgemeinen Trainings erhöht. Die sportliche Form wird während des Winters durch allgemeine Trainingsformen z.B. Krafttraining im Kraftraum, Ausdauer und Koordinationstraining in der Sporthalle oder andere Sportarten gehalten und im Rahmen der vorhandenen Möglichkeiten zu steigern. Um jedoch in dieser Zeit möglichst wenig spezifische Rückschritte in Kauf nehmen zu müssen, sollte sich der Sportler auch während der kalten "Off-Season" bemühen, ein spezifisches Ausdauerprogramm auf längere Distanzen oder spezifische Kraftübungen auf dem Wasser zu betreiben.

Diese beiden Perioden sind durch den Turnierplan, die Witterungsverhältnisse (Jahreszeiten) und Sommer- und Winterzeiten bereits grob vorgegeben.

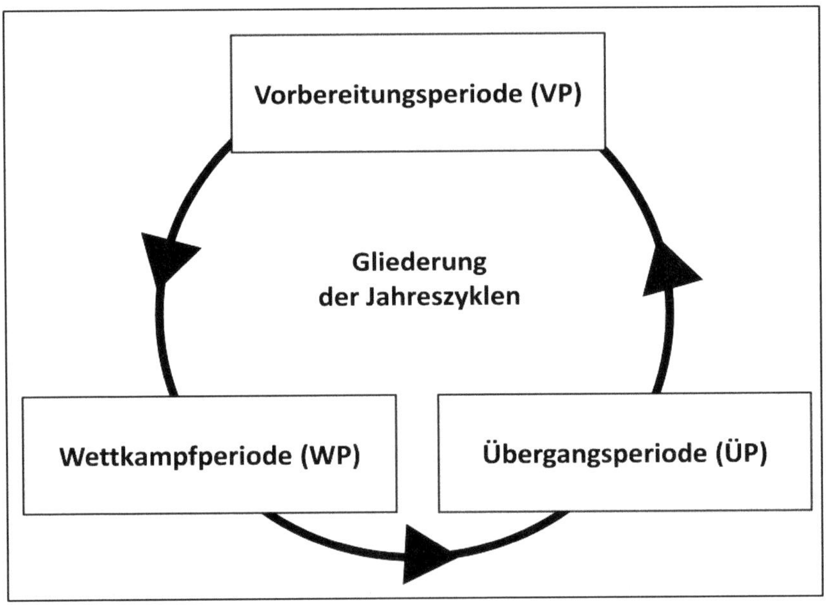


Abb. 42: Perioden der Trainingsplanung

Einer besonderen Bedeutung muss aber auch der Übergangsperiode (ÜP) gewidmet werden. Der Sportler erbringt während der Vorbereitungs- und Wettkampfperiode große sportliche Leistungen und sein Körper wird stark beansprucht. Die Übergangsperiode soll am Ende einer Saison, meist unmittelbar nach dem Saisonhöhepunkt liegen. In diversen sportwissenschaftlichen Beiträgen lässt sich immer wieder lesen, dass der Sportler sich nicht ganzjährig im Hochleistungszustand befinden kann. Nach **GROSSER/STARRISCHKA** würde sich der Sportler sonst in einem Grenzbereich seiner individuellen Belastbarkeit befinden und langfristig an sportlicher Leistungsfähigkeit verlieren (vgl. Grosser/Starrischka in http://www.sportunterricht.de). Diese Überlastung lässt sich auch nicht alleine durch eine Reduzierung der Trainingsintensität oder gezielter Regenerationsmaßnahmen verhindern. Der Sportler benötigt eine Auszeit zur absoluten Regeneration. Daher muss dem Sportler, während der 4-6 wöchigen Übergangsperiode, eine erholsame Regenerationsphase zur Entspannung und vollständigen Aufladung der Energiespeicher ermöglicht werden, aber auch um eventuelle Überbelastungserscheinungen auskurieren zu können. Während dieser Zeit bietet es sich an andere Freizeitsportarten in einem regenerativen Maße zu betreiben, in den Urlaub zu fahren oder andere Freizeitaktivitäten zu unternehmen, die sonst eher vernachlässigt wurden. Während dieser Periode soll der Wettkampf und die Erbringung von Höchstleistungen jedoch nicht im Fokus stehen. Bezogen auf den spezifischen Leistungsstand des Sportlers ist während dieser Periode mit einem Leistungsabfall zu rechnen, der jedoch aufgrund der erfolgreichen Regeneration in der Vorbereitungsperiode leicht und schnell wieder aufgeholt werden kann.

Im nächsten Schritt der Saisonplanung erfolgt die Festlegung zur Teilnahme an wichtigen Vorbereitungswettkämpfen, Seminaren oder Trainingslehrgängen. Auch Zeitpunkte zur Abnahme von Leistungsständen anhand von Leistungstests können bestimmt werden. Für diese Planung ist die frühzeitige Einsicht des Turnierkalenders des Ressorts Kanupolo für die anstehende Saison von besonderer Wichtigkeit.

Ist diese grobe 12monatige Saisontrainingsplanung, sollte eine **Analyse des gegenwärtigen Leistungszustandes der Mannschaft** erfolgen. Wo liegen die Stärken und die Schwächen der Spieler? Welche zeitlichen Ressourcen und Motivation ist vorhanden, um die erforderliche sportliche Form zu erlangen? Die Auswertung vorhandener Trainingsdokumentationen oder Ergebnisse einer leistungsdiagnostischen Untersuchung sind hier besonders hilfreich.

Alle diese Ergebnisse fließen in die **„Detailplanung"** ein. Hierzu gehören mindestens die Trainingsschwerpunkte der Zyklen, die Inhaltskategorien (Kraft, Ausdauer, Schnelligkeit, Beweglichkeit, Technik, Taktik), die Belastungsdynamiken (Trainingsumfangangaben), Zeitpunkte, zentrale Trainingsmaßnahmen, die Angabe über zeitliche Veränderungen und Proportionierungen (Gewichtung Krafttraining/Wassertraining) und die Belastungsintensitäten zur Durchführung der einzelnen Übungen und Aufgaben (vgl. Diederich u.A., S. 259ff).

Diese Art der Planung und Auseinandersetzung mit einem Trainingsverlauf über mehrere Jahre und der Zielsetzung für die Sportler erfolgt aus meiner Erfahrung sehr selten und bei weitem nicht bei allen Kanupolosporttreibenden Gruppen. Wenn sie erfolgt, dann erfolgt sie gedanklich, aufgrund eigener biografischer Trainingserfahrungen, selten aber auf Grundlager sportwissenschaftlicher Grundlagen und wird kaum in schriftlicher Form festgehalten. Diese systematische Strukturierung und vielen Gedanken zur Gestaltung einer Kanupolokarriere halte ich aber für besonders wichtig, um den größtmöglichen Erfolg im Sport erlangen zu können und die Trainingsmethoden weiterzuentwickeln.

## 1.14 Gestaltung des Kanupolotrainings

Die im oberen Verlauf dargestellten Inhalte sind Überlegungen, die meist ein Trainer oder Trainerteam, möglicherweise in Abstimmung mit dem Vereinsvorstand oder einer anderen höheren Instanz abstimmt.

Die Sportler setzen sich mit diesem theoretischen "Großen und Ganzen" nur in den seltensten Fällen auseinander und erleben oft nicht, was hinter den Kulissen an Planungsschritten durch den Trainer geleistet wird. Was sie jedoch erleben und zu schätzen wissen werden, sind die einzelnen Trainingseinheiten, die sie mit viel Freude Tag für Tag wieder erleben sollen.

Um so wichtiger ist, damit neben der Freude auch die langfristigen sportlichen Ziele erlangt werden, eine gute inhaltliche Planung der einzelnen Trainingseinheiten. In meiner langen Tätigkeit als Trainer habe ich immer wieder erleben können, dass die beschriebene Freude der Sportler ohne ein strukturiertes, forderndes, aber nicht überforderndes Training, leider sehr schnell ein Ende findet, Erfolge aus bleiben und die Motivation der Einzelnen oder sogar der ganzen Mannschaft schwindet. Alle Sportler haben das Ziel neben der Freude am Sport und den Gemeinschaftserlebnisse, auch ihre sportlichen Leistungen zu verbessern und erfolgreich zu sein. Daher muss ein Kanupolotraining möglichst abwechslungsreich und bedarfsgerecht gestaltet sein. Diese inhaltliche Ausgestaltung und Strukturierung obliegt dem Trainer.

Eine feste Struktur ist von großer Wichtigkeit und der erste Schritt eines guten und systematischen Trainings. Die bewusste Anordnung von Trainingsmomenten, Phasen, Methoden, Übungen oder Teilen ergeben ein Gesamtgefüge. Diese Phasen sind wechselseitig voneinander abhängig und ergeben schließlich ein strukturiertes Ganzes. Diese Struktur verschafft zudem Sicherheit und führt unter konsequenter Einhaltung systematisch zum Erfolg und zur Weiterentwicklung der sportlichen Fähigkeiten.

Leider habe ich immer wieder feststellen müssen, das Trainern und Sportlern diese Struktur oft fehlt und das Training für Sportler und Trainer sehr unzufriedenstellend erlebt wird. Im weiteren Verlauf möchte ich daher auf neun Phasen eingehen, die dazu beitragen sollen eine feste Struktur für das Training zu finden. Diese Struktur soll zum einen dem Trainer die inhaltliche Gestaltung erleichtern, aber auch den Sportlern während des Trainings eine Orientierung geben. Die **neun Phasen eines Trainings** bauen aufeinander auf und sollen die aktuelle sportliche Leistungsfähigkeit der Sportler erhöhen.

Bevor ich jedoch auf die neun Phasen einzelnd eingehe, möchte ich auf ein besonders wehleidiges Thema eingehen, welches mich über viele Jahre in nahezu allen Vereinen und Mannschaften begleitet hat: das Thema **"Pünktlichkeit"**. Im Mannschaftssport kommt es immer wieder vor, dass Sportler aus unterschiedlichsten Gründen nicht pünktlich zum Training erscheinen. Dies erscheint unhöflich und respektlos, gerade dann, wenn andere Mitspieler warten oder sich auch der Trainer viel Mühe bereitet hat, um das Training für die Sportler ansprechend zu gestalten. Doch Unpünktlichkeit liegt nicht zwangsweise an fehlender Disziplin oder nicht vorhandenem Respekt. Einige Sportler haben einfach kein Zeitgefühl oder ihnen fehlt die Fähigkeit die Zeit entsprechend einzuteilen. Daher sollte dieses Thema zwar in der Mannschaft oder mit dem betreffenden Sportler thematisiert werden, aber nicht zu einem ständigen Thema werden. Schon gar nicht darf der Trainingsverlauf unter den "Zuspätkommern" gestört werden, schließlich ist die Mehrzahl der Sportler pünktlich und motiviert beim Training. Der Trainer sollte für sich Maßnahmen überlegen, wie er mit "Zuspätkommern" umgeht. Ausschluss vom Training und Strafaufgaben sind Methoden, die immer mal wieder zu beobachten sind. Meine persönlichen Favoriten sind sie jedoch nicht. Stattdessen sollte ein immer wiederkehrender ritualisierter Trainingsverlauf die verspäteten Sportler befähigen, das Training eigenständig aufzunehmen und sich dann erwärmt dem Mannschaftstraining anzuschließen ohne eine Störung herbeizuführen.

Im weiteren Verlauf wird nun ein Beispiel für eine mögliche Unterteilung des Trainingsverlaufes im Kanupolo beschrieben.

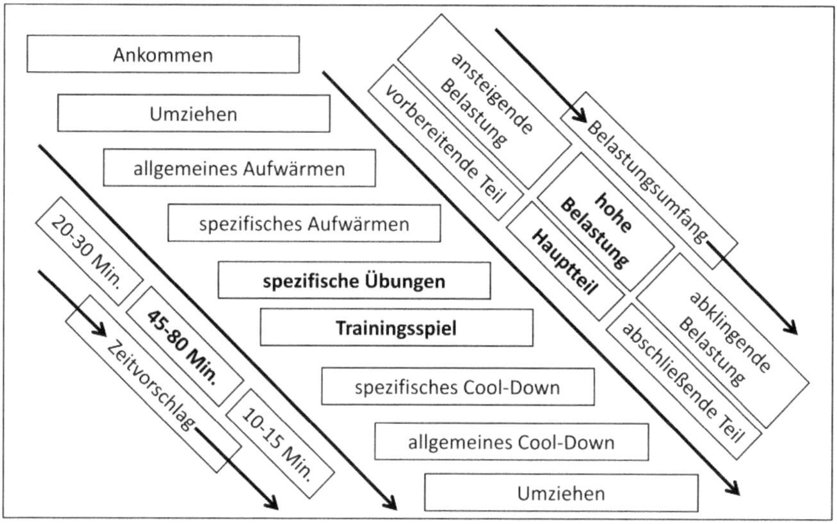


Abb. 43: Trainingsphasenplanung

**1. Phase "Ankommen":** Fünf Minuten vor dem Beginn der Trainingszeit sollten sich alle Sportler an der Trainingsstätte einfinden. So bleiben noch einige Minuten, um sich unter Freunden über die wichtigsten Dinge des Tages auszutauschen oder dem Trainer wichtige Dinge mitzuteilen. Auch kann der Trainer diese Zeit nutzen, um wichtige organisatorische Absprachen für den nächsten Wettkampf oder Ansprachen über den anstehenden Trainingsverlauf halten, ohne dass wertvolle Trainingszeit verloren geht. Zudem lassen diese wenigen Minuten auch einen Stimmungswechsel und eine Einstimmung auf das anstehende Training zu.

**2. Phase "Umziehen":** Das Bereitmachen für das anstehende Training und das Ankleiden der passenden Sportausrüstung ist natürliche eine Selbstverständlichkeit. Jedoch sollte es in der Trainingsplanung und der Anordnung der einzelnen Phasen bedacht werden, da es auch hier immer wieder Unterschiede zu beobachten gibt, die zu unterschiedlichen Ergebnissen führen. Unmittelbar nach dem Ankommen sich umzuziehen und sein Equipment bereitzulegen ermöglicht zum einen den "Zuspätkommern" noch einen raschen

Anschluss, ermöglicht aber auch für die darauf folgenden Phasen einen Chance des geschlossenen Beginns mit allen Mannschaftsmitgliedern. Für das Umziehen sollten 5-10 Minuten eingeplant werden.

**3. Phase "allgemeines Aufwärmen":** Unmittelbar nach der Bereitlegung der der Ausrüstung und zwingend vor dem spezifischen Aufwärmen erfolgt das allgemeine Aufwärmen. Das allgemeine Aufwärmen, als auch das spezifische Aufwärmen vor dem Training oder Wettkampf ist eine unverzichtbare Tätigkeit und dient der Schaffung eines optimalen psychologischen und koordinativ-kinästhetischen Vorbereitungszustandes sowie der Verletzungsvorbeugung (vgl. Weineck in Friedrich, S. 223). Das allgemeine Aufwärmen hat das Ziel, die funktionellen Möglichkeiten des Organismus durch aktive Muskelarbeit großer Muskelgruppen insgesamt auf ein höheres Niveau zu bringen. Um das Herz-Kreislauf-System in Schwung zu bringen wäre ein 5minütige Laufeinheit bei einem zügigen Lauftempo ausreichend. Anstatt des Warmlaufens sind auch kleine Spiele oder leichte dynamische Koordinationsübungen sinnvoll. Fortgeführt wird das allgemeine Aufwärmen mit einer gezielten Auswahl an Dehn-, Mobilisations- und Kräftigungsübungen. Für die Dehn-, Mobilisations- und Kräftigungsübungen sollten 10 Minuten eingeplant werden.

Die Dauer des gesamten allgemeinen Aufwärmens ist von verschiedenen Faktoren abhängig. Ein im Kanupolo besonderer Faktor ist die Wetterlage. Ist es kalt und nass, sollten sich die Sportler einige Minuten mehr und umfangreicher aufwärmen. Ist es jedoch sonnig, warm und auf dem Trainingsplan steht eher ein regeneratives Streckentraining, so ist die Gesamtzeit entsprechend kürzer zu gestalten (vgl. Friedrich, S. 223f).

**4. Phase "spezifisches Aufwärmen":** Das spezifische Aufwärmen findet im Kajak auf dem Wasser statt. Zu Beginn der Wassereinheit sollten solche Bewegungen stehen, die der Erwärmung der Muskelgruppen dienen, die in direktem Zusammenhang mit der Ausübung des Kanupolosports stehen. In diesem Fall sind das die Muskelgruppen des

Rumpfes, des Oberkörpers und der Arme. Hier ist das schrittweise Hineinarbeiten in die spezielle Anforderungen des Kanupolosports sinnvoll. Einfahr- und Wurfübungen, aber auch technisch anspruchsvolle Wendemanöver sollten zunächst behutsam ausgeführt werden und in ihrer Intensität ansteigend ausgeführt werden, um Verletzungen durch zu hastige Bewegungen der kalten Muskulatur zu verhindern (vgl. Friedrich, S. 225f).

**5. Phase "spezifische Übungen":** Sportler oder Trainer die denken, dass das Kanupolospiel die meiste Zeit eines strukturierten Trainings ausmacht, sollten sich täuschen. Entscheidend zur Verbesserung der vielfertigen technisch, taktischen, koordinativen und konditionellen Fähigkeiten muss ein Setting geschaffen werden, in dem der Sportler diese Fähigkeiten entwickeln und durch zahlreiche Wiederholungen verinnerlichen kann. Dieses Setting soll diese Trainingsphase bieten. Ca. 45-60 Minuten eignen sich hervorragend um gezielt eine Fähigkeit speziell zu entwickeln. Der Trainer hat die Aufgabe, passende Übungen zur Entwicklung und Einschulung vorzubereiten und entsprechende Trainingsreize zu setzen. 4-6 Übungen oder aufeinander aufbauende Übungsfolgen sind zu dieser Zeit des Trainings sinnvoll platziert. Zur Inhaltlichen Gestaltung dieser Phase sind zahlreiche Übungsvorschläge in den folgenden Kapiteln zu finden.

**6. Phase "Trainingsspiel":** Dieser Zeitpunkt des Trainings ist derjenige, den die Sportler oft am sehnlichsten erwarten. Neben dem eigentlichen Spaß am Spielen, darf diese Phase in ihrer Wichtigkeit und Wirkung für die Entwicklung des weiteren Trainingserfolges nicht unterschätzt werden. In einem 20minütigen Trainingsspiel sollte nicht einfach nur gespielt werden und alle zuvor geübten Fähigkeiten wieder vergessen sein. Der Trainer hat die Möglichkeit, das Spiel durch bestimmte taktische Vorgaben entsprechend zu steuern und so bestimmte Fähigkeiten noch einmal intensiver im Spielgeschehen anzuwenden bzw. einzuüben. Mögliche Vorgaben könnten sein: eine bestimmte Taktik im Angriff oder der Abwehr zu spielen, nur die Wurfhand der

Mitspieler anzuspielen, den Ball während des Spiels nicht selber treiben zu dürfen oder ein Centertor wird doppelt gewertet.

**7. Phase "spezifisches Cool-Down":** Nach einer anstrengenden Trainingseinheit, mit anspruchsvollen Übungen und Spielen, ist der Abschluss in dem der Kreislauf und die Körpertemperatur heruntergefahren werden soll, wichtig. Eine kurze regenerative Paddeleinheit von wenigen Minuten stellt eine aktive Erholungsphase dar, in der die Belastungsintensität reduziert wird. Durch diese abschließende Paddeleinheit wird die Herzfrequenz gesenkt und das Herz-Kreislauf-System stabilisiert. Zudem wird der Anspruch der Koordination reduziert und der Bewegungsradius verringert. Die Paddeleinheit am Ende des Trainings sowie lockernde Bewegungen dienen dem Abtransport und dem Abbau von Stoffwechselendprodukten, wie z.B. dem Laktat. Das "Cool-Down" soll dazu beitragen, dass sich die Muskulatur besser entspannt. Gerade an Wettkampftagen oder in Zeiten hoher Trainingsbelastung muss der Sportler regenerative Techniken ausführen und verinnerlichen, um sich schnell wieder zu erholen und wieder Höchstleistungen erbringen zu können.

Neben dem klassischen Auspaddeln sind Dehnübungen als "Cool-Down" hilfreich. Durch Dehnübungen wird geholfen die zuvor erwärmten Muskeln zu entspannen und die Körpertemperatur zu normalisieren. Dehnübungen tragen zudem dazu bei, dass die Beweglichkeit verbessert, die Durchblutung gefördert wird und dadurch der Heilungsprozess der trainierten Muskelgruppen angeregt wird. Dehnübungen können im Kajak sitzend mit Hilfe des Paddels ausgeführt werden. Arme, Brust und Rücken lassen sich so auf spezifische Weise hervorragen dehnen.

**8. Phase "allgemeines Cool-Down":** Das "allgemeine Cool-Down" an Land ist eine Option, Abwechslung oder Ergänzung zum "spezifische Cool-Down". Dieses kann unmittelbar nach dem Training erfolgen oder erst am Abend eines anstrengenden Trainingstages, um sich für den nächsten Tag wieder vorzubereiten. An Land lassen sich zahlreiche Dehnübungen ausführen, um Muskelverkürzungen, durch eine einseitige Trainingsbelastung entgegenzuwirken oder um Muskelkater zu vermeiden. Das Faszien Training hat sich als eine sehr beliebte Methode im Kanupolosport etabliert. Mit einer Schaumstoffrolle werden verschiedene Muskelgruppen massiert, verklebte Faszien gelöst, die Durchblutung gesteigert und für eine Stimulation des Fasziengewebes und des Bindegewebes gesorgt. Mit einem gezielten Faszien Training lässt sich so die Regenerationszeit des Sportler reduzieren, was einen schnelleren Einsatz wieder ermöglicht.

**9. Phase "Umziehen":** Am Abschluss einer Trainingseinheit erfolgt das Duschen und Umziehen. Während dieser Phase haben die Sportler die Möglichkeit das Training in ihrem Tempo ausklingen zu lassen, es Revue passieren zu lassen oder private Gespräche mit den Mitspielern zu führen.

Die zeitliche Gestaltung dieses gesamten Trainingsverlaufes und der einzelnen Phasen ist wieder von verschieden Faktoren abhängig und obliegt der Einteilung des Trainers. Insgesamt sollte das gesamte Training aber 100-120 Minuten nicht überschreiten, da sonst die physische und psychische Leistungsfähigkeit erheblich abnimmt und keine Leistungssteigerung mehr zu erwarten ist.

## 2. Passen und Fangen

Wie in allen Ballsportarten muss auch im Kanupolo das Passen und Fangen beherrscht werden. Das Passen und Fangen im Kanupolo bilden neben dem Paddeln und dem richtigen Bootseinsatz die wichtigsten Grundtechniken, die ein erfolgreicher Kanupolospieler beherrschen muss. In einem regulären Kanupolospiel von 2x10 Minuten wird der Ball viele Male unter den Spielern zugeworfen und gefangen. Ein guter Umgang mit dem Ball, das gezielte und schnelle Zuspiel und die sichere Ballannahme des Mitspielers sind entscheidend für das schnelle Spiel und zur Umsetzung taktischer Spielzüge.

Nicht nur im Anfängertraining, sondern auch im Training der Fortgeschrittenen muss daher immer wieder der Umgang mit dem Ball geübt werden, damit ein gutes "Ballgefühl" entsteht.

Im weiteren Verlauf dieses Kapitels sollen kleine Spiele und Übungen aufgeführt werden, die genutzt werden können, um diese Kernelemente zu trainieren und zu perfektionieren.

Die Übungen sind leicht verständlich in Text und Übungsbild erklärt und können in jedes Training direkt integriert werden. Durch die Schaffung verschiedener Schwierigkeitsgrade und Komplexitätsstufen kann für jede Altersstufe das Pass- und Fangtraining individuell gestaltet werden.

Auf die Wurftechnik wird in diesem Kapitel nicht eingegangen. In den Übungen sind aber einzelne Hinweise und Ratschläge zur Ausführung aufgeführt.

## 2.1 Einpassen

Zwei Spieler stehen im Abstand von 4-6 Metern (später Abstand erhöhen) gegenüber und werfen sich den Ball zu. Der Ball soll immer auf Brusthöhe des Partners gepasst werden, damit er mit beiden Händen gefangen werden kann. Wenn der Ball durch die Hände rutscht, wird er von der Brust gestoppt.

Wiederholungen: 50 (danach Entfernung vergrößern)

Ziel: Verbesserung + der Wurfstärke und Genauigkeit

+ des Fangens und Passens

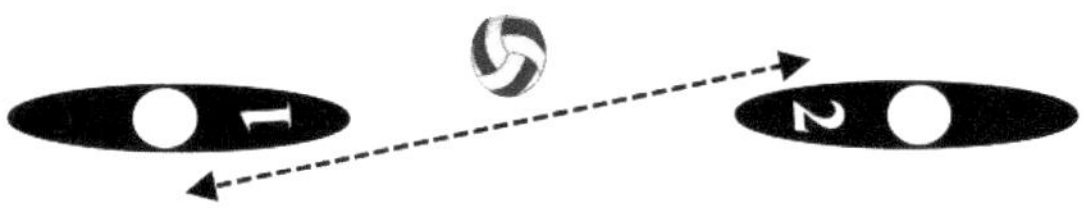

**Variante:** Die Werfer nutzen die nur ihre schwache Wurfhand.

## 2.2 Harte Pässe

Zwei Spieler stehen im Abstand von 4-6 Metern (später Abstand erhöhen) gegenüber und werfen sich so fest sie können „harte Pässe" zu. Der Ball soll immer in die Hände auf Brusthöhe gepasst werden.

Wiederholungen: 50 (danach Entfernung vergrößern)

Ziel: Verbesserung + der Wurfstärke und Genauigkeit

+ des Fangens und Passens

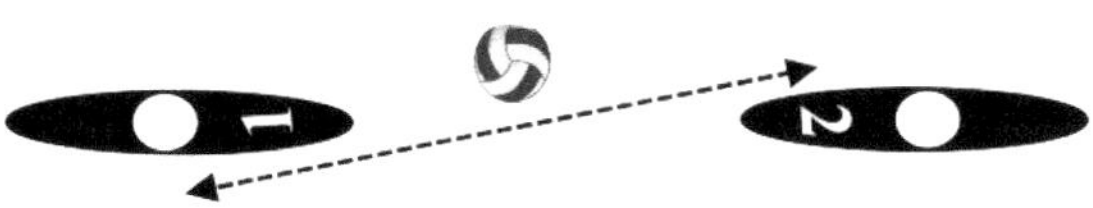

## 2.3 Bogenlampen

Zwei Spieler stehen im Abstand von 4-6 Metern (später Abstand erhöhen) gegenüber und werfen sich im hohen Bogen den Ball wie eine „Bogenlampe“ zu. Dabei ist wichtig, dass der Werfer nicht dem Ball hinterher, sondern seinem Mitspieler in die Augen schaut. So findet der Ball nach etwas Übung präzise das Ziel. Diese Übung simuliert das Überspielen eines gegnerischen Paddels.

Wiederholungen: 50 (danach Entfernung vergrößern)

Ziel: Verbesserung + der Wurfstärke und Genauigkeit

+ des Fangens und Passens

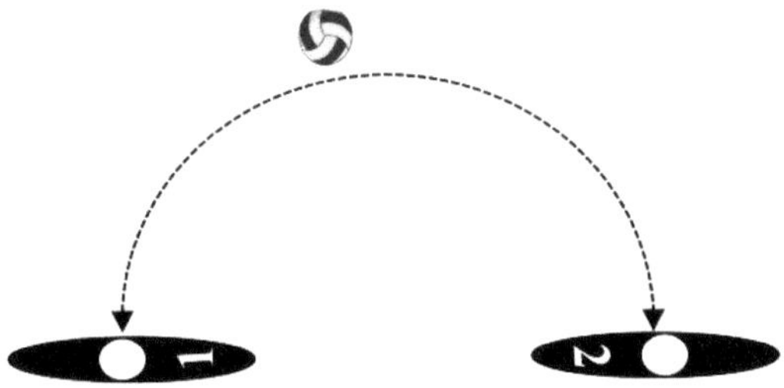


## 2.4 Seitliches Passen

Zwei Spieler stehen im seitlichen Abstand von ca. 4-5 Metern (später Abstand erhöhen) nebeneinander. Nun wird der Ball mit dem zum Partner gerichteten Arm vertikal nach oben gestoßen, sodass dieser genau in dem Schoß des Partners landet.

Wiederholungen: 50 (danach Entfernung vergrößern)

Ziel: Verbesserung + der Wurfstärke und Genauigkeit

+ des Fangens und Passens

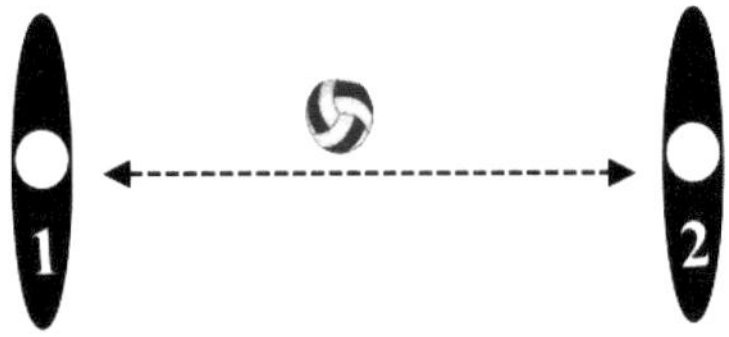

## 2.5 Links fangen - Rechts passen

Zwei Spieler stehen im Abstand von ca. 4-6 Metern (später Abstand erhöhen) gegenüber und werfen sich den Ball zu. Der Ball soll auf die linke Hand gepasst werden und einhändig gefangen werden. Dann wird der Ball mit der rechten Hand, auf die linke Hand des Partners gepasst usw.

Wiederholungen: 50 (danach Fang-/Wurfhandwechsel)

Ziel: Verbesserung + der Wurfgenauigkeit

+ des Fangens und Passens

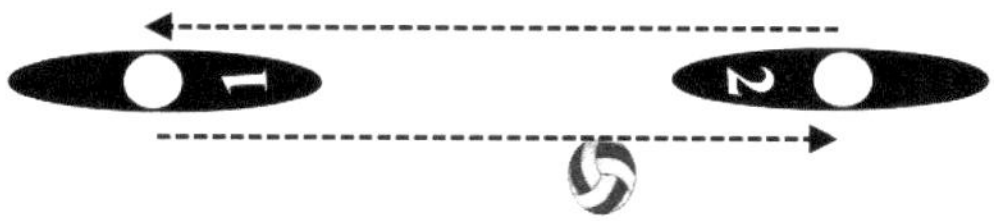


## 2.6 Hinten fangen - vorne passen

Zwei Spieler stehen im Abstand von 8 Metern (später Abstand erhöhen) gegenüber. Ein Fänger steht zwischen den Werfern. Der Fänger bekommt nun abwechselnd von hinten oder von vorne einen Pass zugespielt. Der Ball soll immer in die Hände gepasst werden.

Wiederholungen: 20 (danach Positionen tauschen)

Ziel: Verbesserung + der Wurfgenauigkeit

+ des Fangens und Passens

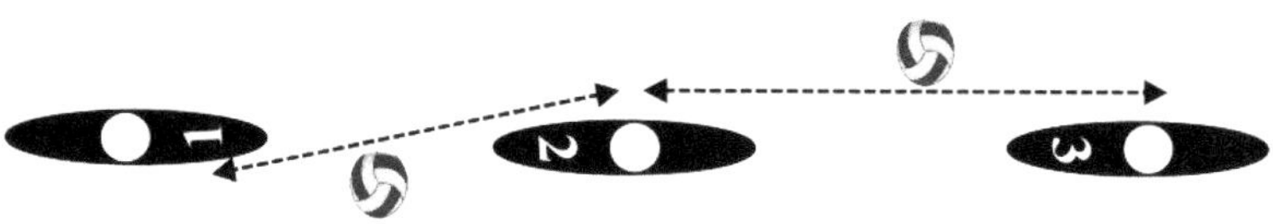

## 2.7 Wurfhandanspiel I

Die Spieler teilen sich in Paare auf und paddeln nebeneinander. Nun wird der Ball abwechselnd zugespielt und gezielt auf die Wurfhand des Partners gepasst. Der Werfer muss möglichst präzise passen und der Fänger möglichst sauber den Ball annehmen. Sowie der Ball sicher gefangen wurde, ist dieser direkt 3-5 Meter vorzulegen und schnellstmöglich zum Ball zu sprinten, bis dieser wieder aufgenommen wird. Das Annehmen und Vorlegen des Balles soll nach Möglichkeit in eine fließende Bewegung übergehen. Funktioniert dieses Zusammenspiel werden sich die Spieler schnell fortbewegen können. Diese Übung lässt sich auch in Form eines Wettkampfes mit mehreren Paaren durchführen. In schnellstmöglicher Zeit, eine bestimmte Distanz z.B. 500-1000m bewältigen, wäre das Ziel.

Ziel: Verbesserung + der Koordination (Werfen, Fangen, Paddeln)

+ der Rhythmisierungsfähigkeit

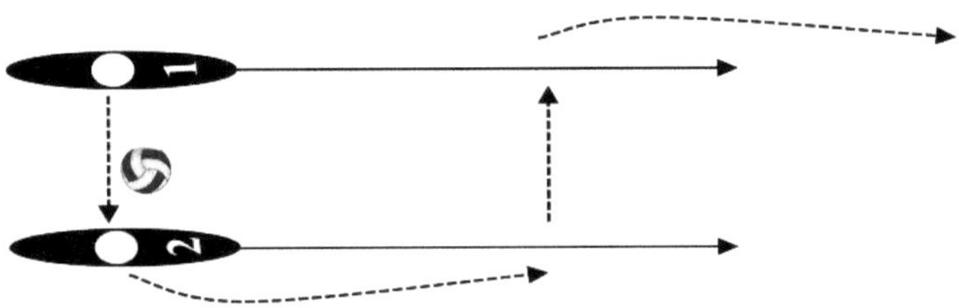


**Variante I:** Die Sportler pendeln gemeinsam von Tor zu Tor und werfen abwechselnd auf das Tor.

**Variante II:** Während des Pendelns von Tor zu Tor soll der Ball so oft zwischen den Partnern wechseln, wie möglich.

**Variante III:** Während des Pendelns von Tor zu Tor soll der Ball so schnell zwischen den Partnern wechseln, das kaum noch Zeit zum Paddeln bleib. Ein Wettkampf zwischen den Partnern entsteht. Ziel ist, den Partner durch ein schnelles und präzises Zuspiel am Vorankommen zu hindern, sodass er als Letzter am Tor ankommt.

## 2.8 Wurfhandanspiel II

Die Spieler bilden zwei Gruppen. Zudem werden zwei Passgeber in der Spielfeldmitte positioniert. Nun fährt ein Spieler aus der Gruppe horizontal am ersten Passgeber vorbei. Der Passgeber muss den Ball präzise auf die rechte Wurfhand des Spieler werfen.

Ziel: Verbesserung + der Koordination (Werfen, Fangen, Paddeln)

+ der Rhythmisierungsfähigkeit

+ der einhändigen Ballannahme

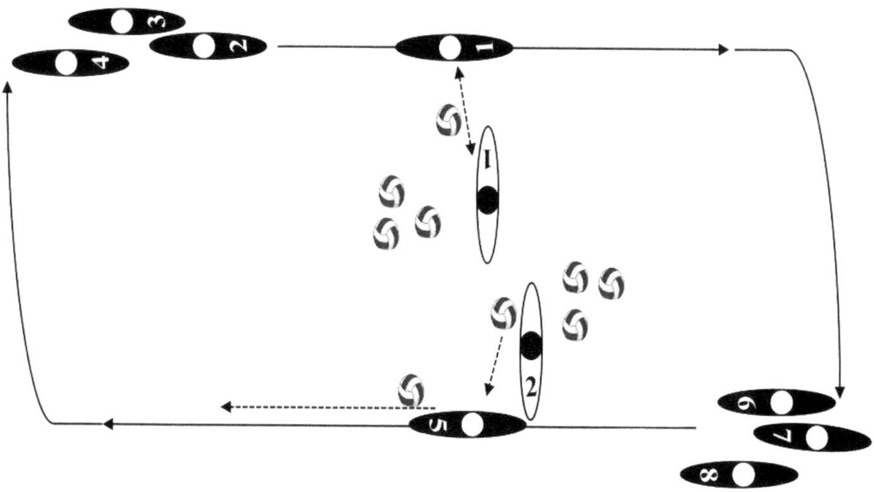


**Variante I:** Der Werfer erhält den Ball sofort zurück.

**Variante II:** Der Fänger fängt den Ball sicher und legt ihn sofort einmal vor und spielt ihn dann zum Passgeber zurück.

## 2.9 Chaospässe

Alle Spieler fahren auf dem Wasser umher. Der mit der niedrigsten Westennummer führt den Ball. Er muss den Ball zu dem Spieler mit der nächst höheren Westennummer spielen (z.B. 1 zu 2, 2 zu 3, usw.). Der Spieler mit der höchsten Westennummer passt zurück zu dem Spieler mit der niedrigsten Westennummer zurück. Der Ball darf nicht ins Wasser fallen.

Wiederholungen: 10-15 Durchgänge

Ziel: Verbesserung + des Fangens und Passens

+ des Zusammenspiels

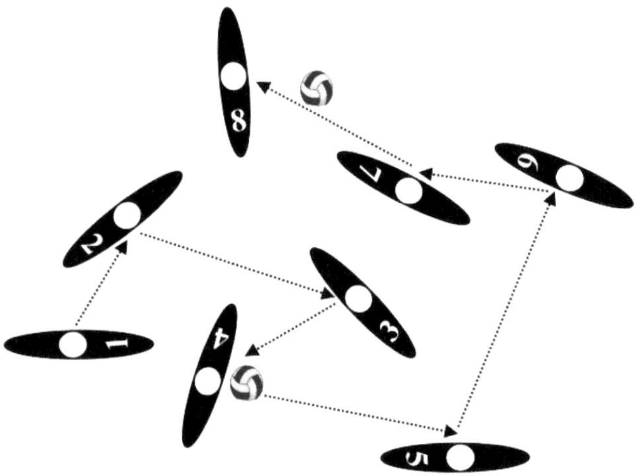


**Variante I:** Eine Steigerung ist mit zwei oder mehreren Bällen möglich.

**Variante II:** Derjenige Spieler, der den Ball erhalten möchte und sich vom Passgeber aus betrachtet in einer anspielbaren Position befindet, sprintet an und erhält während des Sprints den Ball zugespielt.

## 2.10 Kreisfahrt im Team

Ein Spieler (1) steht, der andere Spieler (2) fährt im Kreis um den stehenden Spieler (1) herum. Dabei wird der Ball ständig hin und her gepasst. Wichtig ist, dass Spieler (1) fest seine Position hält. Er ist gefordert, aus allen Positionen den Ball zu fangen und sicher zurückzuspielen. Dabei erfolgt ein frontales, seitliches oder rückseitiges Anspiel.

| | | |
|---|---|---|
| Wiederholungen: | | 20-30 Wiederholungen<br>(Richtungs-/Positionswechsel) |
| Ziel: | Verbesserung | + der Bootsbeherrschung |
| | | + der Koordination (Werfen, Fangen, Paddeln) |
| | | + des Fangens und Passens |

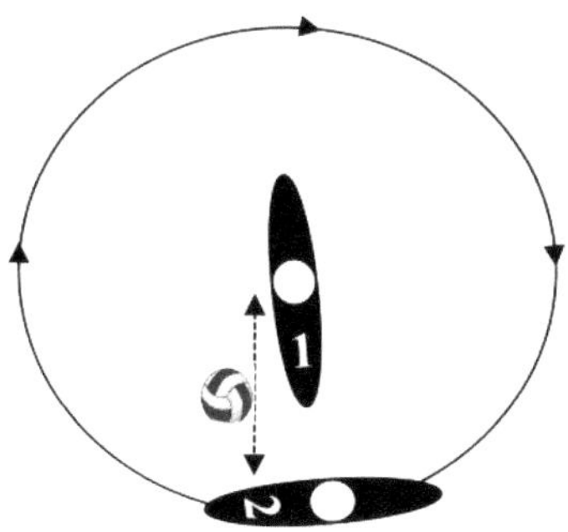

## 2.11 Viereck

Es werden mindestens 5 Spieler (Schwarz) benötigt, die sich auf vier Ecken verteilen. In diesem Beispiel werden zwei Eckpunkte und die Mittelpunkte als Spielfeldecken betrachtet. In einer Ecke befinden sich zwei Spieler. Spieler (1) fährt mit dem Ball die Seitenauslinie entlang, gleichzeitig sprintet Spieler (2) auf der Mittellinie entlang zur gegenüberliegenden Gruppe und erhält auf der Hälfte der Strecke ein Pass von Spieler (1). Währenddessen sprintet Spieler (3) von seiner Position zur gegenüberliegenden Gruppe und erhält ebenfalls auf der Hälfte der Strecke einen Pass von Spieler (2) usw.

Wiederholungen: 20 (anschließend Richtungswechsel)

Ziel: Verbesserung + der Koordination (Werfen, Fangen, Paddeln)

+ des langen Zuspiels

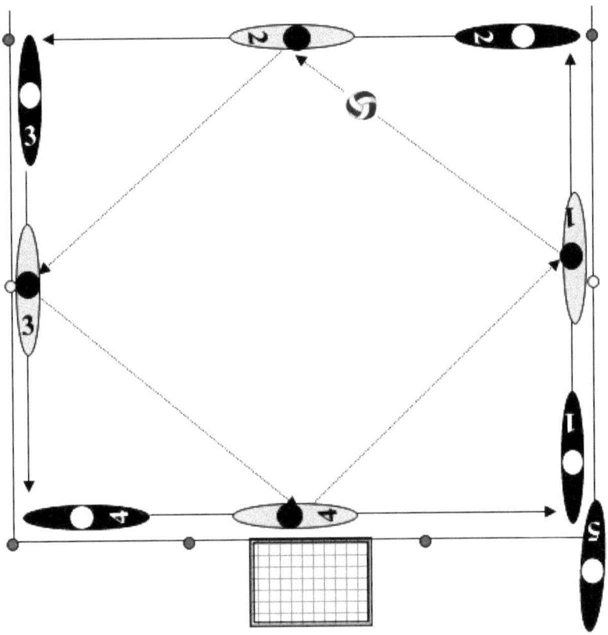

## 2.12 Cross

Acht Spieler stellen sich in vier Gruppen zu einem Kreuz gegenüber auf. Spieler (1) fährt auf die gegenüberliegende Gruppe zu, erhält auf der Mitte der Strecke einen Pass von seinem Gegenüber (2) und passt diesen sofort zum nächsten Passgeber (3), rechts neben ihm. Spieler (4) startet, erhält den Ball auf der Achse des Kreuzes und passt diesen zum nächsten Passgeber (5), rechts neben ihm usw. Wichtig ist, dass während eines Durchgangs immer zu einer Seite, in diesem Fall rechts gepasst wird, damit ein Rhythmus gefunden wird und die Übung nicht unterbrochen wird.

Wiederholungen: 10 je Spieler, dann Linksanspiel

Ziel: Verbesserung + des Zielens und Fangens

+ der Ballannahme/Abgabe aus der Fahrt

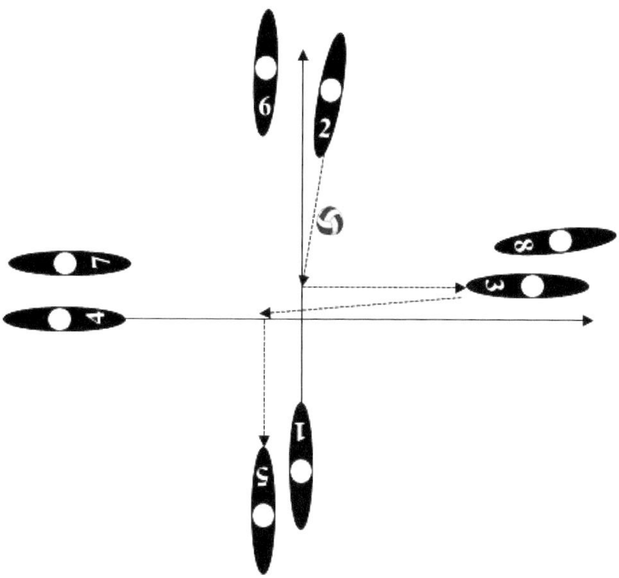

## 2.13 Southern Cross

Acht Spieler stellen sich in vier Gruppen, zu einem Kreuz gegenüber auf. Spieler (1) fährt auf die gegenüberliegende Gruppe zu, erhält auf der Mitte der Strecke einen seitlichen Pass von dem rechts liegenden Spieler (2) und passt diesen zum vor ihm liegenden Spieler (3). Spieler (1) reiht sich in der Gruppe des Spielers (3) ein. Nun fährt Spieler (2) an, erhält einen seitlichen Pass von dem rechts liegenden Spieler (3) und passt diesen zu Spieler (4). Spieler (2) reiht sich hinter der Gruppe von Spieler (4) ein usw. Wichtig ist, dass der Spieler immer von einem Spieler aus der rechts neben sich befindenden Gruppe einen Ball erhält, damit ein Rhythmus gefunden wird und die Übung nicht unterbrochen wird (vgl. www.canoepoloexercises.com). Tipp: Immer der Spieler, der einen Pass gespielt hat, paddelt als Nächster.

Wiederholungen: 10 je Spieler, dann Linksanspiel

Ziel: Verbesserung + des Zielens und Fangens

+ der Ballannahme/Abgabe aus der Fahrt

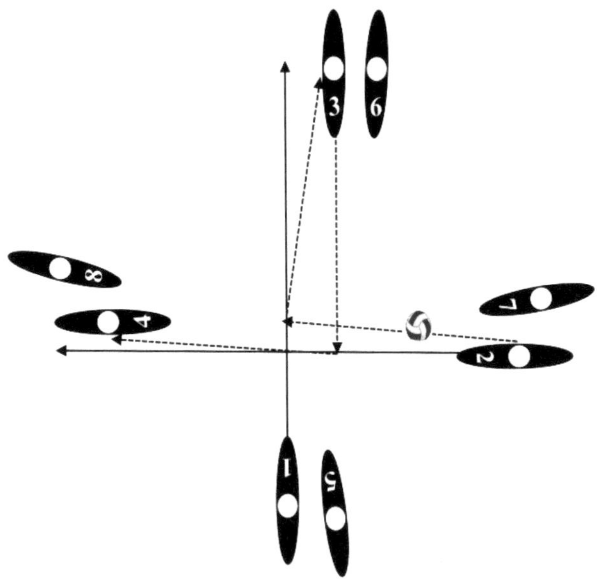

## 2.14 Southern Cross mit zwei Bällen

Die Spieler stellen sich in vier gleich großen Gruppen zu einem Kreuz gegenüber auf. Die schwarzen Spieler (1)+(2) fahren auf die gegenüberliegende Gruppe zu, erhalten auf der Mittelachse des Kreuzes jeweils von den rechtsliegenden schwarzen Spielern (3)+(4) einen Pass und passen diesen direkt vorwärts zu den ihn gegenüberliegenden Spielern, schwarz (1) zu weiß (2) und schwarz (2) zu weiß (1), und stellen sich hinter ihren Zuspielpartnern an. Nun fahren die vorherigen Passgeber schwarz (3)+(4) auf die gegenüberliegende Gruppe zu, erhalten auf der Mittelachse jeweils von den weißen Spielern (1)+(2) den Ball und passen diesen direkt vorwärts zu den ihnen gegenüberliegenden Spielern weiß (3)+(4) usw.

Wiederholungen: 10 je Spieler

Ziel: Verbesserung
+ des Zielens und Fangens
+ der Ballannahme/-Abgabe aus der Fahrt

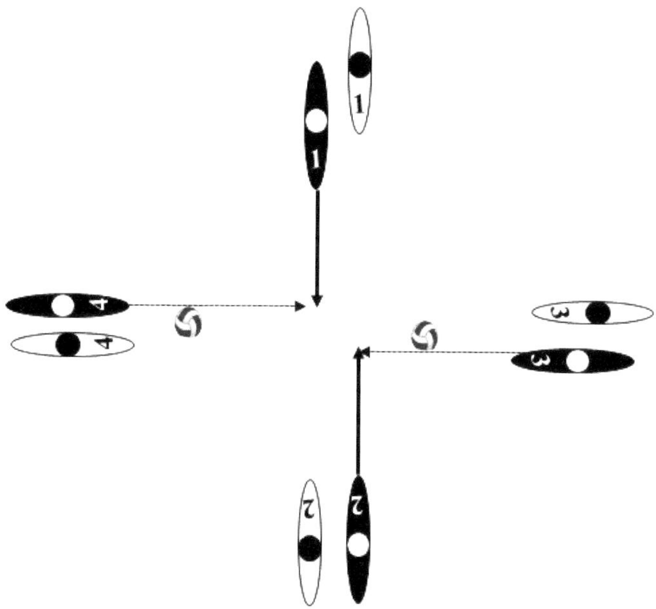

## 2.15 Kreisfahrt

Alle Spieler fahren hintereinander im Kreis. Ein Ball wird von Spieler zu Spieler in Fahrtrichtung weitergepasst. Das präzise Zuspiel direkt in die Hände des Vordermannes ist besonders wichtig.

Wiederholungen: 15 Runden (anschl. Richtungswechsel)

Ziel: Verbesserung + der Bootsbeherrschung

\+ der Koordination (Werfen, Fangen, Paddeln)

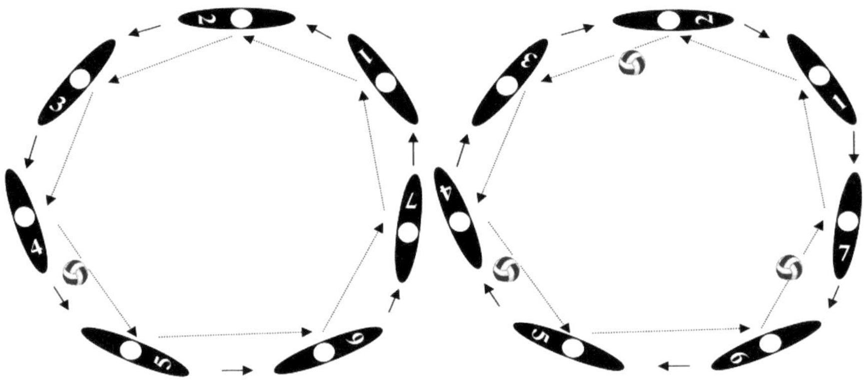


**Variante I:** Der Ball wird zum Verfolger gespielt.

**Variante II:** Zwei oder mehr Bälle sind im Spiel.

**Variante III:** Zwei Bälle werden gespielt. Die Bälle sollen nicht voneinander eingeholt bzw. überholt werden. Der Spieler der plötzlich beide Bälle besitzt scheidet aus der Runde aus. (Ausscheidungsspiel)

**Variante IV:** Es sind so viele Bälle wie Spieler im Spiel. Nun muss das Zuspiel genauestens abgestimmt werden um den richtigen Zuspielrhythmus zu finden. (Kooperationsspiel)

## 2.16 Kreisfahrt mit einer Passstation

Alle Spieler fahren im Kreis. Ein Center positioniert sich mit einem Ball in der Mitte des Kreises. Dieser passt den Ball nun immer seinem gegenüberliegenden Anspielpartner zu und erhält den Ball schnell wieder zurück (Doppelpass) usw.

Wiederholungen: 15 Runden, anschließend Richtungswechsel

Ziel: Verbesserung + der Bootsbeherrschung

+ der Koordination (Werfen, Fangen, Paddeln)

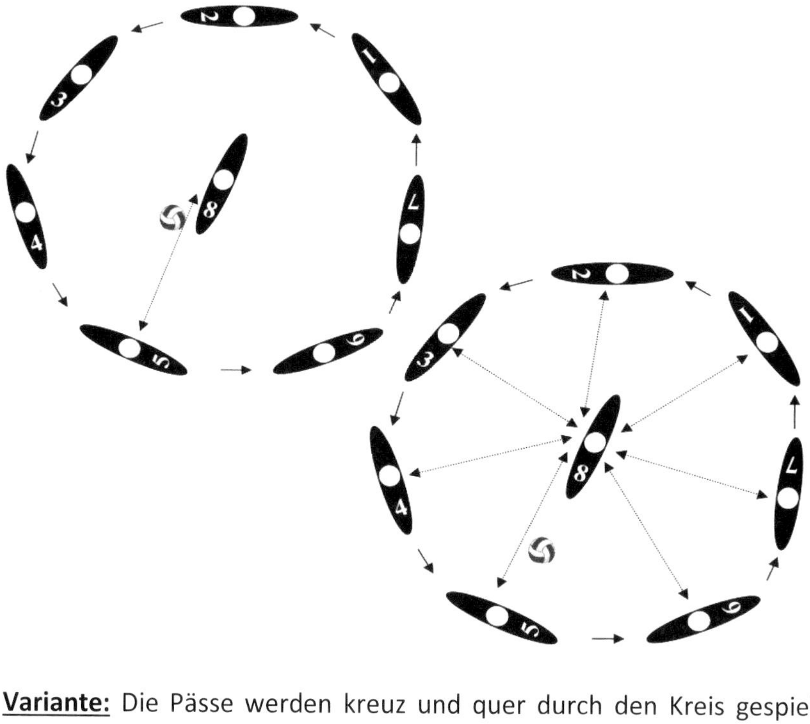

**Variante:** Die Pässe werden kreuz und quer durch den Kreis gespielt. Der Center entscheidet, welcher Spieler als nächstes den Ball erhält.

## 2.17 Kreisfahrt mit zwei Passstationen

Alle Spieler fahren im Kreis. Zwei Center mit je einem Ball positionieren sich mit unterschiedlichen Blickrichtungen in der Mitte des Kreises. Die Center spielen den vorbeifahrenden Spielern nun einen Ball zu und erhalten diesen sofort wieder zurück (Doppelpass).

Wiederholungen: 15 Runden, anschließend Richtungswechsel

Ziel: Verbesserung
+ der Bootsbeherrschung
+ der Koordination (Werfen, Fangen, Paddeln)

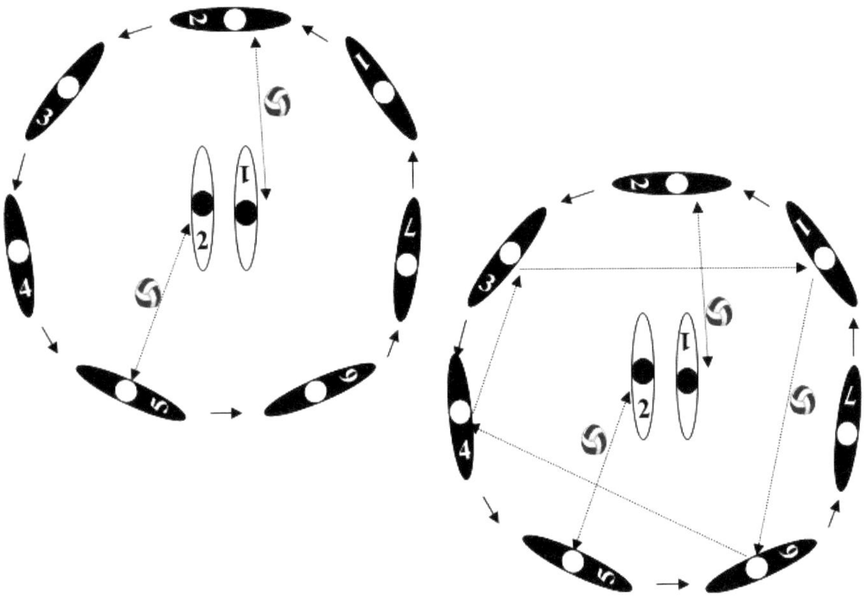

**<u>Variante:</u>** Zur Steigerung der Grundübung kommt ein dritter Ball zum Einsatz, der diagonal über die Köpfe der Passgeber zwischen den fahrenden Spielern gepasst wird. Der Ball darf dabei vorwärts oder auch rückwärts gepasst werden. Ein vierter, diagonal fliegender Ball wäre eine weitere Steigerung.

## 2.18 Attentione I

5-8 Spieler positionieren sich zu einem Innenstirnkreis und passen sich einen Ball (blau) in einer zufälligen Reihenfolge zu. Dabei darf jeder Spieler nur einmal den Ball erhalten. Er merkt sich von wem er den Ball erhalten hat und zu welchem Spieler er diesen gepasst hat. Ein zweiter Ball (grün) wird nun entgegengesetzt dieser Reihenfolge gepasst. Ein dritter Ball (orange) kommt ins Spiel und wird im Kreis von Nachbar zu Nachbar gereicht. Wenn die Spieler zwei Runden fehlerfrei geschafft haben, ist das Ziel erreicht. Kein Ball darf dabei in das Wasser fallen.

Wiederholungen: 2-4 Durchgänge

Ziel: Verbesserung + der Koordination (Werfen & Fangen)

+ der Wurfgenauigkeit

+ der Konzentrationsfähigkeit

+ des Zusammenspiels

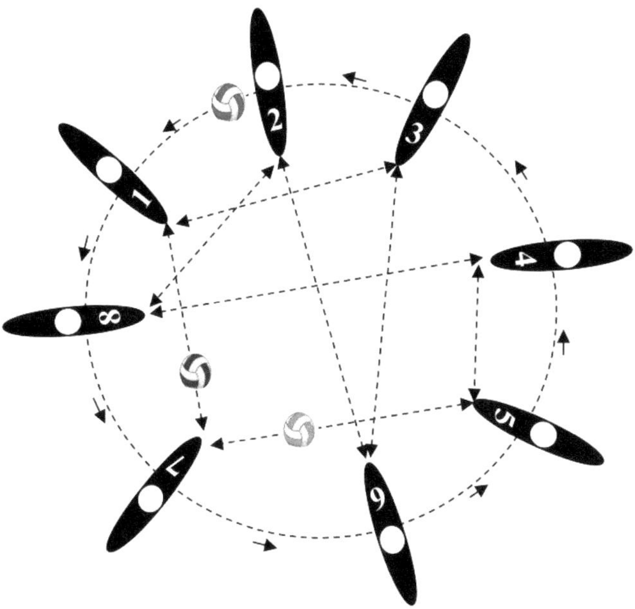

## 2.19 Attentione II

Es werden vier Teams mit jeweils einem Spielball gebildet. Die Spieler Positionieren sich wie abgebildet. Die jeweiligen Pärchen (1+2, 3+4, 5+6, 7+8) stehen sich gegenüber und passen den Ball auf die Wurfhand. Ein weiterer Ball wird im Aussenkreis gepasst. Kein Ball darf dabei in das Wasser fallen.

Wiederholungen: 15 Durchgänge

Ziel: Verbesserung
+ der Koordination (Werfen & Fangen)
+ der Wurfgenauigkeit
+ der Konzentrationsfähigkeit
+ des Zusammenspiels

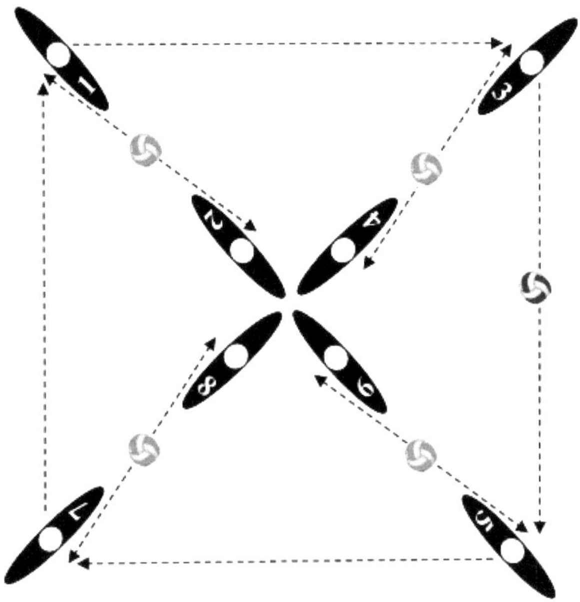

## 2.20 Ball einholen

Die Gruppe stellt sich in einem Innenstirnkreis auf. Ein Ball (blau) wird von Nachbar zu Nachbar im Uhrzeigersinn gepasst. Ein zweiter Ball (orange) wird, beginnend auf der gegenüberliegenden Seite, ebenfalls im Uhrzeigersinn von Nachbar zu Nachbar gepasst. Die Gruppe hat nun die Aufgabe, durch eine schnelle und genaue Weitergabe des Balles, den gegenüberliegenden Ball einzuholen bzw. die Einholung zu verhindern.

Wiederholungen: 2 - 4 Runden

Ziel: Verbesserung
+ der Wurfgenauigkeit
+ der Konzentrationsfähigkeit
+ des Zusammenspiels
+ der Passgeschwindigkeit

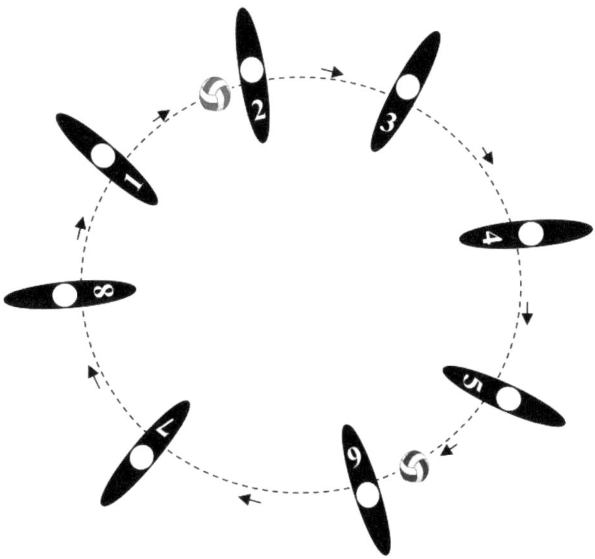

## 2.21 Kreisspurt

Alle Spieler stehen in einem Innenstirnkreis und passen sich den Ball kreuz und quer ohne festgelegte Reihenfolge zu.

Wiederholungen: 15 - 20 Pässe je Spieler

Ziel: Verbesserung + der Bootswendigkeit

+ der Wurfgenauigkeit

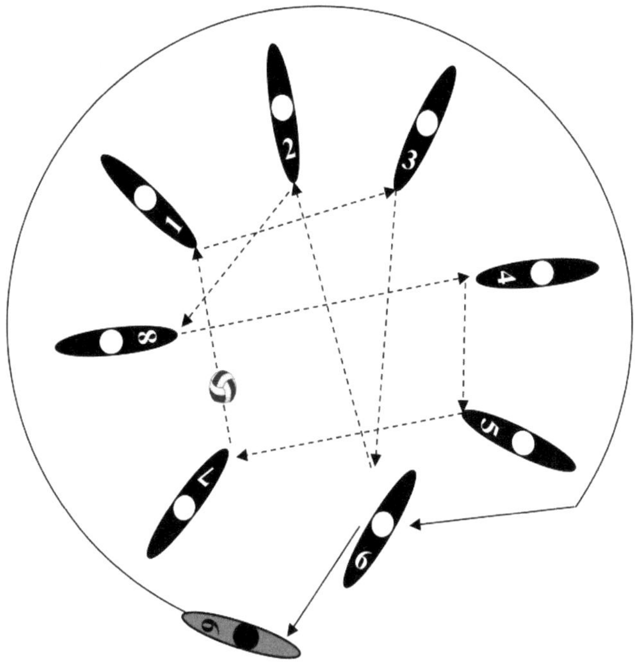


**Variante I:** Wird der Ball nicht gefangen oder schlecht geworfen, schert der verursachende Spieler rückwärts aus dem Kreis, sprintet im Uhrzeigersinn um den Kreis und reiht sich schließlich wieder in den Kreis ein.

**Variante II:** Zwei Bälle sind gleichzeitig im Umlauf.

## 2.22 Passweg = Fahrweg I

Alle Spieler stehen in einem Innenstirnkreis und passen sich den Ball zu. Nachdem der Spieler den Ball zu einem anderen Mitspieler gepasst hat, fährt er, seinem Passweg folgend durch den Kreis und nimmt die Position des Fängers ein, der währenddessen ebenfalls seinem Passweg folgt.

Wiederholungen: 8 - 10 Pässe je Spieler

Ziel: Verbesserung + der Bootswendigkeit
+ des Fangens und Passens

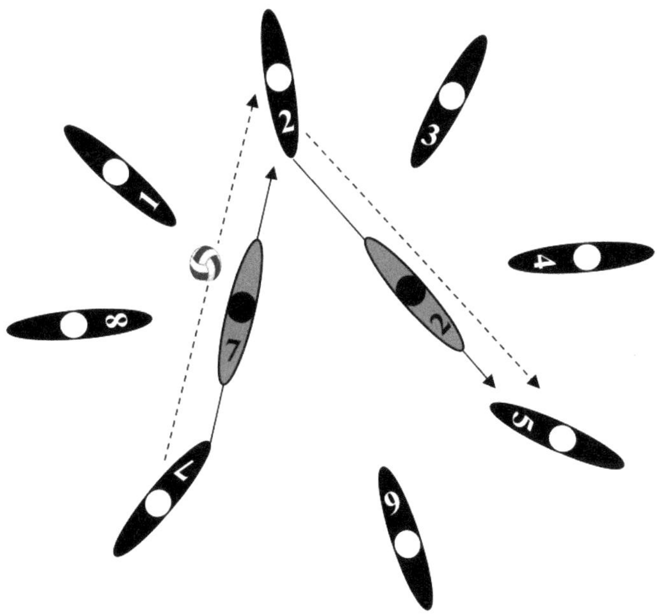

## 2.23 Passweg = Fahrweg II

Alle Spieler stehen sich in zwei gleichgroße Gruppen gegenüber und passen sich den Ball zu. Nachdem der Spieler den Ball zu dem gegenüberliegenden Spieler gepasst hat, sprintet er seinem Passweg hinterher und stellt sich hinter der gegenüberliegenden Gruppe an. Der Fänger fährt inzwischen ebenfalls seinem Pass hinterher.

Wiederholungen: 10 - 15 Pässe je Spieler

Ziel: Verbesserung
+ der Bootswendigkeit
+ des Fangens und Passens
+ der Schnelligkeit

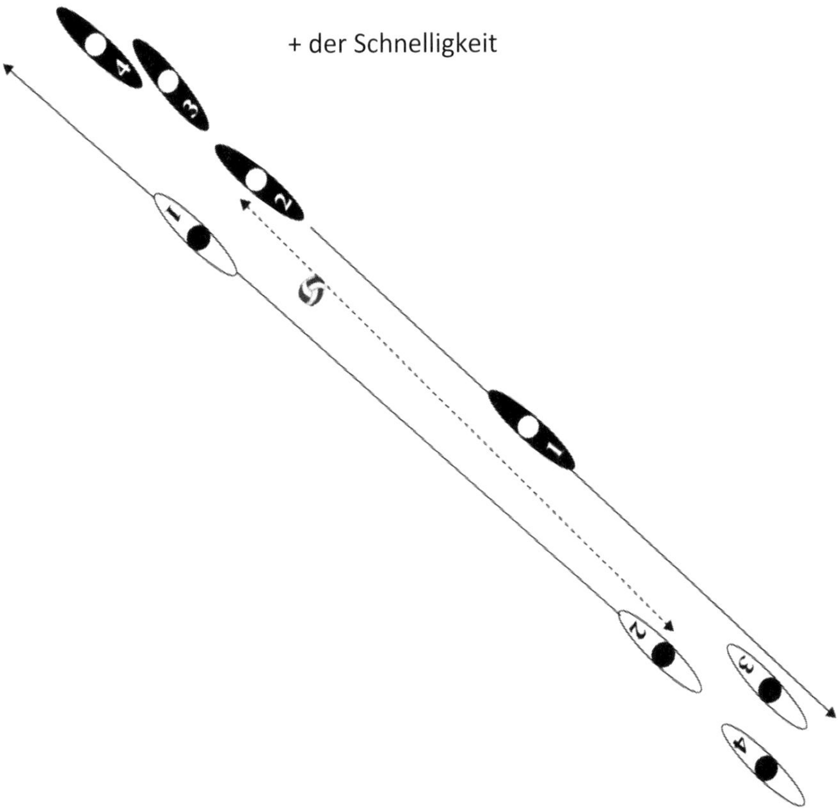

## 2.24 Seitliches Fangen

Es werden zwei sich gegenüberstehende Gruppen gebildet. Von einer Seite fährt Spieler (1) im Spurt auf die andere Seite und erhält von Spieler (3) seiner eigenen Gruppe einen Pass seitlich in die Hand. Dann passt der den Ball zu dem gegenüberliegenden Spieler (4), der sich durch das Heben der Hand erkenntlich macht. Sowie der Ball die Hand des Spielers (1) verlässt, sprintet Spieler (2) los und erhält ebenfalls von seinem Hintermann (4) den Pass usw.

Wiederholungen: 8 - 10 Pässe je Spieler

Ziel: Verbesserung + der Koordination (Werfen, Fangen, Paddeln)

+ des seitlichen Fangens und Passen

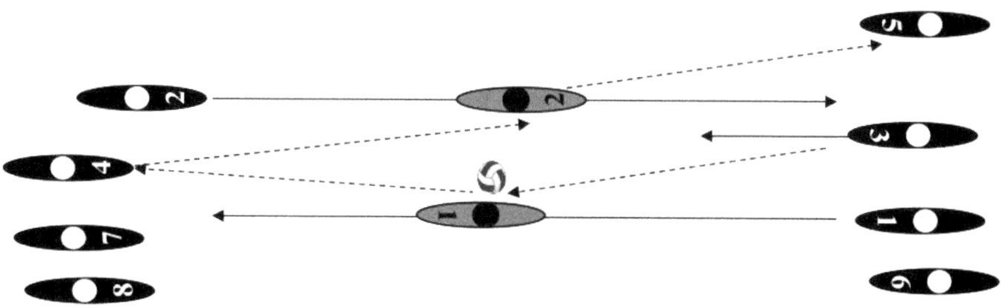

## 2.25 Tänzelspurt

Es werden Paare gebildet. Jedes Paar hat einen Ball und fährt im Abstand von zwei Bootslängen hintereinander. Der vordere Spieler (2) fährt tänzelnd von links nach rechts vor seinem Hintermann (1). Dieser spielt dem Vordermann (2) abwechselnd den Ball links und rechts zu, so dass dieser seitlich mit den Händen gefangen werden muss. Nach jedem Zuspiel wird der Ball wieder zurück zum Hintermann (1) gespielt und erneut die Seite gewechselt. Wichtig ist, dass präzise Pässe gespielt werden, damit die Paare in Bewegung bleiben.

Wiederholungen: 15 - 20 Durchgänge je Spieler

Ziel: Verbesserung + des seitlichen Fangen und Passens

+ der Wurfgenauigkeit

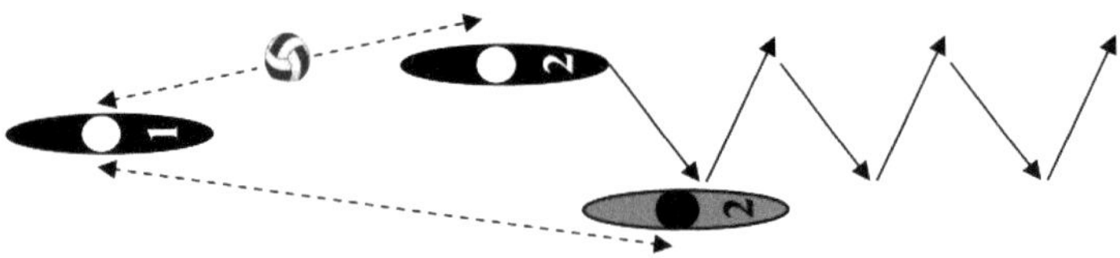


**Variante:** Die Annahme des Balles mit dem Paddel, statt der Hand.

## 2.26 Namenpassen

Alle Spieler fahren auf dem Wasser, in einem zuvor festgelegten Spielfeld umher. Der Ball soll ohne feste Reihenfolge von Spieler zu Spieler gepasst werden. Dabei soll immer der Name des nächsten Empfänger des Balles gerufen werden. Im zweiten Durchlauf können die Spieler den Namen des Passgebers, ihren eigenen und den des nächsten Empfängers nennen. Der Ball darf dabei nicht ins Wasser fallen.

Wiederholungen: 5-6 Minuten

Ziel: Verbesserung + des Kennenlernens

+ der Bootswendigkeit

+ der Wurfgenauigkeit

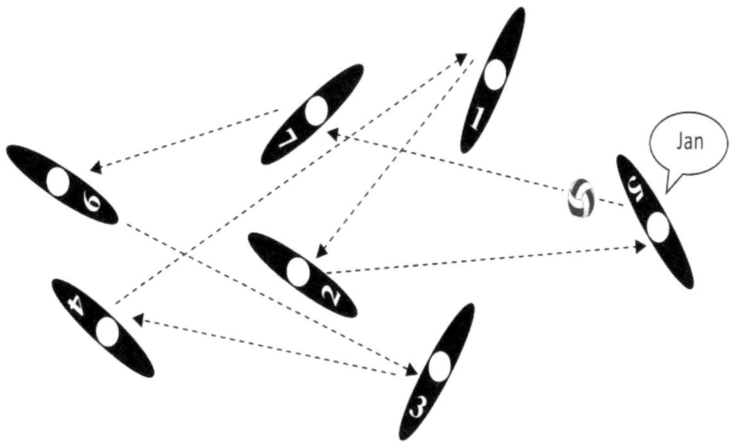

## 2.27 Reihenpassen

Eine beliebige Anzahl an Spielern paddelt nebeneinander in einem zügigen Tempo (GA2). Dabei wird der Ball in der Reihe von einem Spieler zum nächsten gepasst. Der Ball wird in die Hände gepasst. Vor und nach dem Passen soll sich der Spieler auf das Paddeln konzentrieren und das Tempo halten. Wenn der Ball kommt, muss er schnell reagieren, fangen, passen und weiter paddeln.

Wiederholungen: 15 Durchgänge

Ziel: Verbesserung + der Koordination (Werfen, Fangen, Paddeln)

+ der Grundlagenausdauer

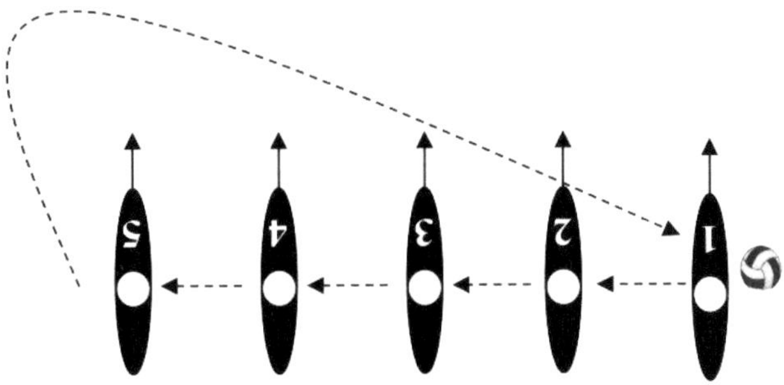


**Variante:** Der Ball wird zwei Bootslängen vor den Nachbarn geworfen. Dieser muss dann bis zum Ball sprinten.

## 2.28 Triple Reaktion

Drei Passgeber stellen sich einem Fänger gegenüber. Spieler (1) wirft den Ball zu Fänger (4) und erhält den Ball unmittelbar zurück. Danach passt Spieler (2) oder (3) den Ball zum Fänger (4) und erhält diesen ebenfalls zurück. Der Fänger (4) weiß nie von welcher Position der Ball gepasst wird und muss sich gut konzentrieren. Aber auch die Passgeber (1+2+3) müssen verhindern, dass zwei Bälle gleichzeitig zum Fänger gepasst werden.

Wiederholungen: 10 Pässe je Spieler, dann Positionswechsel

Ziel: Verbesserung
+ der Koordination (Werfen, Fangen, Paddeln)
+ der Konzentrationsfähigkeit
+ der Reaktionsfähigkeit

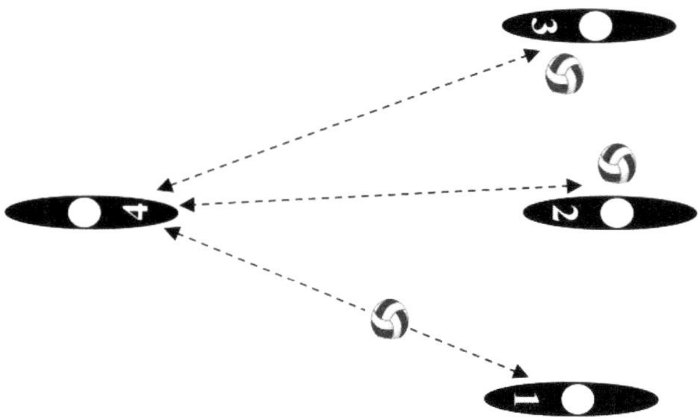

## 2.29 Kreisachsenpassen

Es werden zwei gleichgroße Gruppen gebildet. Diese stehen sich in einem Abstand von 10-15 Metern gegenüber. Spieler (1) sprintet auf die gegenüberliegende Gruppe zu und erhält nach zwei Doppelschlägen einen Pass von Spieler (4). Sowie Spieler (1) den Ball gefangen hat fährt Spieler (2) los und erhält den Ball von Spieler (1). Spieler (1) stellt sich auf der gegenüberliegenden Seite hinter der Gruppe an. Sowie Spieler (2) den Pass erhalten hat sprintet Spieler (3) los und erhält nach zwei Doppelschlägen den Ball usw. Wenn die Übung gut verläuft ergibt sich ein Kreis, auf dessen Achse der Ball gespielt wird.

Wiederholungen: 15 Pässe je Spieler

Ziel: Verbesserung
+ der Koordination (Werfen, Fangen, Paddeln)
+ der Konzentrationsfähigkeit
+ der Reaktionsfähigkeit

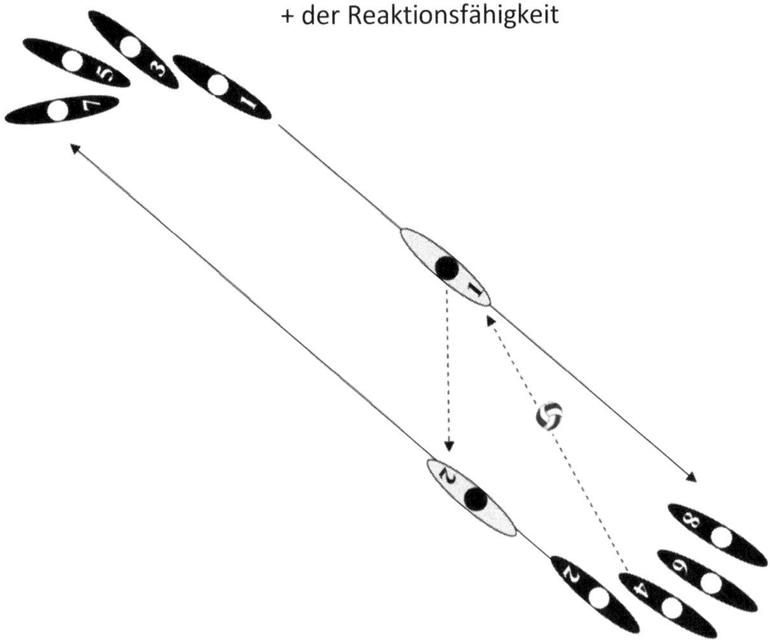

## 2.30 Die Acht

Zwei Spieler (7)+(8) stehen als Passgeber nebeneiander. Die restlichen Spieler teilen sich in zwei gleichstarke Gruppen auf und stehen jeweils links und rechts neben den Passgebern (7)+(8). Spieler (1) sprintet los, erhält nach ca. zwei Doppelschlägen einen Pass von Passgeber (7) und spielt diesen direkt zu Passgeber (8). Sowie der zweite Passgeber (8) den Ball gefangen hat, fährt Spieler (2) los und erhält nach zwei Doppelschlägen den Ball, den er direkt wieder zu Spieler (7) passt usw. Spieler (1) stellt sich währenddessen hinter der gegenüberliegenden Gruppe an usw. Wenn die Übung gut verläuft, ergibt sich aus den Fahrwegen eine liegende Acht.

Wiederholungen: 10 Pässe je Spieler

Ziel: Verbesserung
+ der Koordination (Werfen, Fangen, Paddeln)
+ der Konzentrationsfähigkeit
+ der Reaktionsfähigkeit

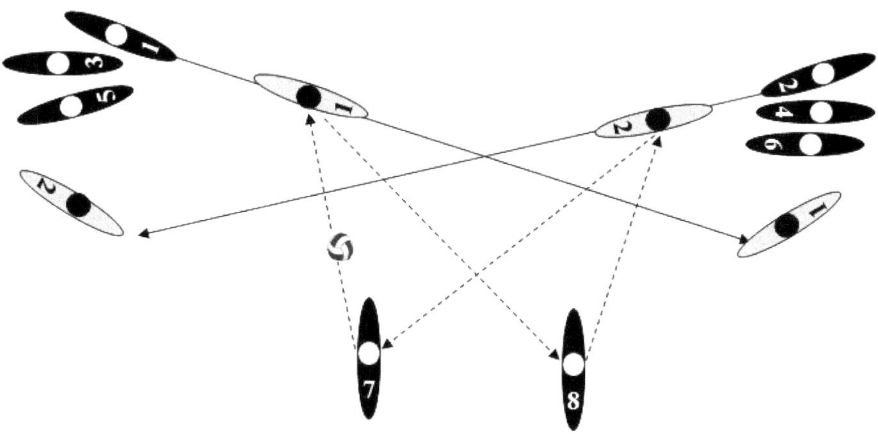

**Variante I:** Die Acht kann als Variante auch mit einem Rückwärtigem Pass gespielt werden. In diesem Fall erhält Spieler (1) den Ball frontal von Spieler (8) und spielt den Ball seitlich bzw. rückwärtig zu Spieler (7) usw.

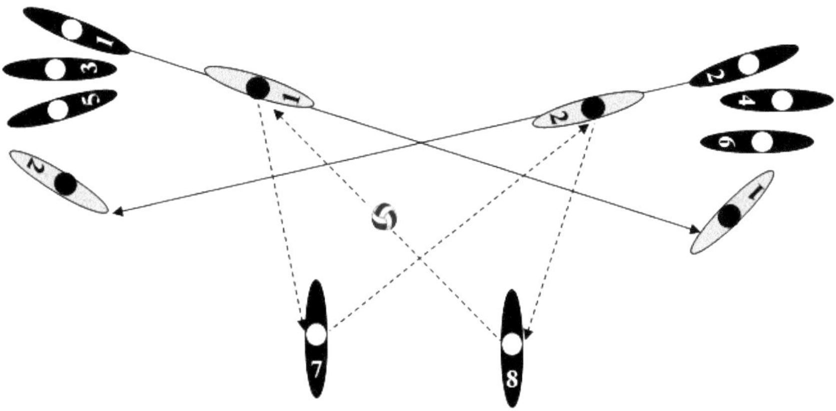


**Variante II:** Die anfahrenden Spieler (1)+(2) starte aus der Rückwärtsposition mit einer 180°-Drehung aus dem Stand, sprinten an, erhalten den Ball, spielen diesen weiter und sprinten zur gegenüberliegenden Gruppe, um sich wieder einzureihen.

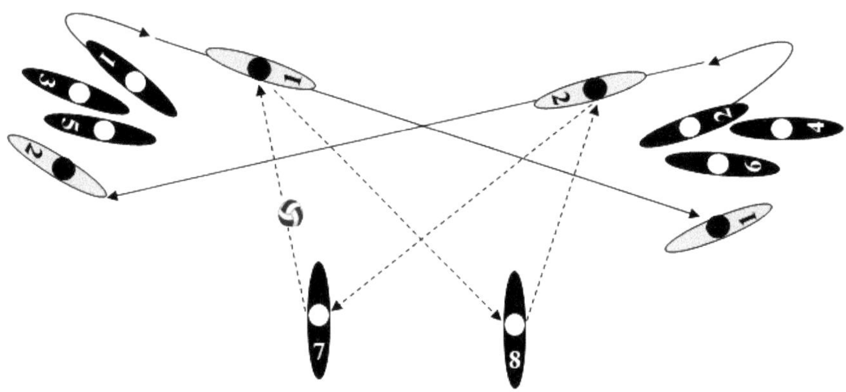

**Variante III:** Anstatt zwei Passgeber steht ein Passgeber (7) bereit. Nach jedem Zuspiel kehrt der Ball zum Passgeber (7) zurück.

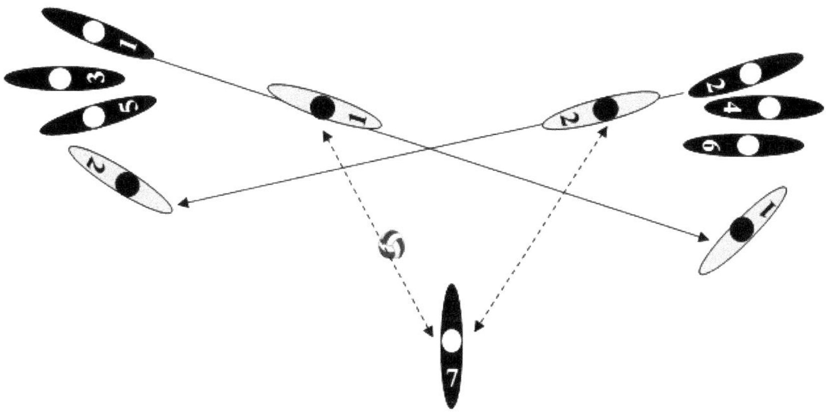


## 2.31 Acht mit fliegendem Wechsel

Zwei Spieler (7)+(8) stehen als Passgeber nebeneinander. Die restlichen Spieler teilen sich in zwei gleichstarke Gruppen auf und stehen jeweils links und rechts neben den Passgebern (7)+(8). Spieler (1) sprintet los, erhält nach ca. zwei Doppelschlägen einen Pass von Passgeber (7) und spielt diesen direkt zu Passgeber (8). Sowie der zweite Passgeber (8) den Ball gefangen hat fährt Spieler (2) los und erhält nach zwei Doppelschlägen einen Pass, den er direkt wieder zu Spieler (7) passt.

Bei dieser etwas anspruchsvolleren Variante der klassischen Acht fahren nun die Spieler (1)+(2) nicht direkt in die gegenüberliegenden Gruppen, sondern nehmen die Positionen der Werfer ein. Spieler (1) nimmt umgehend die Passstation von Spieler (8) ein, Spieler acht reiht sich währenddessen in der rechtsliegenden Gruppe ein. Spieler (2) nimmt unmittelbar nach Ballabgabe die Passstation von Spieler (7) ein. Spieler (7) reiht sich währenddessen in der linksliegenden Gruppe ein usw.

Wichtig ist, dass jeder Spieler nur einmal einen Pass auf seiner Passstation erhält, weiter passt und dann sofort seine Passstation für den nachrückenden Spieler freigibt, damit die Übung im "FLOW" bleibt.

Wiederholungen: 8 - 10 Pässe je Spieler

Ziel: Verbesserung
+ der Koordination (Werfen, Fangen, Paddeln)
+ der Konzentrationsfähigkeit
+ der Reaktionsfähigkeit
+ der Bootswendigkeit
+ des Zusammenspiels

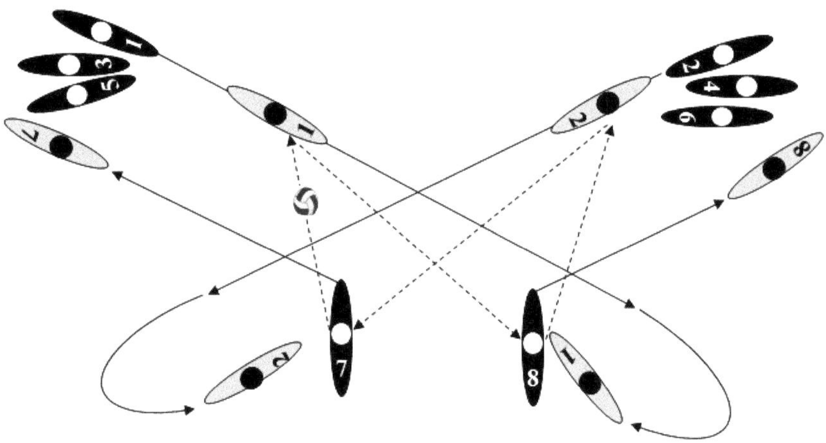

## 2.32 Doppelpasssprint

Die Spieler stehen sich gegenüber. Der weiße Spieler (1) beginnt die Übung und passt dem schwarzen gegenüberstehenden Spieler (6) den Ball zu und erhält diesen sofort wieder zurück. Der schwarze Spieler (6) fährt rückwärts aus der Formation und sprintet hinter allen anderen schwarzen Spielern vorbei, um sich am Ende wieder einzureihen (siehe Spieler grau 6). Der weiße Spieler (1) passt währenddessen den Ball zu dem gegenüberliegenden schwarzen Spieler (5) der ebenfalls einen Pass zu seinem Gegenüber weiß (2) spielt und einen Doppelpass zurück erhält usw. Der weiße Spieler (1) fährt währenddessen ebenfalls rückwärts aus der Formation, sprintet hinter allen weißen Spielern vorbei, um sich am Ende ebenfalls wieder einzureihen (siehe Spieler grau 1). usw.

Wiederholungen: 10 Durchgänge

Ziel: Verbesserung + der Bootswendigkeit

+ der Koordination (Werfen, Fangen, Paddeln)

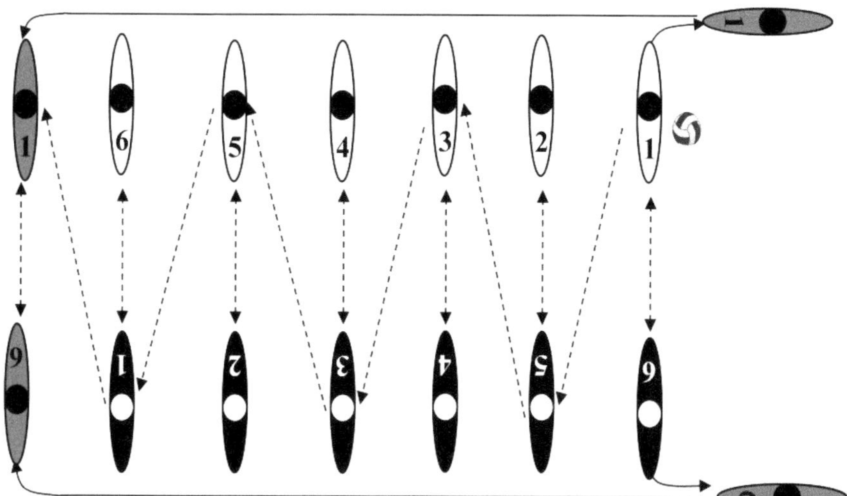

## 2.33 Treibball

Zwei Spieler stehen sich im Abstand von 4-6 Metern gegenüber und werfen sich den Ball abwechselnd zu. Der Ball soll immer in die Hände, auf Brusthöhe gepasst werden. Der Werfer versucht dem Partner möglichst harte Pässe zuzuspielen. Die Spieler sollen versuchen nur durch die Wurfkraft und den dadurch erzeugten Rückstoß durch die Ballannahme, den Partner zum Rückwärtstreiben zu bewegen. Während der gesamten Übung dürfen keinen Vorwärtsschläge gemacht werden. Der Spieler, der seinen Partner am weitesten von der Ausgangsposition getrieben hat, gewinnt dieses Spiel. Achtung! Auch beim Werfen kann es zu einem Rückstoß kommen, den der Werfer natürlich verhindern sollte.

Wiederholungen: 50 Würfe

Ziel: Verbesserung + der Wurfstärke und Genauigkeit

+ des Fangens & Passens

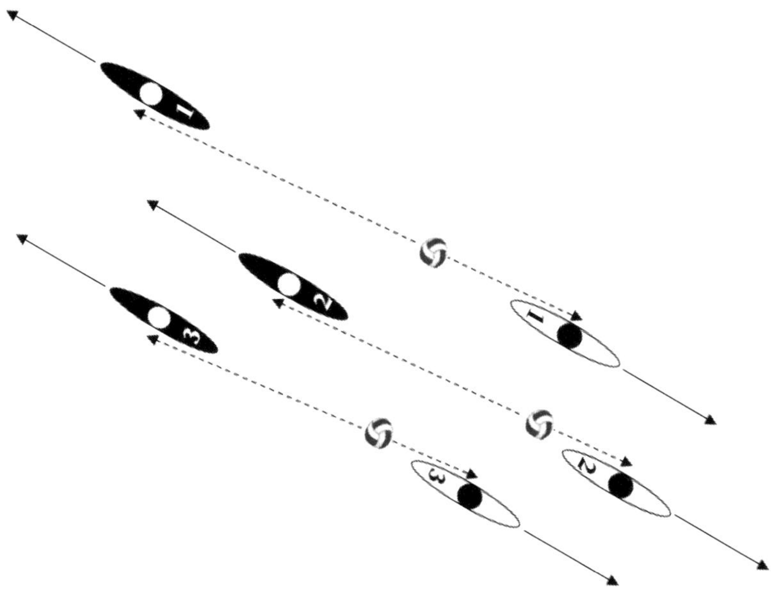

## 2.34 Four-Four

Vier Spieler stehen sich in einem Viereck gegenüber. Sie passen sich zunächst einen, dann zwei, dann drei und zum Schluss schließlich vier Bälle gegen den Uhrzeiger zu. Das Ziel ist, den Ball dem Nachbarn präzise zuzuspielen und letztendlich einen fehlerfreien und gemeinsamen Rhythmus zu finden.

Wiederholungen: 10 – 15 (danach Richtungswechsel)

Ziel: Verbesserung
+ der Abstimmung im Team
+ des Fangens & Passens
+ der Konzentrationsfähigkeit
+ der Reaktionsfähigkeit

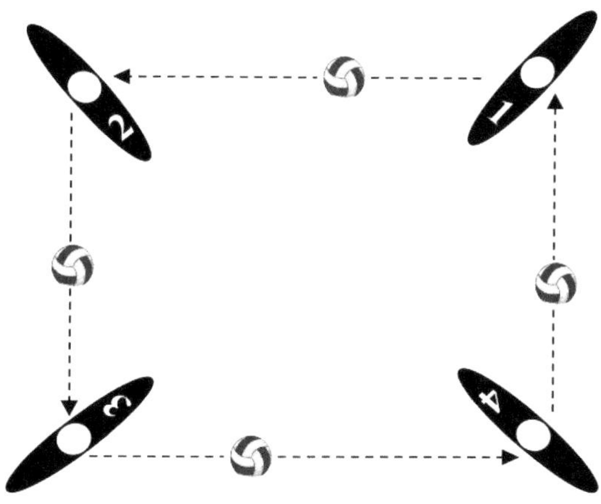

# 3. Paddel- und Sprinttraining

Die in diesem Kapitel aufgeführten Übungen des Paddel- und Sprinttrainings können je nach Ausgestaltung unterschiedliche Trainingsreize setzen und unterschiedliche Zielsetzungen erfüllen. Sie können der spezifischen Erwärmung vor einem Spiel, dem "Cool-down" nach einer anstrengenden Trainingseinheit, der Verbesserung der Ausdauerleistung, der Bootsbeherrschung, der Technikschulung oder auch der Schnelligkeitsentwicklung dienen. Je nach Zielsetzung ist es Aufgabe des Trainers die Intensität, Umfänge oder Dauer der Übungen zu bestimmen.

Neben den sehr technischen Übungen zur Verbesserung der Paddelführung, des Paddeleinsatzes und dem Zusammenspiel mit Körper und dem eigenen Boot, ist das Paddel- bzw. Sprinttraining zur Verbesserung der Grundlagenausdauer, der Schnelligkeitsausdauer, der Schnellkraft, der maximalen Schnelligkeit und der Beschleunigungsfähigkeit besonders wichtig. Grob unterschieden werden können hier zwei Methoden zur Entwicklung dieser unterschiedlichen Trainingsziele.

Bei der **Dauermethode** steht eine kontinuierliche Belastung mit geringer Intensität (GA1) bis mittlerer Intensität (GA2) und relativ langer Dauer zur Verbesserung der aeroben Ausdauerleistungsfähigkeit im Vordergrund. Sportler, die in diesem Bereich trainieren, gewinnen Energie aus dem Fettstoffwechsel (Fettumsatz) und weniger aus dem des Kohlenhydratstoffwechsels (vgl. Weineck, S. 261ff). Diese Trainingsmethode ist für lange und ultralange Wettkampfstrecken zwingend erforderlich. Im Kanupolo sind diese Langstrecken nicht gegeben, daher kann diese Methode im Training zum Aufbau einer spezifischen Grundlagenausdauer, zu deren Erhalt oder zur Regeneration gewählt werden. Der Fokus im Training sollte jedoch auf Methoden mit höheren Belastungsintensitäten und kürzerer Dauer gerichtet werden, da dies eher den Anforderungen eines 20minütigen Kanupolospiels entspricht. Eine möglichst vergleichbare Belastung sollte im Training und Trainingslager hergestellt werden, um den Sportler an diese Belastung zu gewöhnen. Über zwei bis drei Wettkampftage verteilt muss der Sportler 5-9 mal, über eine jeweils 20minütige Spielzeit, 100% Leistung abfordern können, die sich in vielen intervallähnlichen Belastungen wiederspiegelt. Zudem muss der Sportler darin geübt sein, sich innerhalb weniger Stunden zwischen den Spielen zu regenerieren, damit er erneut die volle Leistungsfähigkeit abrufen kann.

Im Vergleich zur Dauermethode werden bei der **Intervallmethode** unterschiedliche Geschwindigkeiten, in unterschiedlicher Intensität und Belastungsdauer gepaddelt. Es wird grundsätzlich in extensive und intensive Intervallmethoden mit einer unterschiedlichen Belastungsdauer unterschieden: Kurzzeit- (KZI), Mittelzeit- (MZI) und Langzeitintervallmethode (LZI), (vgl. Weineck, S. 270ff).

Bei der **extensiven Intervallmethode** ist die Belastungsintensität eher gering, mit 60-70% der maximalen Herzfrequenz (GA1/GA2), kurzen Pausen zwischen den Belastungsumfängen und einer hohen Wiederholungszahl.

Bei der **intensiven Intervallmethode** ist die Belastungsintensität hoch, mit bis zu 90% der maximalen Herzfrequenz (GA2/WA), längeren Pausen zwischen den Belastungsumfängen und einer geringeren Wiederholungszahl.

**WEINECK** fässt zusammen, dass durch die Intervallmethode ausgeprägte Trainingsreize im Hinblick auf die Herzvergrößerung sowie die Verbesserung des Kohlenhydratstoffwechsels bzw. der anaeroben und aeroben Kapazität gesetzt werden können (vgl. Weineck, S. 275f), was zu einer höheren Ausbelastung des Sportlers auch im Kanupolowettkampf führen kann.

## 3.1 Zick-Zack-Intervall

Alle Spieler sammeln sich an einer Spielfeldecke. Von dort fahren sie im GA2-Tempo nacheinander zunächst die Torlinie entlang (schwarze Linie). An der zweiten Eckboje wird das Boot gedreht und diagonal zur Mitte der Seitenauslinie im WA-Tempo gesprintet (rote Linie). Von dem einen Mittelpunkt der Seitenauslinie wird nun erneut im GA2-Tempo auf die gegenüberliegende Seite gepaddelt usw.

Hinweis: Die Torlinie und Mittellinie werden immer im GA2-Tempo gepaddelt. Alle Diagonalen werden im Sprint im WA-Tempo gesprintet. Wenn die Spieler 4x eine gerade und 4x eine Diagonale gefahren sind, befinden sie sich wieder an der Ausgangsposition und der erste Durchgang ist geschafft.

Wiederholung: 3- 4 Durchgänge

Ziel: Allgemeine Erwärmung

Verbesserung + der Bootswendigkeit

+ der Schnelligkeit

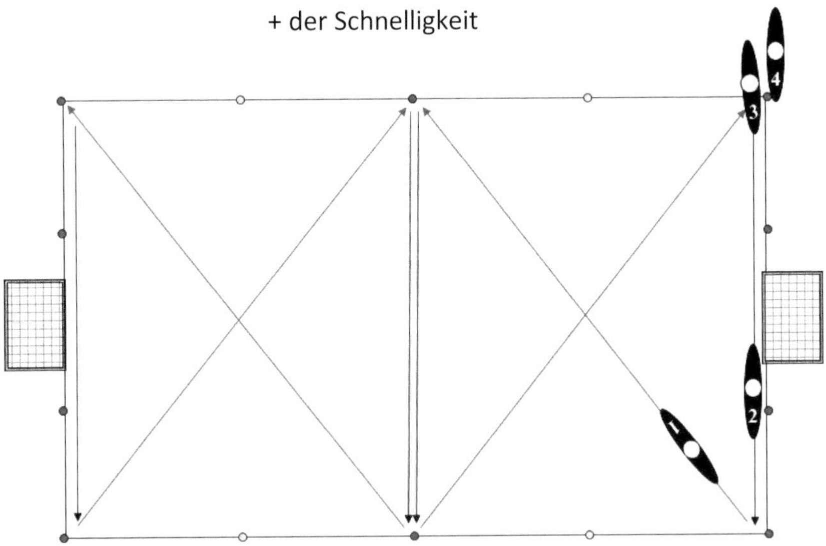

## 3.2 Ziehschlag-Spurt

Alle Spieler fahren hintereinander von einer Spielfeldecke an der Seitenauslinie entlang zur gegenüberliegenden Spielfeldecke. Die erste Spielfeldlänge paddeln die Spieler vorwärts, entlang der ersten Torauslinie, mit einem seitlichen Ziehschlag links. Die zweite Seitenauslinie fahren die Spieler rückwärts und die zweite Torauslinie seitlich mit einem Ziehschlag rechts. Während der gesamten Übung bleibt die Blickrichtung der Spieler unverändert.

Wiederholungen: 6 Durchgänge

Ziel: Allgemeine Erwärmung

Verbesserung + der Paddeltechnik

(seitlicher Ziehschlag)

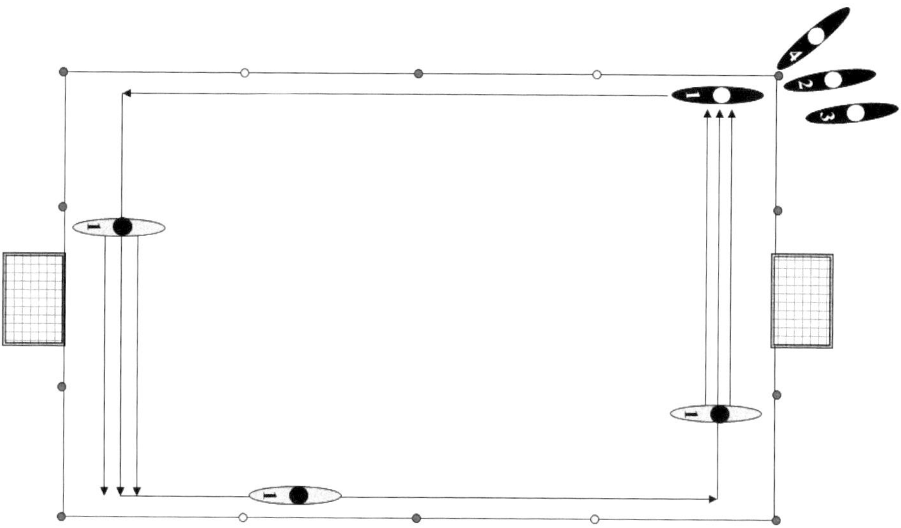

## 3.3 Dirigentenübung

Alle Sportler paddeln nebeneinander auf einer Höhe. Auf Anweisung des Trainers wird die Richtung geändert, z.B.

- vorwärts
- 90° rechts
- 180° links
- 90° rechts
- usw.

Während der gesamten Übung gibt es keine Pause. Gibt der Trainer keine Anweisungen wird vorwärts bzw. rückwärts weiter gepaddelt bis die nächste Anweisung erfolgt.

Wiederholungen: 10 Durchgänge

Ziel: Verbesserung + der Grundlagenausdauer
+ der Reaktionsfähigkeit
+ der Bootswendigkeit

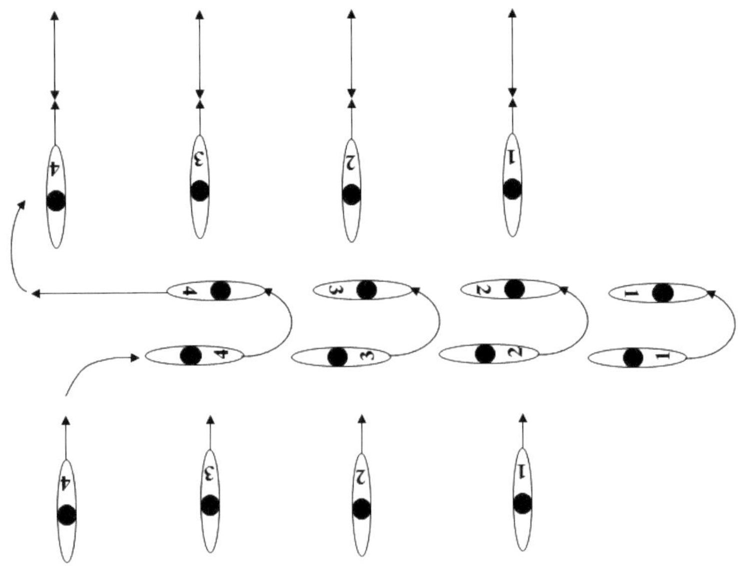

## 3.4 Vier-Richtungssprint

Die Spieler paddeln auf gleicher Höhe im GA2-Tempo nebeneinander. Der Trainer dirigiert die Spieler durch Pfiffe. Folgende Kommandos sind möglich:

1 Pfiff : 4-5 Doppelschläge vorwärts

2 Pfiffe: 90° Drehung rechts, 4-5 Doppelschläge, 90° links

3 Pfiffe: 180° Drehung, 4-5 Doppelschläge, 180° Drehung

4 Pfiffe: 90° Drehung links, 4-5 Doppelschläge, 90° Drehung rechts

Der Trainer kann die Pfiffe beliebig variieren.

Ziel: Verbesserung + der Schnelligkeit

+ der Grundlagenausdauer

+ der Bootswendigkeit

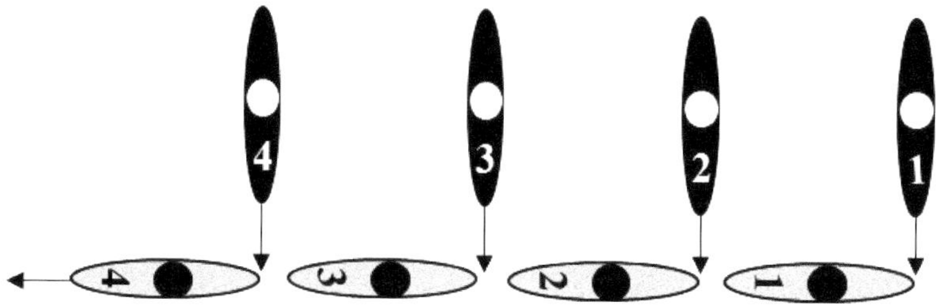

## 3.5 Diagonalsprint I

Die Spieler paddeln im GA2-Tempo nebeneinander auf einer Höhe. Der links außen fahrende Spieler (1) sprintet einige Meter vorweg und dann rechts vor den Trainingspartnern diagonal hinweg. Auf der rechten Seite reiht sich der Spieler (1) wieder ein. Spieler (2) startet seinen Diagonalsprint. Die nicht sprintenden Spieler müssen während der Fahrt zur linken Seite aufrücken, um die Fahrspur (z.B. Kanalbreite) einzuhalten.

Wiederholungen: 10 Durchgänge

Ziel: Verbesserung + der Bootsbeherrschung

+ der Schnelligkeit

+ der Grundlagenausdauer

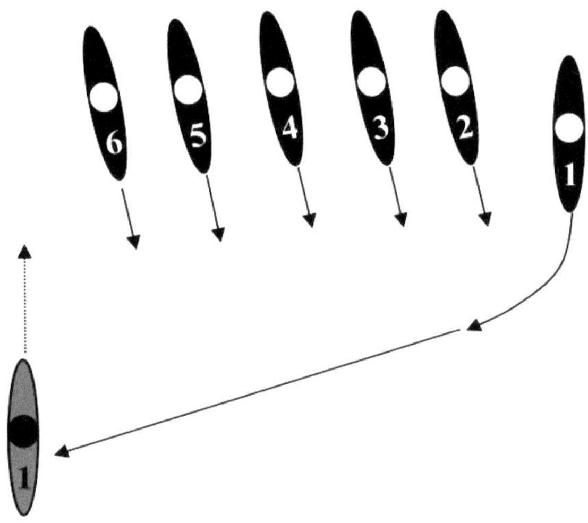

## 3.6 Diagonalsprint II

Die Spieler paddeln im GA2-Tempo nebeneinander auf einer Höhe. Die jeweils äußersten Spieler sprinten zunächst zwei Bootslängen vorwärts und dann diagonal vor den Trainingspartnern entlang in Richtung Mitte und fügen sich dort wieder in die Gruppe. Die anderen Spieler rücken nach rechts/links entsprechend auf. Die nächsten Mitspieler beginnen die Sprints.

Wiederholungen: 10 Durchgänge

Ziel: Verbesserung + der Bootsbeherrschung

+ der Schnelligkeit

+ der Grundlagenausdauer

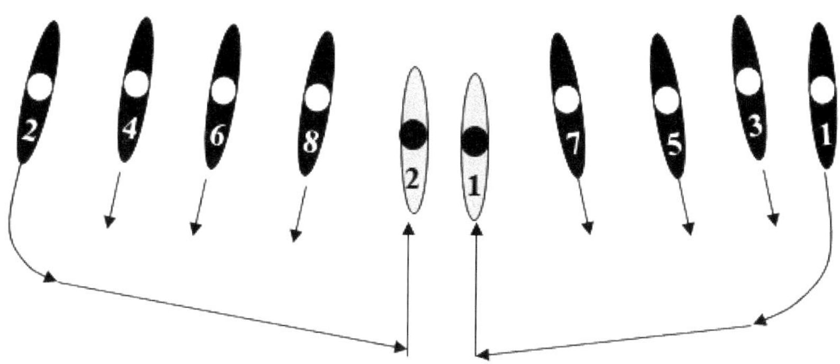

## 3.7 Diagonalsprint rückwärts

Die Spieler paddeln im GA2-Tempo nebeneinander auf einer Höhe. Der Spieler links außen bremst ab, macht eine 180°-Drehung und sprintet hinter den Mitspielern, über die Heckwellen hinweg auf die rechte Seite und reiht sich wieder ein. Die anderen Spieler rücken entsprechend auf. Der nächste Spieler beginnt den Sprint.

Wiederholungen: 5 - 7 Durchgänge

Ziel: Verbesserung + der Bootsbeherrschung

+ der Bootswendigkeit

+ der Schnelligkeit

+ der Grundlagenausdauer

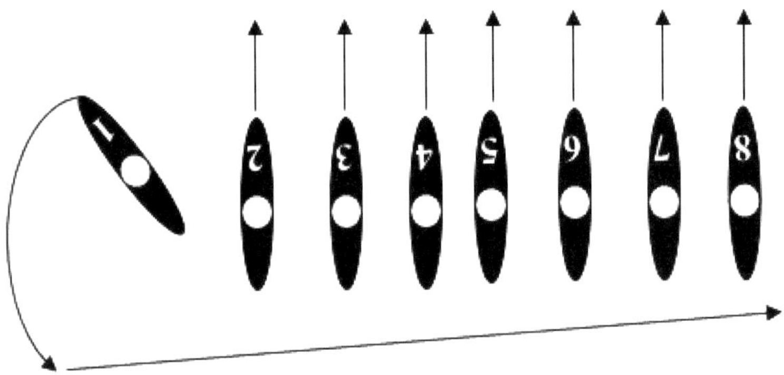

## 3.8 Diagonalsprint mit Pass

Die Spieler paddeln im GA2-Tempo nebeneinander auf einer Höhe. Der Spieler rechts außen sprintet vor den anderen Spielern Richtung linke Seite, erhält auf der Hälfte einen Pass von Spieler (4), passt diesen zurück zu Spieler (5) und sprintet weiter bis zum Ende, wo er sich wieder einreiht. Die anderen Spieler rücken während der Fahrt nach rechts auf. Der Ball verbleibt immer beim mittleren Mitspieler. Der nächste Spieler beginnt den Sprint usw.

Wiederholungen: 5 - 7 Durchgänge

Ziel: Verbesserung
+ der Bootsbeherrschung
+ der Schnelligkeit
+ der Grundlagenausdauer
+ der Koordination (Werfen, Fangen, Paddeln)

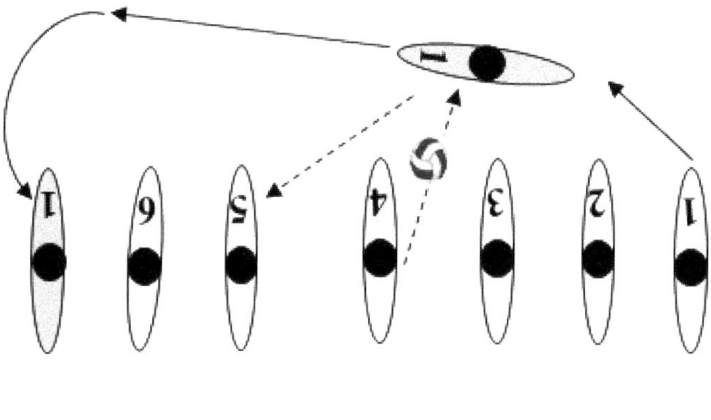

## 3.9 Diagonalsprint Duo

Zwei Spieler paddeln im GA2-Tempo nebeneinander. Spieler (1) sprintet rechts eine Bootslänge vor und dann diagonal vor seinem Partner (2) entlang nach links und lässt sich wieder auf die Höhe des Spielers (2) fallen. Nun startet Spieler (2) den Diagonalsprint, sprintet ebenfalls eine Bootslänge vor, zieht diagonal nach links an seinem Partner vorbei und reiht sich links neben ihm wieder ein. Je nach Intensität können kurze Sprintpausen von jeweils 30 Sekunden vor dem nächsten Sprint eingelegt werden. Diese werden jedoch im GA2-Tempo weitergepaddelt.

Wiederholungen: 5-10 Durchgänge

Ziel: Verbesserung + der Schnelligkeit

+ der Grundlagenausdauer

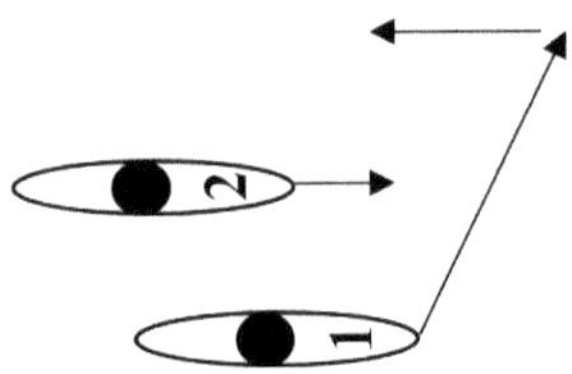

## 3.10 Powerstairs

Die Spieler starten an der linken Torlinie, sprinten zur linken 6-Meterlinie, bremsen ab, paddeln rückwärts zurück zur linken Torlinie, bremsen ab, sprinten vorwärts zur Mittellinie, bremsen ab, paddeln rückwärts zur linken 6-Meterlinie, bremsen ab, sprinten vorwärts zur rechten 6-Meterlinie, bremsen ab, paddeln rückwärts zur Mittellinie, bremsen ab, sprinten vorwärts zur rechten Torlinie, bremsen ab, paddeln rückwärts zur rechten 6-Meterlinie, bremsen ab und sprinten vorwärts zur rechten Torlinie.

Wiederholungen: 4 Durchgänge

Ziel: Verbesserung
+ der Grundlagenausdauer
+ der Bootsbeherrschung
+ der Schnelligkeit

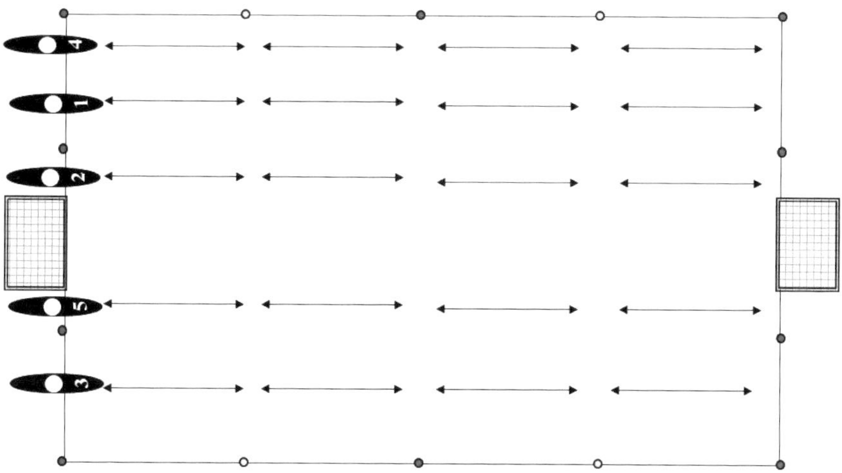

**Variante:** Auf jeder Linie wird eine 360°- Drehung gemacht und nicht rückwärts gepaddelt, sondern immer vorwärts.

## 3.11 Radfahrerübung

Alle Spieler fahren im GA1-Tempo in einer Kette hintereinander. Der hinterste Spieler (5) schert aus der Formation aus, sprintet im WA-Tempo an allen Mitspielern vorbei, schert an der Spitze wieder in die Reihe ein und reduziert seine Geschwindigkeit auf das GA1-Gruppentempo usw.

Wiederholungen: 6-10 Durchgänge je Spieler

Ziel: Verbesserung
+ der Schnelligkeit
+ der Grundlagenausdauer
+ des Fahrens über die Heckwelle

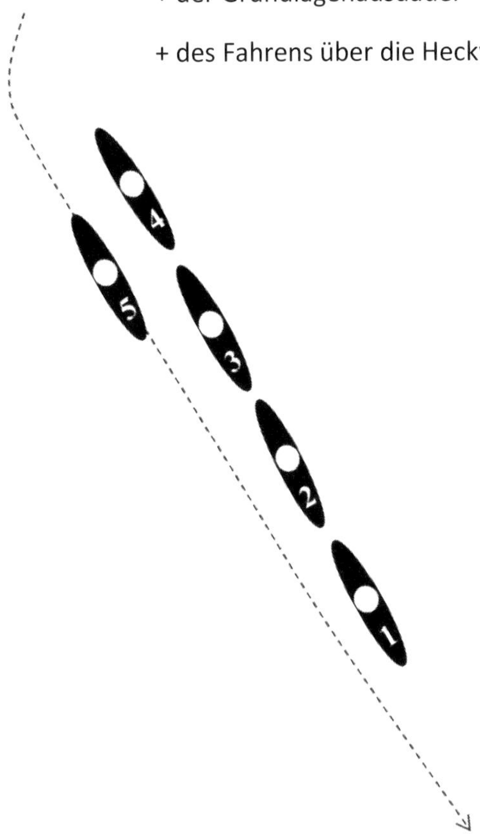

## 3.12 Windschatten fahren

Alle Spieler fahren im zügigen GA2-Tempo in einer Kette hintereinander. Der Vordermann (1) gibt das Tempo vor und versucht möglichst lange im zügigen GA2-Tempo zu paddeln. Alle anderen Spieler versuchen in der Heckwelle ihrer Vordermänner zu bleiben und sich von dieser mittragen zu lassen. Lassen die Kräfte des Vordermanns (1) nach, schert er zur Seite, lässt sich nach hinten fallen und reiht sich am Ende der Kette wieder ein. Währenddessen nimmt Spieler (2) die Geschwindigkeit auf und versucht solange wie möglich das vorgegebene Tempo zu halten usw. Tipp: Jeder Spieler muss versuchen in der Heckwelle des Vordermanns zu „surfen". Diese fördert den eigenen Antrieb und befindet sich ca. 50-100cm hinter dem Heck des Vordermanns.

Wiederholungen: 3-5 Durchgänge

Ziel: Verbesserung + der Schnelligkeit

+ der Grundlagenausdauer

+ des Fahrens in der Heckwelle

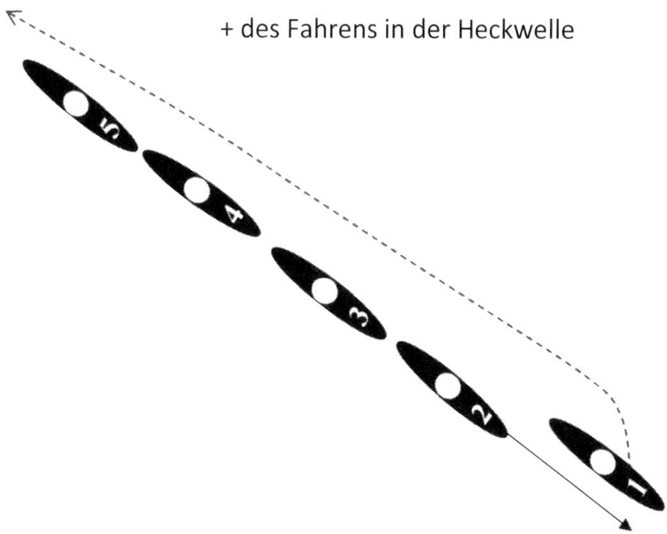

## 3.13 Berliner Bock

3-5 Spieler fahren im GA1int-Tempo hintereinander. Der letzte Spieler (1) in der Reihe schert aus, sprintet an allen Mitspielern vorbei und ehe er sich an der Spitze wieder einreiht, macht er eine 360°-Drehung. Nun gibt er das weitere Tempo vor und Spieler (2) setzt zum Überholen an.

Wiederholungen: 5-8 Durchgänge

Ziel: Verbesserung + der Schnelligkeit

+ der Grundlagenausdauer

+ der Bootswendigkeit

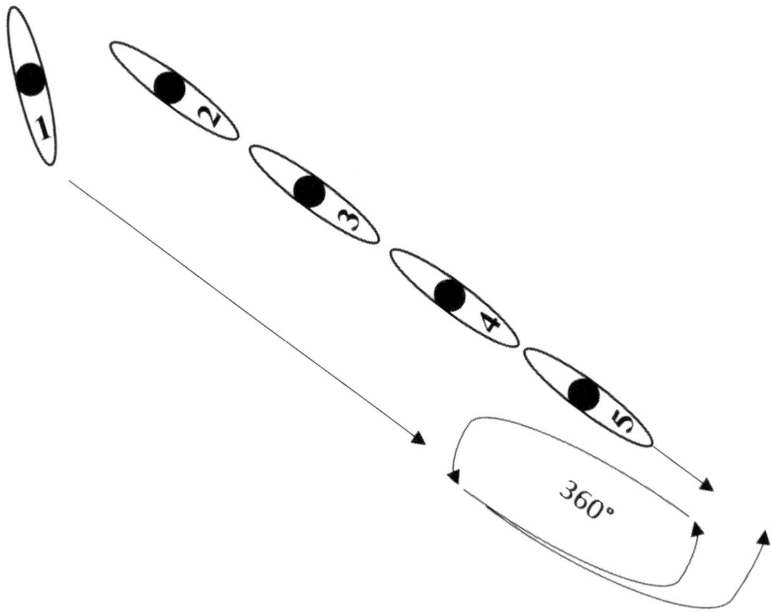


**Variante:** Zwei Drehungen auf einem Weg.

## 3.14 Around the clock I

Es werden 3er oder 4er Gruppen gebildet. Die Spieler stellen sich mit einem Abstand von jeweils 2-3 Metern nebeneinander. Spieler (1) fährt nun 1 ½ mal um die anderen Spieler (2)+(3) herum und reiht sich an der neuen Position in die Reihe wieder ein. Nun startet Spieler (2) mit der Umrundung. Die anderen Spieler (1)+(3) bleiben ohne Bewegung auf ihren Positionen und erholen sich.

Wiederholungen: 3-6 Durchgänge

Ziel: Verbesserung + der Schnelligkeit

+ der Grundlagenausdauer

+ der Bootswendigkeit

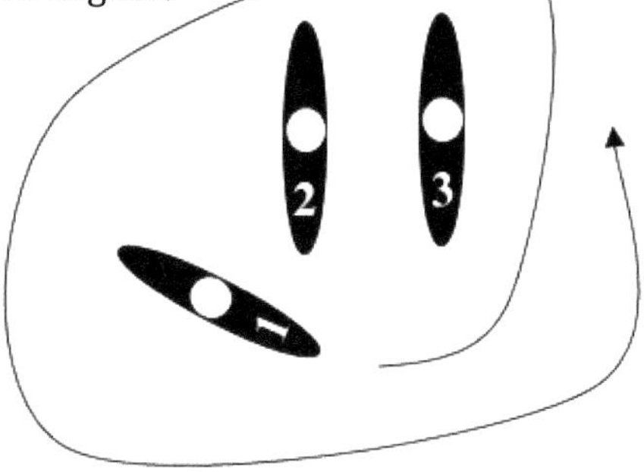


**Variante I:** Während Spieler (1) seine Mitspieler umrundet, passen sich diese währenddessen eine Ball hin und her und Paddeln dabei vorwärts.

**Variante II:** Alle Spieler paddeln hintereinander im GA1int-Tempo. Nun muss der sprintende Spieler (1) die gesamte Gruppe während der Fahrt 1 ½ mal umrunden.

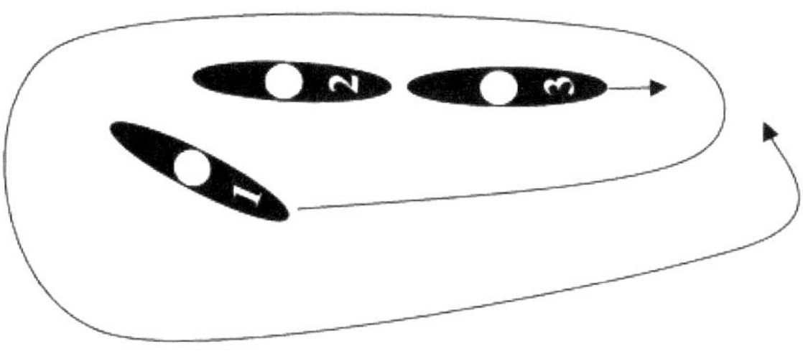

## 3.15 Drei-Minuten-Spurt

Alle Spieler stellen sich an einer Seitenlinie nebeneinander auf. Auf Kommando sprinten alle Spieler gleichzeitig zur anderen Seitenlinie, berühren diese und fahren rückwärts zurück zur Ausgangsposition. Von hieraus fahren sie gleich wieder auf die andere Seite und wieder rückwärts zurück usw. Nach drei Minuten ist die Übung beendet.

Ziel: Verbesserung + der Grundlagenausdauer

+ der Bootsbeherrschung

+ der Schnelligkeit

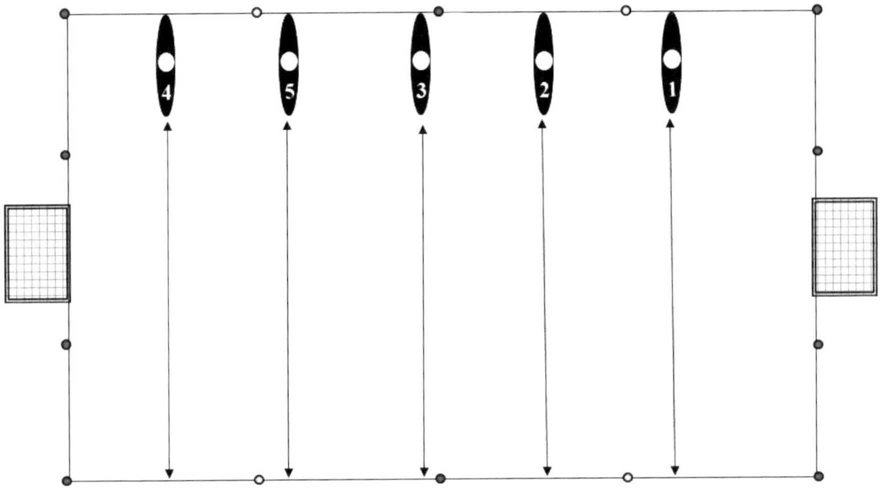


**Variante I:** Auf der Mitte des Spielfeldes wird immer eine 360°-Drehung gemacht.

**Variante II:** Nach jeder Bahn wird eine Pause eingelegt. Der Spieler der als letzter Rückwärts in die Ausgangsposition paddelt, scheidet aus. Der Trainer gibt entsprechend das Kommando zum erneuten Start und entscheidet über das Ausscheiden des langsamsten Spielers.

## 3.16 T-Spurt

Vier Bojen werden zu einem "T" positioniert. Der Abstand der Bojen zueinander beträgt jeweils 5-6 Meter. Die Spieler starten an der Boje eins (1), fahren vorwärts zu Boje zwei (2) und rückwärts zu Boje eins (1) zurück. Hier wird das Boot um 90° nach rechts gedreht und vorwärts zu Boje drei (3) gefahren. Boje drei (3) wird umfahren und vorwärts zu Boje vier (4) gesprintet. Boje vier (4) wird ebenfalls umfahren und im Sprint zur letzten Boje eins (1) gefahren. Diese Strecke soll bei maximaler Geschwindigkeit gepaddelt werden. Außerdem ist immer nur ein Spieler auf der Strecke.

Wiederholungen: 4-6 Durchgänge

Ziel: Verbesserung + der Grundlagenausdauer

\+ der Bootswendigkeit

\+ der Schnelligkeit

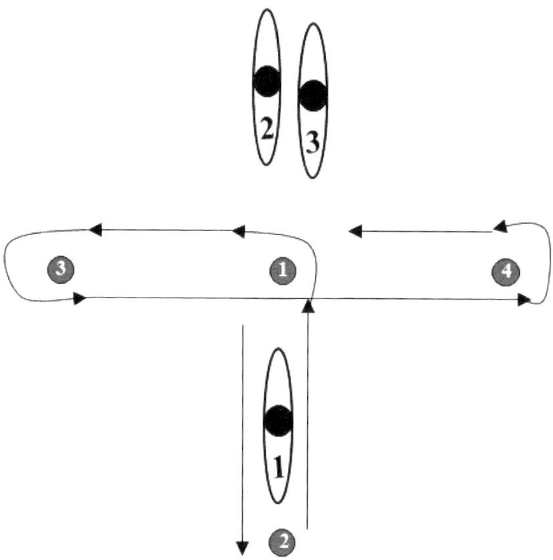

## 3.17 Intervall Sprint

Die Spieler paddeln auf gleicher Höhe nebeneinander im GA1int-Tempo. Auf ein Kommando wird eine zuvor bestimmte Strecke im WA-Tempo gepaddelt. Auf dem Kanal können z.B. bestimmte Markierungen am Ufer oder auf der Regattastrecke die Bojen genutzt werden, um immer die gleiche Distanz zu fahren. Sind keine Markierungen vorhanden, kann eine Minutenanzahl oder die Anzahl der Paddelschläge vorgegeben werden. z.B. 20 Doppelschläge im GA1int-Tempo und im direkten Anschluss 10 Doppelschläge im WA-Tempo usw. Diese Reihenfolge wird mehrfach wiederholt.

Wiederholungen: 10 Durchgänge

Ziel: Verbesserung + der Schnelligkeit

+ der Grundlagenausdauer

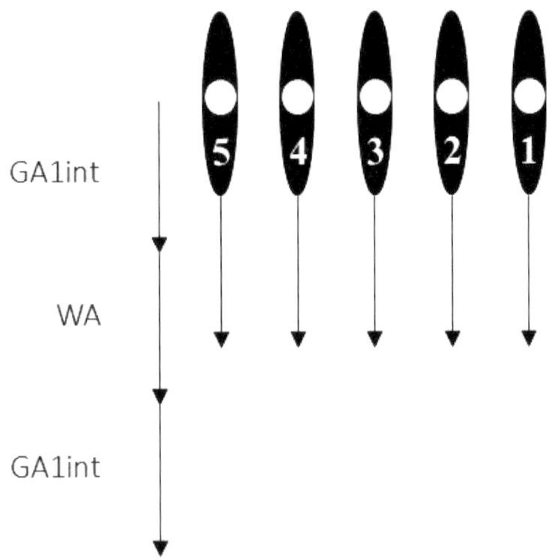

## 3.18 Start-Stopp-Sprint

Die Spieler stehen auf gleicher Höhe nebeneinander. Auf den ersten Pfiff gehen die Spieler in die Startposition zum Sprint (simulierter Anstoß). Beim zweiten Pfiff sprinten alle Spieler 5-10 Doppelschläge im WA-Tempo. Danach werden 20 Doppelschläge im GA1-Tempo gepaddelt und abschließend das Boot wieder gestoppt usw.

Wiederholungen: 10-12 Durchgänge

Ziel: Verbesserung + der Schnelligkeit

+ der Reaktionsfähigkeit

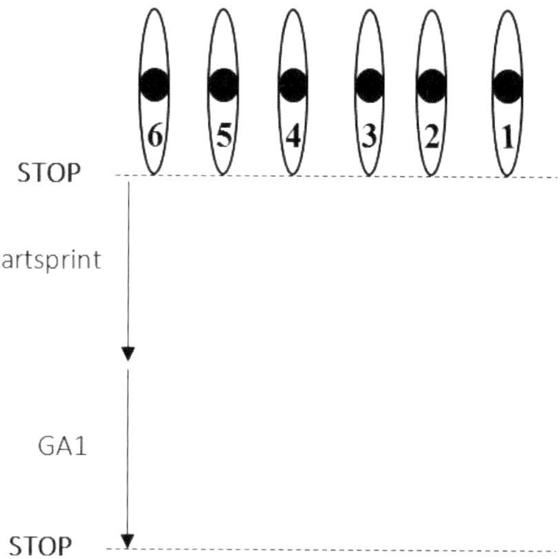

## 3.19 Pyramiden-Sprint

Die Spieler paddeln auf gleicher Höhe nebeneinander. Auf jeden Pfiff des Trainers wird die entsprechende Anzahl an Doppelschlägen (DS) in WA-Tempo gepaddelt. Die Pyramide wird wie folgt gestaffelt, ein Doppelschlag bis 15 Doppelschläge und dann wieder abwärts bis zu einem Doppelschlag. Zwischen den Pfiffen liegen ca. 10-30 Doppelschläge im GA1-Tempo zur Regeneration. Die Pausenlängen variieren je nach DS-Anzahl. Hohe Schlagzahl = lange Regenerationspause. Je nach Saisonzeitpunkt und Trainingsschwerpunkt sollte die Anzahl der Sprints und die Länge der Pausen entsprechend angepasst werden.

Ziel: Verbesserung + der Schnelligkeit
+ der Grundlagenausdauer

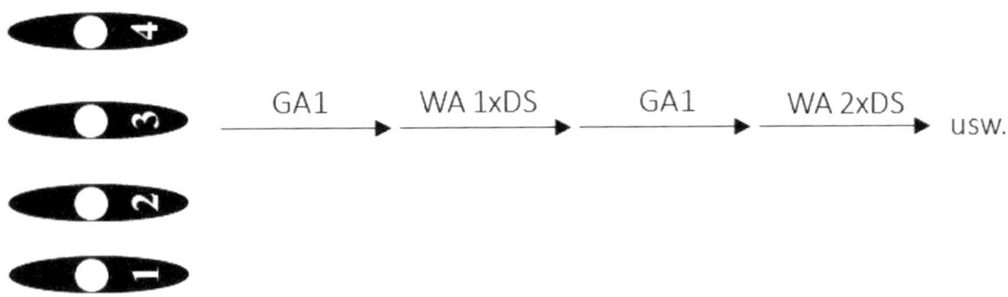

## 3.20 Steigerungssprint

Die Spieler paddeln auf gleicher Höhe 20 Doppelschläge im GA1ext-Tempo nebeneinander. Auf Pfiff werden 15 Doppelschläge Sprint gepaddelt. Die ersten fünf Schläge im GA1int-Tempo, die nächsten fünf im GA2-Tempo und die letzten fünf Doppelschläge im WA-Tempo. Danach folgt eine Regenerationsphase mit 20 Doppelschläge im GA1ext-Tempo usw.

Wiederholungen: 10-12 Durchgänge

Ziel: Verbesserung + der Grundlagenausdauer

+ der Schnelligkeit

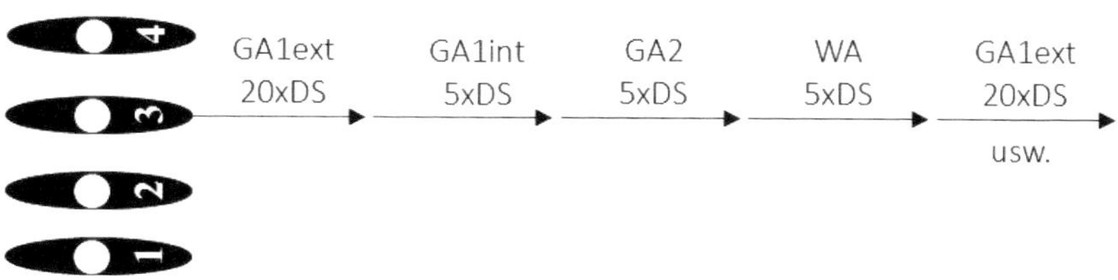

## 3.21 Autobahn

In der Spur 1 paddeln die Spieler im GA1ext-Tempo hintereinander. Jeder Spieler, der schneller paddeln möchte darf auf die mittlere Spur 2 GA2 oder die linke Überholspur WA, wie auf einer mehrspurigen Autobahn ausweichen, überholen und an geeigneter Stelle in die Kolonne einscheren. Alle Spieler sollten das Ziel verfolgen nicht letzter auf der Autobahn zu sein, sondern zügig vorweg zu fahren.

Wiederholungen: 10-15 Minuten

Ziel: Verbesserung + der Grundlagenausdauer
+ der Schnelligkeit

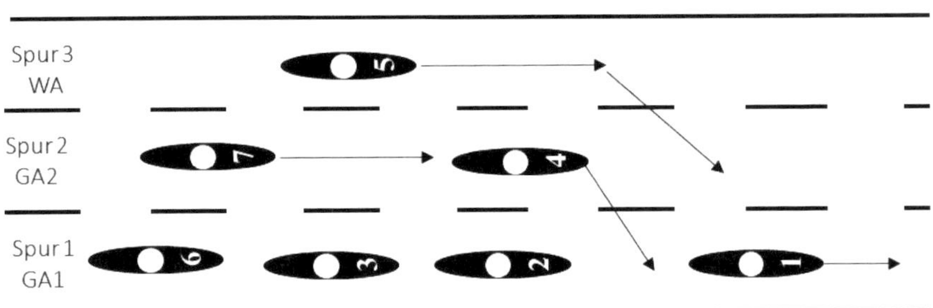

## 3.22 Diagonalsprint Kreuz I

Es werden gleich große Teams gebildet die in zwei Kolonnen hintereinander, mit einem Seitenabstand von ca. 8 Metern nebeneinander her fahren. Die Spieler paddeln zunächst im GA1ext-Tempo. Die vordersten Spieler (1) + (2) paddeln über 12 Sekunden vorwärts, diagonal vor den jeweils anderen Gruppenpartner im WA-Tempo und lassen sich dann zurückfallen. Sofort nach Ablauf der 12 Sekunden starten die Spieler (3) + (4) ihren Kreuzsprint usw.

Wiederholungen: 8-10 Durchgänge

Ziel: Verbesserung + der Grundlagenausdauer

+ der Schnelligkeit

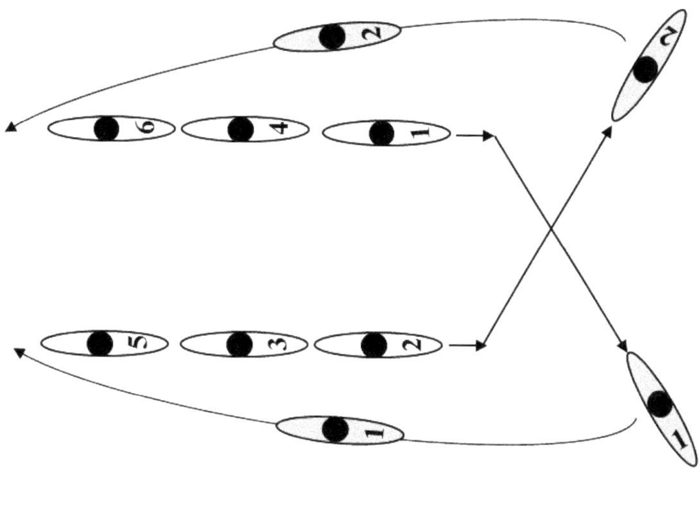

## 3.23 Diagonalsprint Kreuz II

Es werden zwei Dreierteams gebildet, die in zwei Kolonnen hintereinander mit einem Seitenabstand von ca. 8 Metern nebeneinander im GA1ext-Tempo paddeln. Der hinterste Spieler (1) schert aus der Formation aus und paddelt in der Gasse zwischen den beiden Gruppen im WA-Tempo diagonal vor den Spieler (6) und nimmt dort das im GA1ext-Tempo wieder auf. Danach paddelt Spieler (2) diagonal vor den Spieler (5) usw.

Wiederholungen: 10-12 Durchgänge

Ziel: Verbesserung + der Grundlagenausdauer

+ der Schnelligkeit

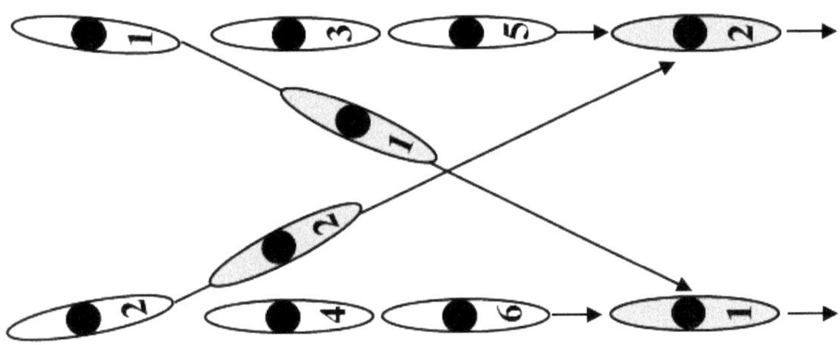

## 3.24 Leitersprossen-Sprint I

Alle Spieler fahren nebeneinander auf einer Höhe im GA2-Tempo. Ein Spieler (2) sprintet im WA-Tempo an und erhält nach 4-6 Doppelschlägen den Ball. Der nächste Spieler (3) sprintet los und erhält auf Höhe des Ballführenden den Ball usw. So rückt nach und nach jeder Spieler eine Leitersprosse höher.

Wiederholungen: 10-12 Durchgänge

Ziel: Verbesserung + der Grundlagenausdauer

+ der Schnelligkeit

+ der Koordination (Werfen, Fangen, Paddeln)

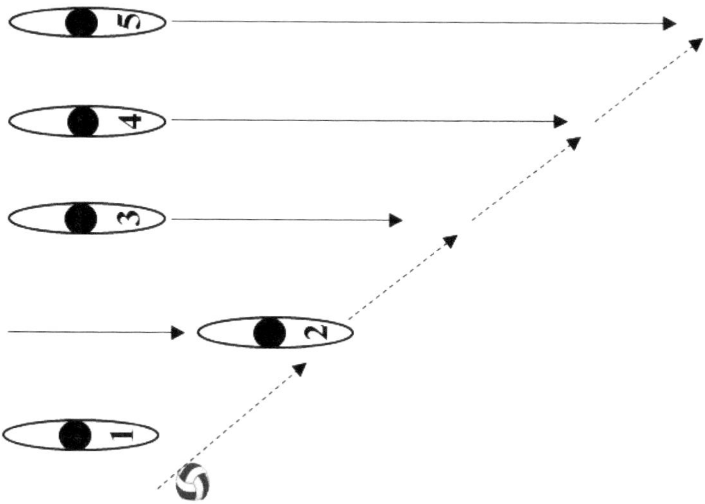

## 3.25 Leitersprossen-Sprint II

Alle Spieler fahren nebeneinander auf einer Höhe im GA2-Bereich. Der ballführende Spieler (1) spielt seinem Nachbarn (2) den Ball ca. 2-3 Bootslängen in den Fahrweg. Dieser Spieler (2) sprintet im WA-Tempo bis zum Ball, nimmt ihn auf und legt ihn erneut seinem nächsten Nachbar (3) vor usw.

Wiederholungen: 10-12 Durchgänge

Ziel: Verbesserung + der Grundlagenausdauer

+ der Schnelligkeit

+ der Koordination (Werfen, Fangen, Paddeln)

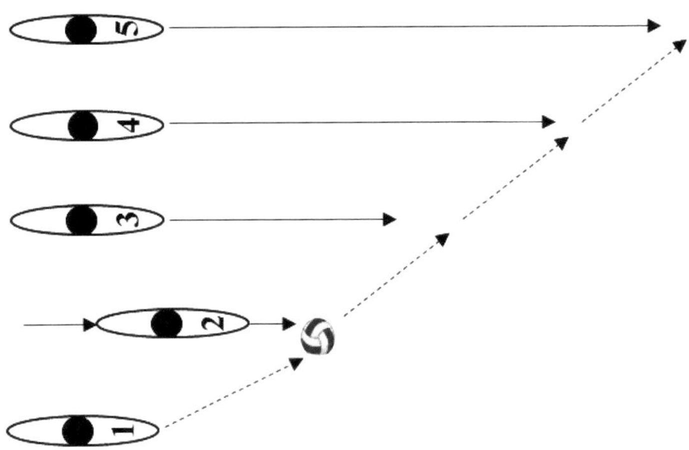

## 3.26 Frontsprint

Die Spieler paddeln im GA1ext-Tempo auf einer Höhe. Die Spieler (2)+(4) sprinten im WA-Tempo exakt 12 Sekunden vorwärts. Sind die 12 Sekunden erreicht wird die Geschwindigkeit auf das GA1ext-Tempo reduziert und die Spieler (1)+(3)+(5) starten ihre 12 Sekunden im WA-Tempo usw.

Wiederholungen: 10 bzw. je nach HIIT-Vorgabe

Ziel: Verbesserung + der Schnelligkeit

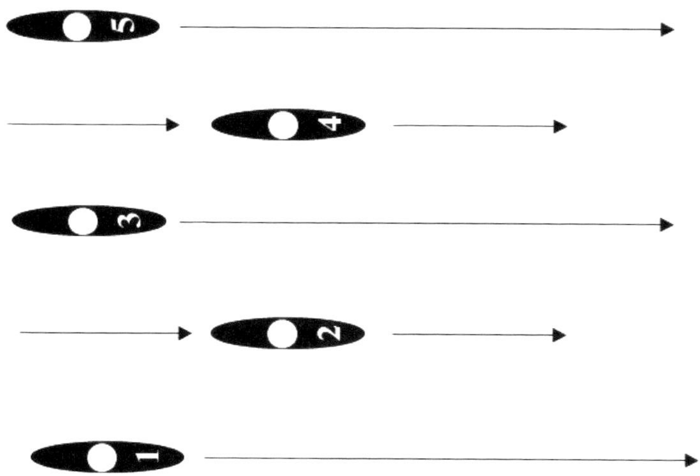

## 3.27 Hepp-Hopp-Blubb

Alle Spieler paddeln auf einem zuvor bestimmten Spielfeld umher, berühren sich gegenseitig nicht und passen sich beliebig den Ball zu. Der Trainer gibt in einer beliebigen Reihenfolge die Kommandos:

**Hepp:** Alle Spieler machen vorwärts 4 DS im Sprint.

**Hopp:** Alle Spieler machen rückwärts 4 DS im Sprint.

**Blubb:** Alle Spieler machen eine Eskimorolle.

Nach jedem Kommando wird der Ball wieder aufgenommen. Solange wie kein Kommando zu hören ist, werden weiter Pässe gespielt. Eine Steigerung ist mit mehreren Bällen möglich.

Wiederholungen: 10-15 Durchgänge

Ziel: Verbesserung
+ der Bootsbeherrschung
+ der Wurfgenauigkeit
+ der Reaktionsschnelligkeit

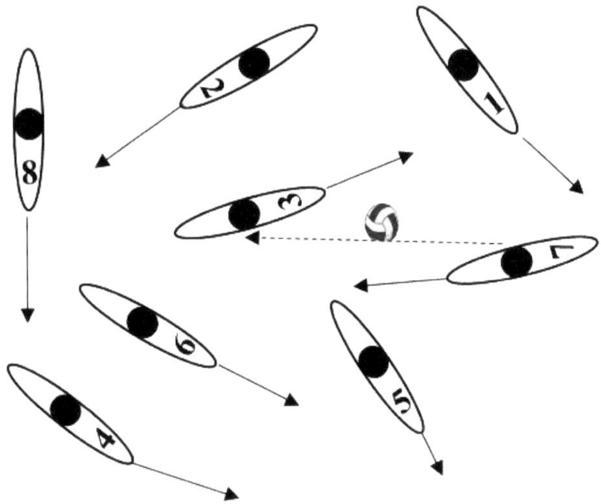

## 3.28 Balljagd

Es wird eine bestimmte Streckenlänge von ca. 500 – 1000 Metern festgelegt. Die gesamte Gruppe startet auf einer Höhe nebeneinander. Ein Spieler treibt den Ball und versucht möglichst vor allen Anderen die Ziellinie mit dem Ball zu erreichen. Ist ein anderer Spieler schneller als der Balltreibende (2), so wechselt der Ballbesitz und der schnellere Spieler wird zum Balltreibenden. Alle anderen Spieler versuchen weiterhin zum Führenden zu werden und den Ball als Erste über die Ziellinie zu werfen.

Ziel: Verbesserung + der Schnelligkeit

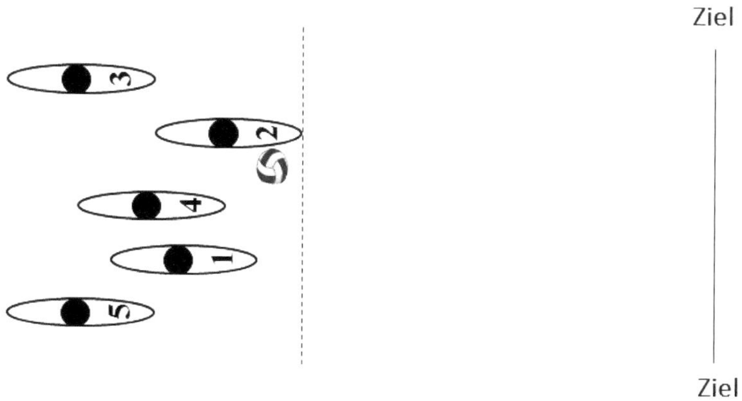

## 3.29 Hetzjagd

Es werden möglichst gleichstarke Zweierteams gebildet. Alle Teams starten nebeneinander auf einer Höhe. Sie sollen nun im Team eine zuvor definierte Distanz (1km) zurücklegen und sich dabei den Ball zupassen. Der Ball darf nur in die Hand oder auf das Paddel gepasst und nicht vorgelegt werden. Welches Team überquert als Erstes die Ziellinie?

Wiederholungen: 1000 Meter

Ziel: Verbesserung + der Schnelligkeit
+ des Ballführung
+ des Zusammenspiels
+ der Koordination (Werfen, Fangen, Paddeln)

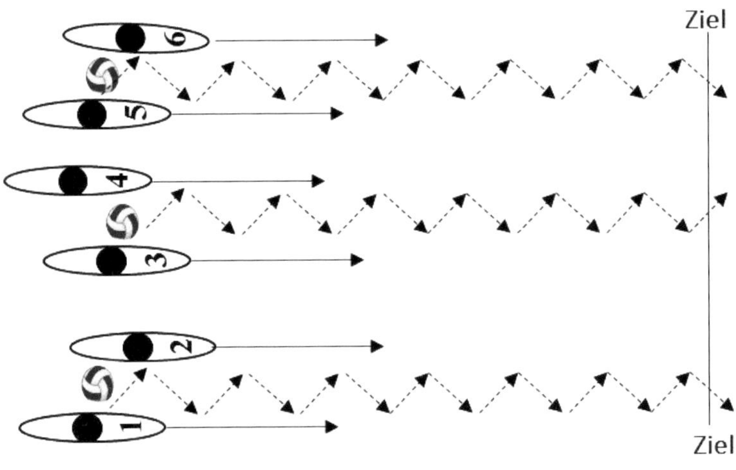


**Variante:** Bei jedem Fehlpass müssen beide Spieler eine 360°-Drehung machen, eh sie fortfahren dürfen.

## 3.30 Kurzer Sprint

Die Spieler stehen in einem Abstand von 1-2 Bootslängen nebeneinander. Spieler (1) paddelt im GA2-Tempo mit dem Ball vor den anderen Spielern entlang, spielt jedem Mitspieler einmal den Ball zu, erhält immer wieder einen Doppelpass zurück und reiht sich am Ende wieder in die Reihe ein. Der letzte Spieler (5) der Reihe passt den Ball in einem hohen Bogen zum nächst fahrenden Spieler (2), der sich bereits in der Startposition befindet.

Wiederholungen: 8-10 Durchgänge je Spieler

Ziel: Verbesserung
+ der Bootsbeherrschung
+ der Schnelligkeit
+ der Koordination (Werfen, Fangen, Paddeln)

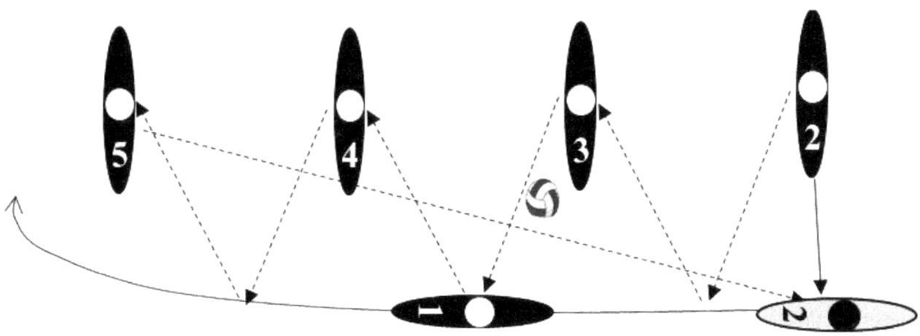

## 4. Kombinierte Übungen

Die "kombinierten Übungen" umfassen Übungen, in denen keine bestimmte Fertigkeit isoliert trainiert wird, sondern immer mindestens zwei verschiedene Komponenten geschult werden. Charakteristisch für diese Übungen ist die Fusion diverser technischer Anforderungen des Kanupolosports. Bei der Ausübung sollen sie in Einklang gebracht werden, wie sie auch in einem Kanupolospiel vorkommen können.

Beherrschen die Sportler die einzelnen Grundfertigkeiten des Kanupolos wie die Stabilisierung des Bootes, die verschiedenen Paddeltechniken, das gezielte Manövrieren des Bootes auf dem Wasser, sowie des Ballfangen, werfen und mit dem Paddel abwehren usw. besteht das nächste Aufgabe darin, diese verschiedenen Fähigkeiten miteinander zu koppeln und in einen flüssigen und leistungsstarken Einklang zu bringen. Diese Kopplung der verschiedenen Fähigkeiten soll den Sportler befähigen, auch unter Leistungsdruck, in Wettkampf- und insbesondere in Stresssituationen die erlernten Fähigkeit sicher und sauber ausführen und abrufen zu können.

Die Kreativität des Trainers ist bei der Gestaltung dieser Übungen besonders gefragt. Um ein Training abwechslungsreich zu gestalten und immer wieder neue Reize zu setzen, reichen oft schon kleine Veränderungen der bekannten Übungen, um die Anforderungen zu erhöhen. Eine besonders reizvolle und anspruchsvolle "kombinierte Übung" setzt sich beispielsweise aus den Komponenten: Paddeln, Werfen, Fangen, Bootsdrehungen, der Überwindung von Zweikampfsituationen und einem Torschuss zusammen.

Im Folgenden werden zahlreiche Übungen aufgeführt, die individuell ergänzt und abgewandelt werden können.

## 4.1 Das V

Die Sportler werden auf zwei gleich große Gruppen zu je 3- 6 Spielern aufgeteilt. Ein weiterer Spieler verteidigt das Tor. Eine Gruppe positioniert sich links, die andere rechts auf Höhe der Mittellinie. Spieler (1) ist der erste Angreifer und sprintet auf das verteidigte Tor zu, bekommt von einem Spieler (2), der gegenüberliegenden Gruppe einen Pass in die Hände gespielt und wirft diesen auf das Tor. Der Torwart versucht den Ball zu halten. Als nächstes fährt der Spieler (2) auf das Tor zu, also der zuvor den Pass gespielt hat. Währenddessen paddelt der vorherige Spieler, Schütze (1) zurück in die Gruppe, von der er den Ball erhielt.

Wiederholungen: 10 - 15 Durchgänge

Ziel: Verbesserung + der Koordination (Werfen, Fangen, Paddeln)

+ der Wurfgenauigkeit

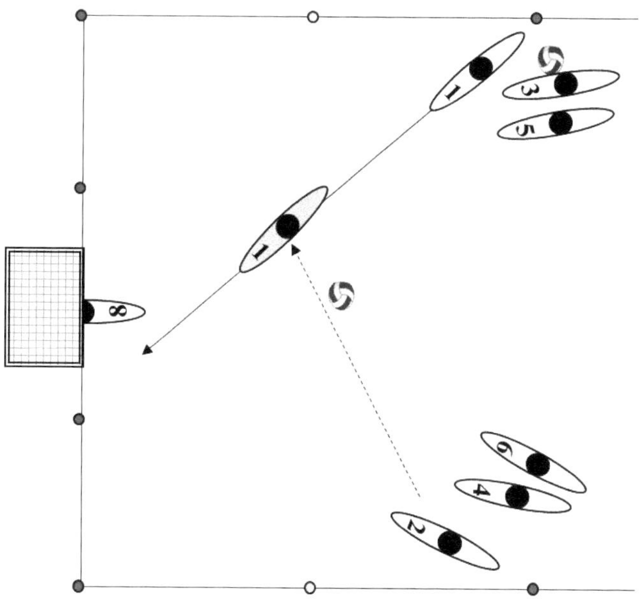

**Variante I:** Die Übung wird wie in der Beschreibung dargestellt ausgeführt. Die Passgeber müssen den Ball jedoch zuvor an einem Verteidiger schwarz (1)+(2) vorbei spielen, eh der Ball zum anfahrenden Spieler gepasst werden darf.

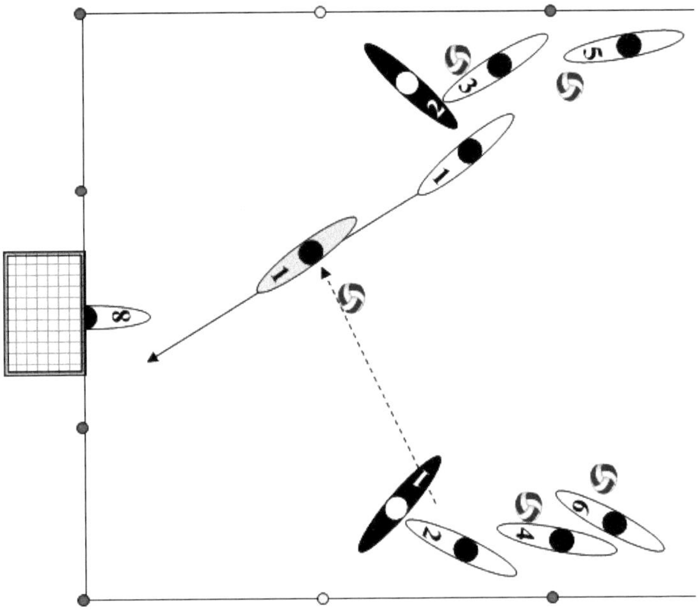


**Variante II:** Die Übung wird wie in der Beschreibung dargestellt ausgeführt. Der weiße Angreifer (1) erhält einen Ball zugespielt und muss sich dann gegen den Verteidiger schwarz (1) durchsetzen, um einen Torschuss ausführen zu können.

Der Angreifer (1) hat die Möglichkeit vor dem Kontakt mit dem Verteidiger den Ball hoch auf das Tor zu schießen, direkt in den Zweikampf mit dem Verteidiger zu gehen, um eine vorteilhafte Position einzunehmen oder er erhält den Ball erst nachdem der Zweikampf eingegangen wurde und eine vorteilhafte Situation für den Angreifer (1) entstanden ist.

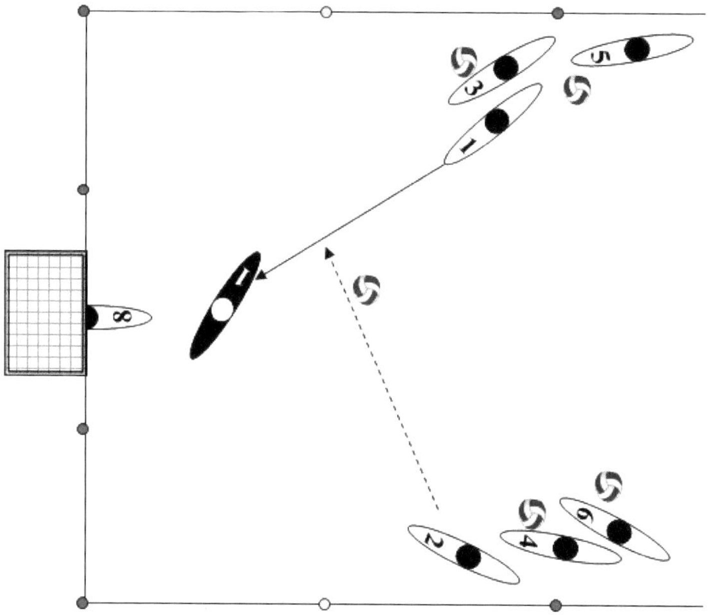

**Variante III:** Die Übung wird wie in der Beschreibung dargestellt ausgeführt. Der Angreifer paddelt auf den Verteidiger zu, begibt sich jedoch erst in einen Zweikampf. Dabei soll der Angreifer unter das Boot des Verteidigers tauchen oder hinüber fahren. Konnte sich der Angreifer gegen den Verteidiger behaupten wird der Pass zugespielt.

**Variante IV:** Die Übung wird wie in der Beschreibung dargestellt ausgeführt. Auf dem Weg zum Tor muss jedoch jeder Angreifer eine 360°-Drehung einbauen, bevor er den Ball vom Passgeber erhält.

**Variante V:** Die Übung wird wie in der Beschreibung dargestellt ausgeführt. Jedoch starten zwei Spieler gleichzeitig und tragen einen Wettkampf untereinander aus.

Aus jeder Gruppe startet ein Spieler (1)+(2) zum verteidigten Tor und macht auf dem Weg dorthin eine 360°-Drehung. Unmittelbar nach der Drehung erhalten die Spieler dann einen Ball von einem Mitspieler der gegenüberliegenden Gruppe. Der Spieler der zuerst das Tor trifft erhält einen Punkt. Hält der Torwart einen Torschuss und verhindert dadurch ein Tor, erhält er einen Punkt anstatt des Werfers.

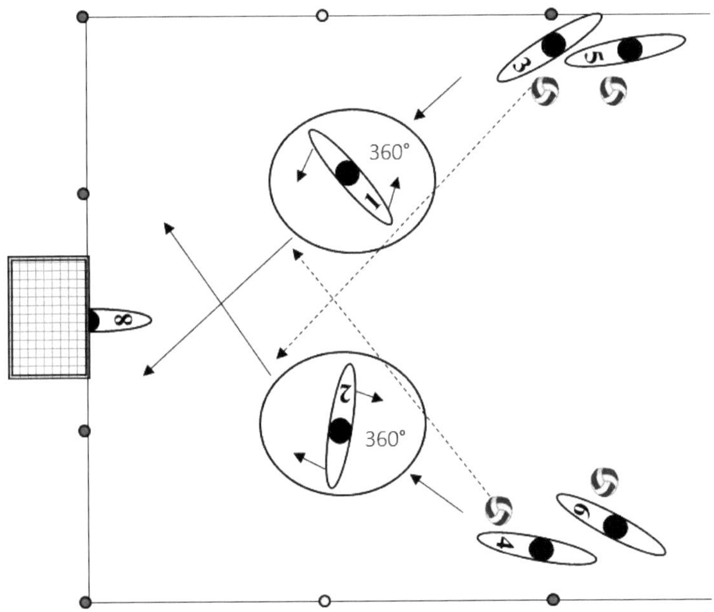

## 4.2 Werfer wird Passgeber

Ein Torwart (8) verteidigt das Tor. Ein erster Passgeber (1) liegt in der 6-Meterzone. Alle anderen Spieler liegen an der Mittellinie. Der erste Angreifer (2) sprintet von der Mittellinie auf das Tor zu, erhält auf Höhe der 6-Meterlinie den Ball und wirft auf das verteidigte Tor. Im Anschluss holt sich der Werfer (2) sofort den Ball und wird zum nächsten Passgeber usw.

Wiederholungen: 10-15 Durchgänge

Ziel: Verbesserung

+ der Torverteidigung
+ der Koordination (Werfen, Fangen, Paddeln)
+ der Wurfkraft und Wurfgenauigkeit

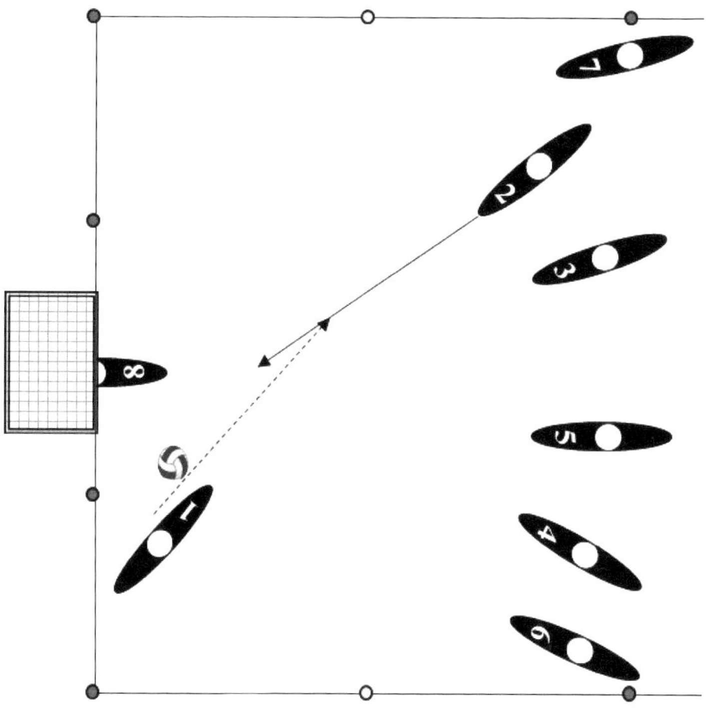

## 4.3 Passgeber

Der Torwart (8) verteidigt das Tor. Ein Passgeber (1) positioniert sich an der 6-Meterlinie. Die restlichen Spieler sprinten nacheinander von der Mittellinie auf das verteidigte Tor zu. Dabei erhalten sie vom Passgeber (1) einen Ball und schießen auf das Tor. Nach dem Wurf muss der Ball zügig vom Werfer zurück zum Passgeber gebracht werden. Anschließend kehrt der Schütze zur Ausgangsposition zurück usw.

Wiederholungen: 10 - 12 Durchgänge

Ziel: Verbesserung + des Fangens und Werfen

+ der Wurfgenauigkeit

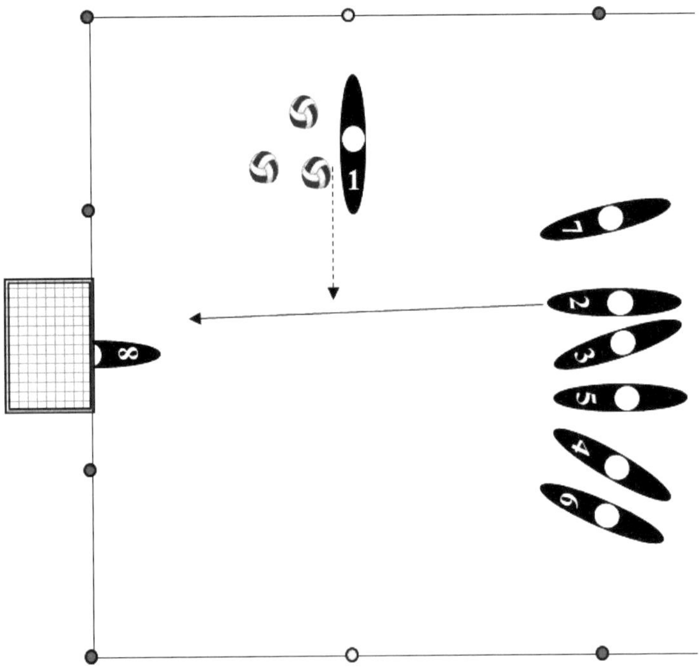


**Variante:** Der Angreifer beginnt mit dem Ball an der Mittellinie und spielt auf der Fahrt zum Tor einen Doppelpass mit Spieler (1).

## 4.4 Doppelpass[2]

Der Torwart (8) verteidigt das Tor. Ein Passgeber (1) positioniert sich an der 6-Meterlinie und ein weiterer Passgeber (2) zwischen 6-Meterlinie und der Mittellinie. Die restlichen Spieler paddeln nacheinander mit dem Ball vom gegenüberliegenden 6-Meterpunkt auf das verteidigte Tor zu. Auf dem Weg zum Tor spielen sie nacheinander den Ball zu den Passstationen (2)+(1) und erhalten einen Doppelpass zurück. Abschließend erfolgt ein Torwurf auf das verteidigte Tor. Der Schütze kehrt mit dem Ball zur Ausgangsposition zurück usw.

Wiederholungen: 10 - 12 Durchgänge

Ziel: Verbesserung + des Fangens und Werfen

+ der Wurfgenauigkeit

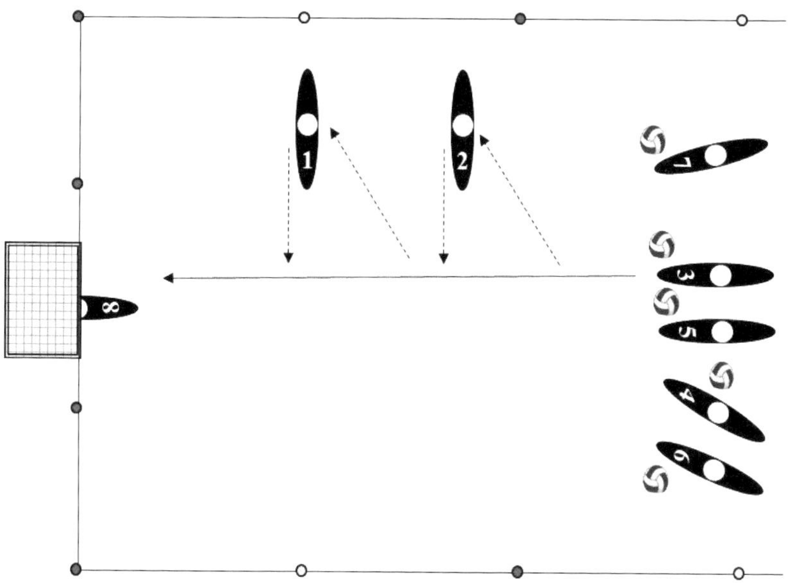

## 4.5 Eckspurt - Torwurf

Die Spieler positionieren sich in einer Spielfeldecke. Der erste Spieler (1) fährt in einem großen Bogen, wie in der Abbildung dargestellt, um die vor dem Tor angeordneten Bojen herum und zieht dann in Richtung des Tors. Die Wegstrecke soll im WA-Tempo gepaddelt werden. Vor dem Tor erhält der Spieler (1) einen Pass von seinem Mitspieler (2) und wirft auf das Tor.

Wiederholungen: 10-15 Durchgänge

Ziel: Verbesserung + der Schnelligkeit

+ des Passens und Fangens

+ der Wurfgenauigkeit

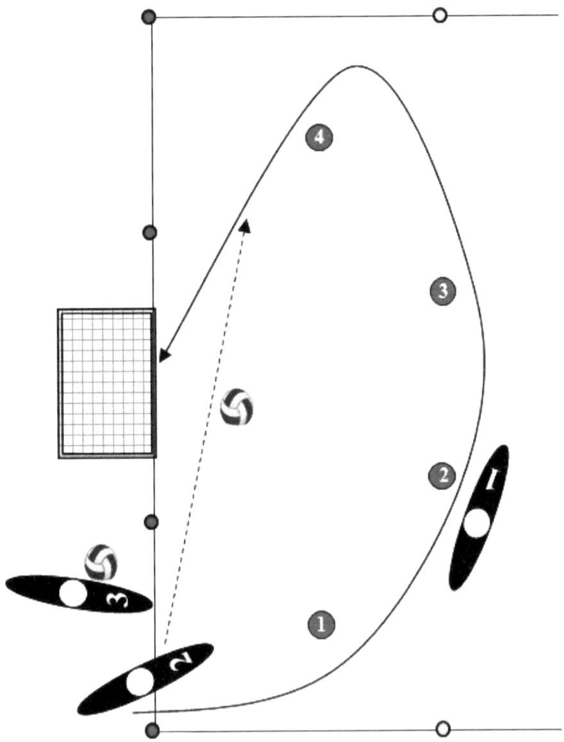

## 4.6 Boje one2four

Die vier im Halbkreis vor dem Tor positionierten Bojen werden mit Nummern versehen. Die Spieler positionieren sich in einer Spielfeldecke. Der erste Spieler (1) erhält von seinem Hintermann eine Bojennummer genannt, legt sich den Ball vor und fährt im Halbkreis um die Bojen herum. An der zuvor genannten Boje (3) richtet er das Boot zum Tor und wirft den Ball von dieser Position auf das Tor. Danach reiht er sich an der Ausgangsposition wieder ein und nennt seinem Vordermann eine Bojennummer usw.

Wiederholungen: 10 - 15 Durchgänge

Ziel: Verbesserung + des Balltreibens

+ der Wurfgenauigkeit

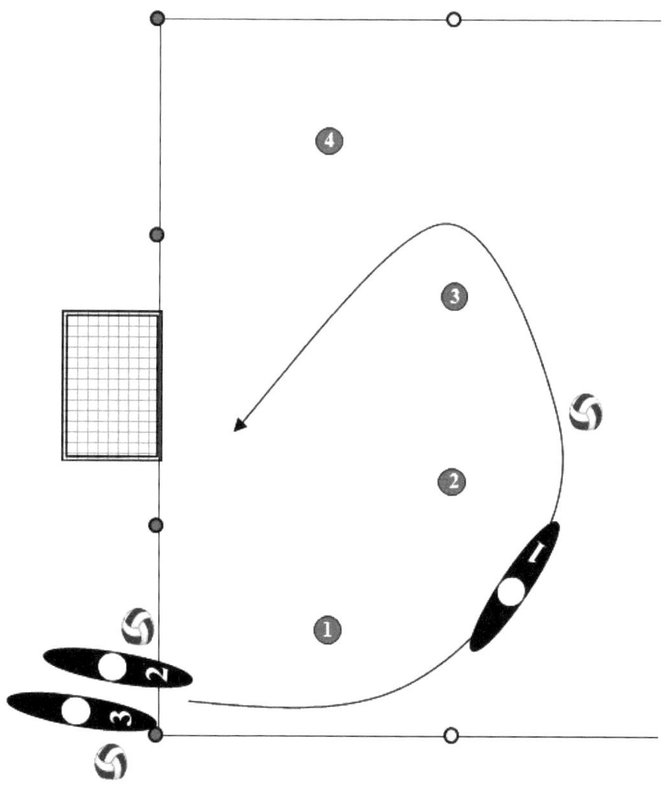

## 4.7 Bojenpass

Vier Bojen werden im Halbkreis vor dem Tor angeordnet. Hinter jeder Boje steht jeweils ein Passgeber mit einem Ball. Aus einer Ecke sprintet nun ein Spieler im halbkreisfahrend, zwischen den Bojen und den Passgebern in die andere Spielfeldecke. Auf dem Weg dorthin erhält der Spieler von jedem Passgeber einen Pass und wirft sofort auf das Tor und paddelt im Anschluss weiter. Eine Steigerung ist mit einem Torverteidiger möglich.

Wiederholungen: 10 - 15 Durchgänge

Ziel: Verbesserung + des Passens und Fangens

+ der Wurfgenauigkeit

+ der Schnelligkeit

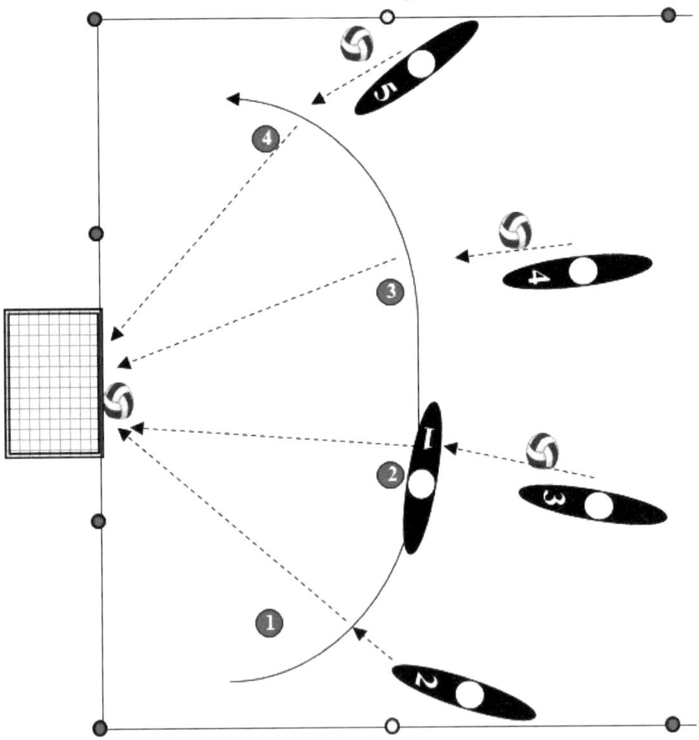

## 4.8 4fach-Drehung-Torwurf I

Es werden vier Bojen im Halbkreis vor dem Tor positioniert. Der Passgeber (5) positioniert sich mit mehreren Bällen zwischen Boje (4)+(3). Die restlichen Spieler positionieren sich an einem Eckpunkt. Der erste Spieler (1) sprintet nun nacheinander in der vorgegebenen Reihenfolge (4-1-3-2) alle vier Bojen an. Abschließend dreht er das Boot zum Tor, erhält einen Pass und wirft auf das Tor. Der Schütze (1) wird nun Passgeber und der Passgeber (5) reiht sich in die Gruppe ein usw. Eine Steigerung ist mit einem Torverteidiger möglich.

Wiederholungen: 10-15 Durchgänge

Ziel: Verbesserung + der Schnelligkeit

+ der Wurfgenauigkeit

+ des Passens und Fangens

+ der Bootswendigkeit

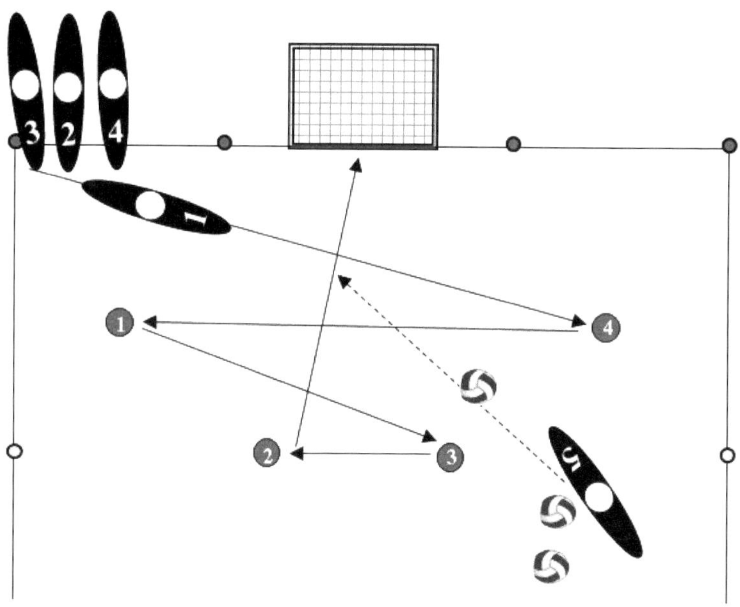

**Variante:** Die Übung wird um einen weiteren Passgeber (4), zwischen Boje (1)+(2) ergänzt. Der angreifende Spieler (1) erhält nun nicht erst am Ende der Route den Ball, sondern bereits nach seiner Drehung an Boje (1). Von dort spielt er den Ball direkt zum Passgeber (5), setzt seinen Fahrweg fort und erhält wie in der Grundübung nach der letzten Drehung an Boje (2) den Ball von Spieler (5), um diesen auf das Tor zu schießen.

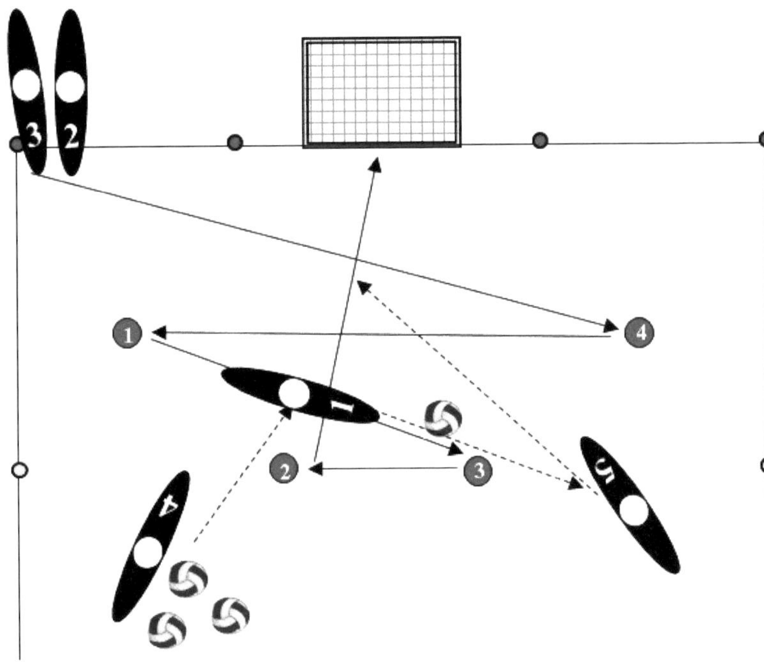

## 4.9 Powershot

Die Spieler starten an den Markierung der 6-Meterzone, sprinten zur gegenüberliegenden Markierung, drehen das Boot, fahren diagonal zur Markierung der Mittellinie, drehen das Boot, fahren zur gegenüberliegenden Markierung, drehen das Boot, sprinten zum Tor und erhalten von einem Mitspieler (3) einen Ball, um einen kraftvollen Torschuss abzugeben. Eine Steigerung wäre mit einem Torverteidiger möglich.

Wiederholungen: 10-15 Durchgänge

Ziel: Verbesserung
+ der Schnelligkeit
+ der Bootswendigkeit
+ Torschuss nach Belastung

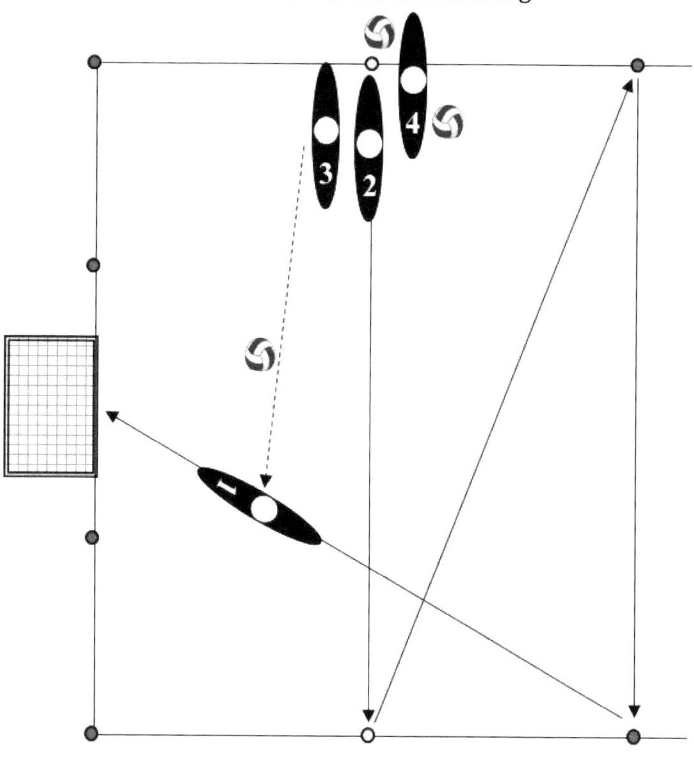

## 4.10 Einfach-Drehung-Torwurf

Es werden vier Bojen auf der 6-Meterlinie positioniert. Die Spieler stehen mit den Bällen hinter der Torauslinie. Ein Spieler (1) fährt zügig auf eine Boje zu und dreht auf Höhe der Boje das Boot in Richtung Tor. Sowie das Boot gedreht ist, wird der Ball von einem Mitspieler (3) von hinter der Torlinie gespielt. Der Schütze (1) soll noch unter Belastung den Ball erhalten und direkt ohne Pause präzise auf das Tor schießen usw.

Wiederholungen: 10-15 Durchgänge

Ziel: Verbesserung
+ der Reaktionsfähigkeit
+ der Wurfgenauigkeit
+ des Passens und Fangens
+ der Wendigkeit
+ Torschuss nach Belastung

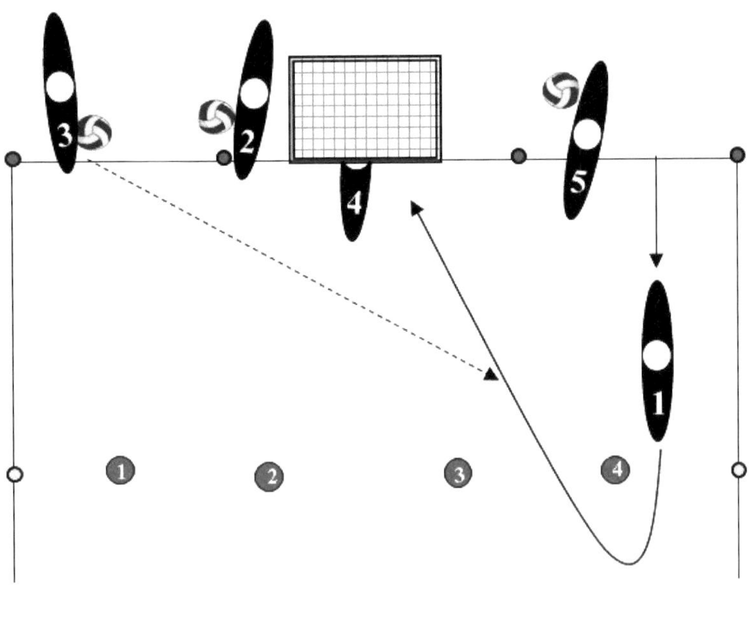

## 4.11 315° Sprint

Die Spieler stellen sich in zwei gleich starken Gruppen in zwei Spielfeldecken auf. Aus jeder Ecke sprintet nun diagonal jeweils ein Spieler (1) auf die erste Markierung der 6-Meterzone zu, macht an der Markierung eine 315° Drehung, sprintet diagonal über das Spielfeld zur Markierung der Mittellinie, dreht das Boot erneut um 315°, sprintet diagonal weiter zur nächsten Markierung der 6-Meterzone, macht eine 45° Drehung und zieht zum Tor. Auf dem Weg zum Tor erhält er von Spieler (2) seiner Gruppe einen langen Ball und schießt auf das Tor usw. Diese Übung ist auch in Wettkampfform durchführbar. Dann starten die beiden ersten Spieler (1) jeweils gleichzeitig und innerhalb von einer bestimmten Zeit müssen die Mannschaften mehr Tore als die Gegner erzielen.

Wiederholungen: 8-10 Durchgänge

Ziel: Verbesserung + der Schnelligkeit

+ der Wendigkeit

+ des Fangens und Passens

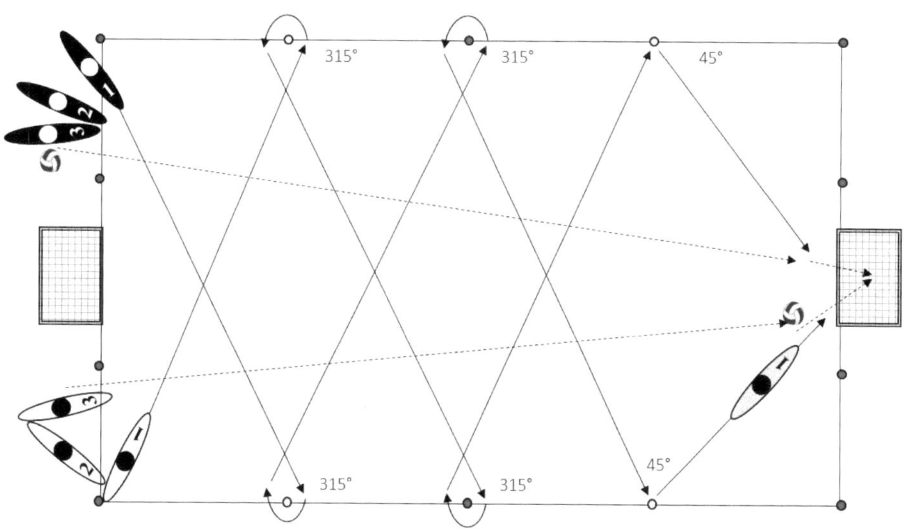

## 4.12 Ball treiben im Slalom

Alle Spieler sammeln sich in einer Spielfeldecke, wie auf der Abbildung dargestellt. Sie sollen nun nacheinander von Boje zu Boje in dem gezeichneten Verlauf fahren und sich dabei den Ball vorlegen. Der Ball soll im Slalom durch den Bojenparcour getrieben werden und am Ende in das Tor geworfen werden. Alternativ zu den Bojen können die Spielfeldmarkierungen zur Orientierung genutzt werden.

Wiederholungen: 8-10 Durchgänge

Ziel: Verbesserung + des Balltreibens

+ der Bootsbeherrschung

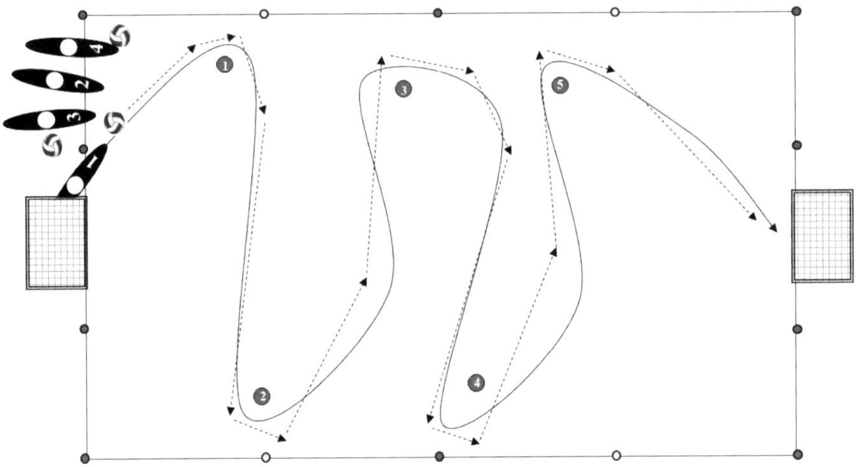

**Variante I:** Abwechselnd mit der linken und rechten Hand oder mit dem Paddel vorlegen.

**Variante II:** Ein Spieler verteidigt das Tor.

## 4.13 Slalom-Sprint I

Fünf Bojen werden auf dem Spielfeld wie abgebildet verteilt. Die Spieler positionieren sich an einer Spielfeldecke mit Blick zur ersten Boje. Zwischen Boje (1)+(2) und (3)+(4) positionieren sich zwei Passgeber weiß (1)+(2). Nun sprinten die Spieler hintereinander mit dem Ball von Boje zu Boje. An den zwei Passstationen wird jeweils ein Doppelpass gespielt. Passgeber weiß (2) spielt zwei Doppelpässe. Nach Erhalt des dritten Doppelpasses erfolgt ein sofortiger Torschuss.

Wiederholungen: 8-10 Durchgänge

Ziel: Verbesserung + der Schnelligkeit

+ des Fangens und Passens

+ des Torwurf unter Belastung

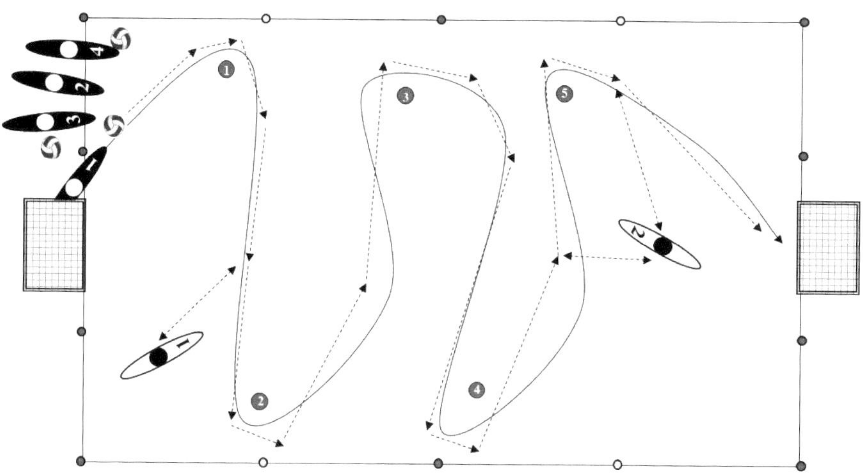

## 4.14 Slalom-Sprint II

Fünf Bojen werden auf dem Spielfeld wie abgebildet verteilt. Die Spieler liegen an einer Spielfeldecke mit Blick zur Boje (1). Hintern den nächsten vier Bojen positioniert sich jeweils ein Passgeber mit einem Ball. Spieler schwarz (1) sprintet nun im WA-Tempo durch den Bojenparcour und erhält an jeder Passstation einen Ball, der direkt auf das unverteidigte Tor geschossen wird.

Wiederholungen: 3 - 5 Durchgänge

Ziel: Verbesserung + der Schnelligkeit
+ des Fangens und Passens
+ des Torwurfs unter Belastung
+ der Wurfgenauigkeit aus der Ferne

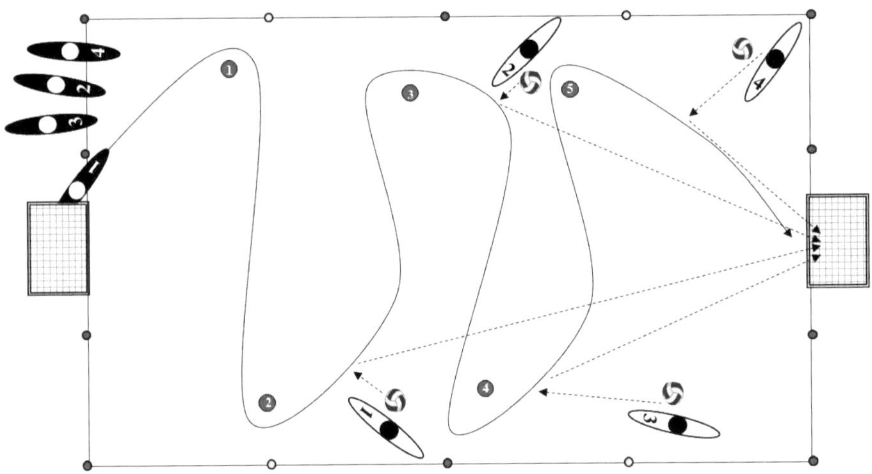

**Variante:** Absolvierung des Parcours mit Zeitmessung. Ein erfolgreicher Torwurf gibt einen Zusatzpunkt.

## 4.15 Positionswechsel

Drei Spieler werden auf die Positionen des Torwarts (3), des Verteidigers (2) und des Angreifers (1) aufgeteilt. Der Angreifer (1) fährt mit dem Ball auf den Verteidiger (2) zu, wirft den Ball an dem Paddel vorbei ins Tor oder spielt den Verteidiger (2) zuvor aus, ehe er den Ball auf das Tor schießt. Nach dem Torwurf wechseln die Positionen. Angreifer wird Verteidiger, Verteidiger wird Torwart und der Torwart wird zum Angreifer usw.

| | | |
|---|---|---|
| Wiederholungen: | | 5-10 Durchgänge |
| Ziel: | Verbesserung | + der taktischen Vorgehensweise |
| | | + der Wurfgenauigkeit |
| | | + der Verteidigung des Tors |
| | | + des Verteidigungsverhaltens |

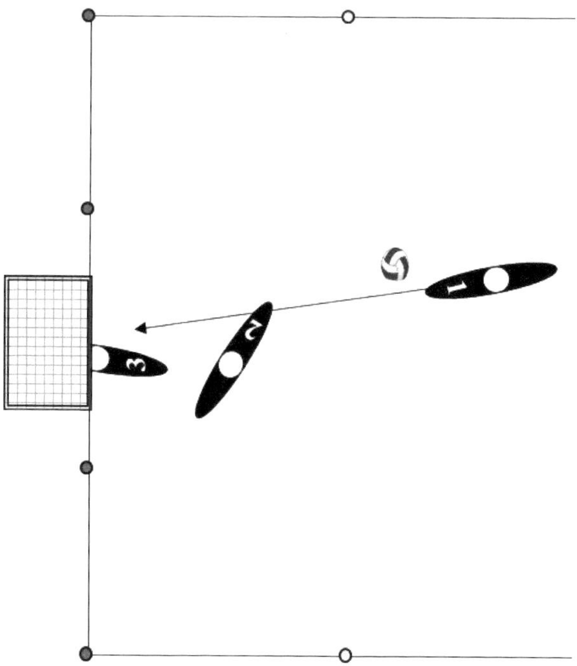

## 5. Zweikampfstärke

Im Kanupolo ist ein gut ausgebildetes Zweikampfverhalten eine besonders wichtige Fähigkeit. Wer sich im direkten Duell gegen seinen Gegenspieler durchsetzen kann, ist oftmals ein wichtiger Leistungsträger in der Mannschaft. In einem 20minütigen Kanupolospiel sind die Sportler in eine Vielzahl von Zweikämpfen "eins gegen eins" verwickelt. Ob in der Raumverteidigung, der Angriffssituation, während eines Konters oder während der Manndeckung stellen Zweikämpfe, "Spieler gegen Spieler", ein besonderes Charakteristikum dieses Sports da.

Um in diesen Situationen gut bestehen zu können, muss der Sportler neben einer hohen Maximalkraft-, Schnelligkeit- und Ausdauerfähigkeit diverse technische Paddel- und Bootstechniken beherrschen. Der Umgang mit dem Boot ist dabei von elementarer Bedeutung und muss im Training eine besonders hohe Aufmerksam erhalten.

Die Entwicklung des Bootsmaterials der letzten 15 Jahre hat zudem dazu geführt, dass diverse Bootstypen immer mehr an Volumen verloren haben Heck und Bug sind flacher geworden. Dadurch wurde auch die Wendigkeit und Manövrierbarkeit der Boote deutlich verbessert. Mit gezielten und technisch ordentlich ausgeführten Paddelschlägen können Wendemanöver, das blitzartige Beschleunigen oder Abbremsen ohne großen Kraftaufwand ausgeführt werden.

Gerade in den letzten Jahren konnte beobachtet werden, dass der Bootszweikampf sich nicht mehr nur auf das gegeneinander Anschieben auf gleicher Höhe reduzieren lässt, in dem oft der körperlich stärkere Spieler gewann. Mit den flachen Booten und den passenden Techniken lassen sich gegnerische Boote unterfahren oder überfahren. Dadurch entstehen zahlreiche Möglichkeiten, sich selber oder das Boot des Gegners in eine für sich vorteilhafte Position zu bringen. Um erfolgreich Zweikämpfe im Kanupolo bestehen zu können, müssen die Sportler zum einen die Fähigkeiten und Techniken erlernen, die sie benötigen um einen Gegenspieler anzugreifen, damit für sie eine vorteilhafte Situation entsteht. Nicht zu vernachlässigen ist aber auch, das geeignete Abwehrverhalten eines "eins gegen eins-Angriffs" zu erlernen, um zu verhindern, dass der Gegner eine vorteilhafte Situation erzielt.

Bei den folgenden Übungsbeispielen sollte daher immer neben der Angriffstechnik auch die Verteidigungstechnik eingeübt werden. In der ersten Übung 5.1 steht das Erlernen des Unterfahrens des gegnerischen Bootes im Vordergrund. Fährt ein Angreifer auf einen Abwehrspieler zu, kann es sehr hilfreich sein, mit seinem eigenen Boot unter das des Verteidigers zu tauchen, diesen auf das eigene Deck zu laden und ihn so von seiner Verteidigungsposition zu schieben. Aber auch in einer Zweikampfsituation im direkten Sprint um den Ball hat sich gezeigt, dass der Spieler, dem es als erster gelingt mit dem Bug unter das Boot des Gegenspielers zu tauchen, bessere Chancen hat, den Kurs auf den Ball zu halten und den Gegenspieler vom Kurs abzubringen.

Demnach ist es besonders wichtig, die Abwehrtechniken eines Unterfahrungs- oder auch Überfahrungsversuches genau so intensiv zu üben wie die der Angriffstechnik.

Die erfolgreiche Beherrschung des Spieler- und Gegenspielerverhaltens sind entscheidend für den Erfolg in Zweikampfsituationen beim Kanupolo.

## 5.1 Unterfahren

Es werden Paare gebildet. Die weißen Spieler greifen die schwarzen Spieler an und fahren in einem 90°-Winkel auf die Boote der weißen Spieler zu und versuchen unter sie zu tauchen. Tipp: Das Boot vor dem Abtauchen leicht ankanten und mit der Spitze in das Wasser schneiden. Tipp: Zur Erlernung der richtigen Unterfahrtechnik können einige Techniken aus dem Kanu-Freestyle abgeschaut werden. Der "Double Pump" ist hier eine besonders hilfreiche Technik, um die Bootsspitze besonders tief unter das Wasser gleiten zu lassen.

Wiederholungen: 15-20 Durchgänge je Spieler

Ziel: Verbesserung
+ der Zweikampfstärke
+ der Bootsbeherrschung
+ der Grundtechnik des Unterfahrens

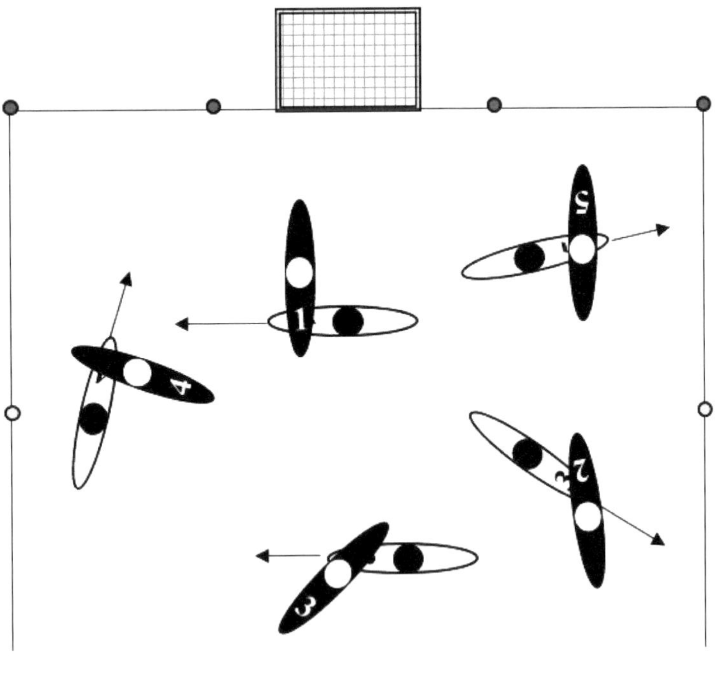

## 5.2 Überfahren

Es werden Paare gebildet. Die schwarzen Angreifer fahren nun im 90°-Winkel auf ihre weißen Trainingspartner zu  und versuchen über den Bug oder das Heck des weißen Verteidigers zu rutschen. Dabei ist vom Angreifer das Überfahren der Spritzdecke, der Bootskontakt mit dem Körper des Verteidigers und das Abstoßen mit dem eigenen Paddel am gegnerischen Boot zu unterlassen.

Wiederholungen: 15-20 Durchgänge je Spieler

Ziel: Verbesserung + der Zweikampfstärke

+ der Bootsbeherrschung

+ der Grundtechnik des Überfahrens

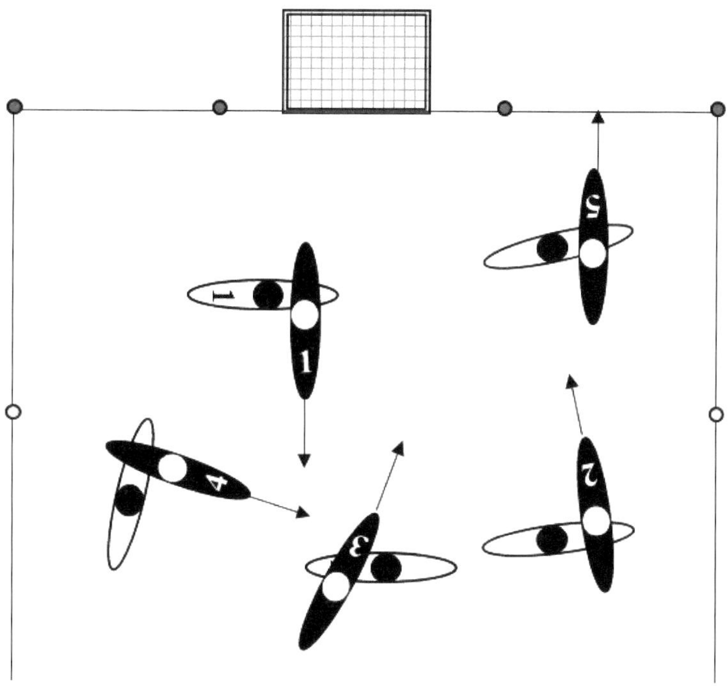

## 5.3 Unterfahren mit Ball

Die Spieler stellen sich an der Mittellinie auf. Ein Abwehrspieler (1) positioniert sich vor dem gegenüberliegenden Tor und ein Passgeber (2) auf der 6-Meterlinie. Die angreifenden Spieler sollen nun nacheinander auf den passiven Abwehrspieler (1) zufahren. Sie sollen mit ihrem Boot unter den Bug des Abwehrspielers (1) tauchen. Gelingt es ihnen, erhalten sie einen Pass und versuchen sich weiter gegen den Abwehrspieler (1) durchzusetzen, um ein Tor zu erzielen.

Wiederholungen: 10-15 Durchgänge je Spieler

Ziel: Verbesserung + der Zweikampfstärke

+ der Abwehrstärke

+ der Bootsbeherrschung

+ des Unterfahrens

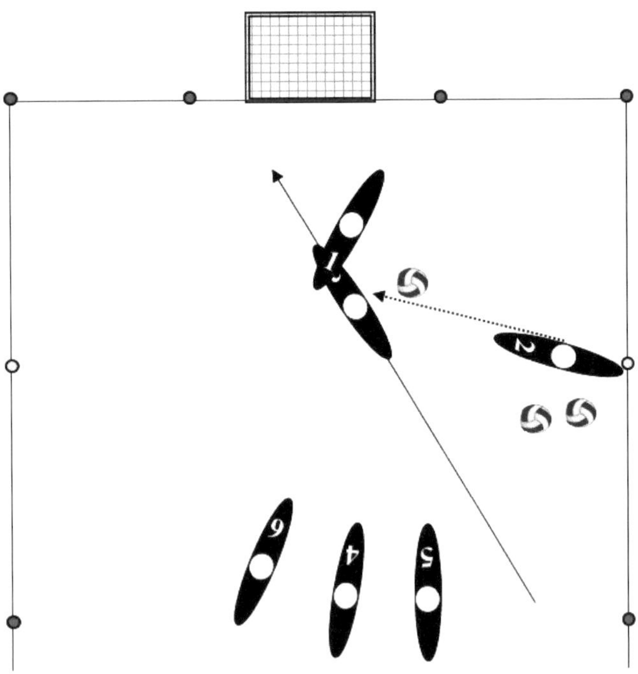

**Variante:** Gelingt den Angreifern das Unterfahren des gegnerischen Bootes zunehmend, darf der Verteidiger aktiv das Unterfahren verhindern (Übung des Gegenspielerverhaltens). Mit dieser Variante erhält die Übung einen neuen Charakter, da auch die Technik zur Verhinderung des Unterfahrens durch einen Gegner geübt wird. Der Verteidiger kantet sein Boot an, drückt die Spitze ebenfalls unter die Wasseroberfläche und versucht so das Unterfahren zu verhindern.

## 5.4 Überfahren mit Ball

Die Spieler stellen sich an einer Mittellinie auf (siehe Abbildung 5.3). Ein Abwehrspieler (1) positioniert sich vor dem gegenüberliegenden Tor und ein Passgeber (2) auf der 6-Meterlinie. Die angreifenden Spieler sollen nun nacheinander auf den passiven Abwehrspieler (1) zufahren und mit ihrem Boot über Bug oder Heck des Abwehrspielers (1) surfen. Gelingt es ihnen, erhalten sie einen Pass und versuchen sich weiter gegen den Abwehrspieler (1) durchzusetzen, um ein Tor zu erzielen.

Wiederholungen: 10-15 Durchgänge je Spieler

Ziel: Verbesserung + der Zweikampfstärke

+ der Abwehrstärke

+ der Bootsbeherrschung

+ des Überfahrens

**Variante:** Gelingt den Angreifern das Überfahren des gegnerischen Bootes zunehmend, darf der Verteidiger aktiv das Überfahren verhindern. Mit dieser Variante erhält die Übung einen neuen Charakter, da auch die Technik zur Verhinderung des Überfahrens durch einen Gegner geübt wird. Der Verteidiger kantet sein Boot an und versucht so das Überfahren zu verhindern.

## 5.5 Dreamteam

Die Spieler teilen sich zu Paaren auf. Sie liegen zu Beginn der Übung mit dem Heck auf der Grundlinie. Sie sollen nun gemeinsam zur gegenüberliegenden Torauslinie paddeln. Auf dem Weg dorthin dürfen die Spieler nur auf der dem Partner abgewandten Seite paddeln. Nur gemeinsam kommen die Partner geradlinig zum Tor. Dies ist eine Partnerübung, kein Wettkampf untereinander. Gelingt den Spielern die Übung, ist ein Wettkampf unter mehreren Paaren möglich. Welches Paar ist das "Dreamteam" und schafft es gemeinsam am schnellsten, das Spielfeld zu überqueren?

Wiederholungen: 5-6 Durchgänge je Spieler

Ziel: Verbesserung
+ des druckvollen Bogenschlags
+ der Zweikampfstärke
+ der Bootsbeherrschung
+ des Teamgeistes

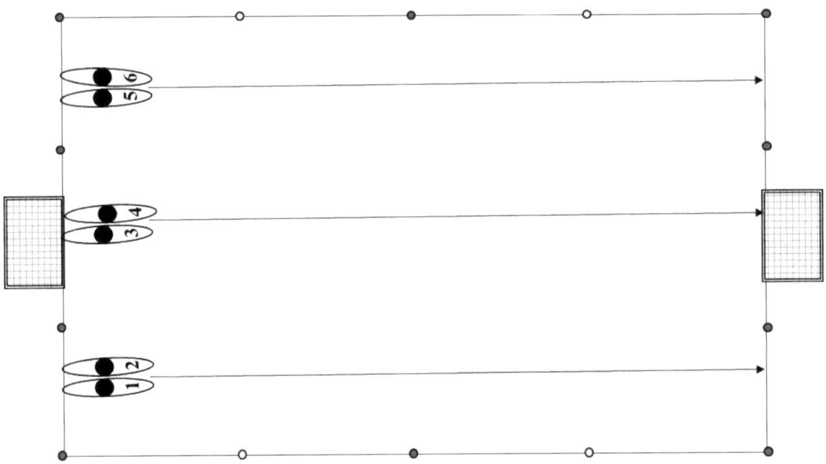


**Variante:** Erst einfache Zugschläge, dann Bogenschläge.

## 5.6 Drängeln

Die Spieler teilen sich zu Paaren auf. Diese liegen zu Beginn der Übung, im Abstand von ca. 1-2 Metern, mit dem Heck auf der Grundlinie. Auf ein Kommando fahren beide Spieler auf die gegenüberliegende Boje zu. Sie versuchen während der Fahrt ihren Gegenspieler neben die Boje in seinen jeweiligen Zielbereich zu drängeln. Spieler (1)+(3) versuchen die Gegenspieler (2)+(4) links neben die Boje zu schieben, die Gegenspieler versuchen sie nach rechts neben die Boje zu schieben. Gewonnen hat der Spieler der erfolgreich den Gegenspieler in seinen Zielbereich gedrängt hat.

Wiederholungen: 5-6 Durchgänge je Spieler, unterschiedliche Konstellationen bilden

Ziel: Verbesserung + der Zweikampfstärke

+ der Bootsbeherrschung

+ der Ballbehauptung

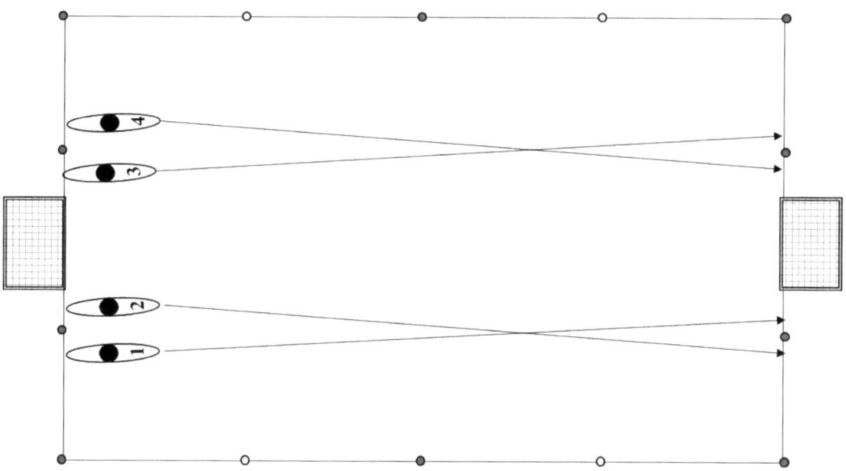

## 5.7 Touchdown I

Zwei Spieler weiße (1)+(2) die sich mit einander messen sollen, werden bestimmt. Sie positionieren sich mit dem Heck an der Grundlinie. Der Ball wird von einem weiteren Spieler schwarz (1) mittig in die gegenüberliegende Spielfeldhälfte geworfen. Sowie der Ball auf dem Wasser gelandet ist, versuchen die weißen Spieler (1)+(2) möglichst schnell zum Ball zu sprinten und den Ball in das Tor zu werfen.

Tipp: Kommt es zu einem Bootskontakt sollen die Spitze unter das Boot des Gegenspielers gedrückt und mit langen einseitigen Bogenschlägen gepaddelt werden.

Wiederholungen: 5-6 Durchgänge je Spieler, unterschiedliche Konstellationen bilden

Ziel: Verbesserung
+ der Zweikampfstärke
+ der Bootsbeherrschung
+ des Torschuss unter Druck

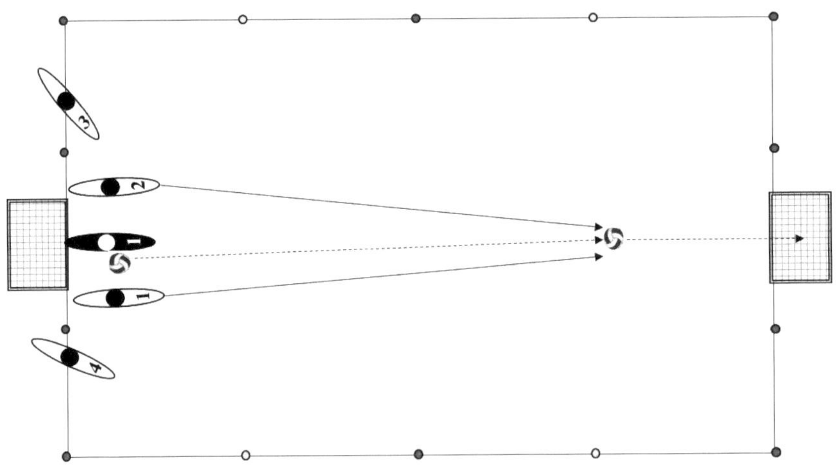

## 5.8 Touchdown II

Die Spieler positionieren sich an der Grundlinie und starten nacheinander unter dem Tor. Zwei schwarze Abwehrspieler (1)+(2) positionieren sich in der Mitte des Spielfeldes zwischen der Mittellinie und den jeweiligen 6-Metermarkierung. Spieler weiß (1) paddelt nun von dem einen Tor hinüber zum Anderen und muss auf dem Weg dorthin an den schwarzen Abwehrspielern vorbei. Die Abwehrspieler können umfahren, unter- oder überfahren werden. Gelingt es dem weißen Spieler (1) bis zum Tor durchzustoßen, erhält dieser einen langen Pass vom Passgeber (4) und versucht den „Touchdown" zu erlangen.

Wiederholungen: 5-6 Durchgänge je Spieler

Ziel: Verbesserung + der Zweikampfstärke

+ der Abwehrstärke

+ der Bootsbeherrschung

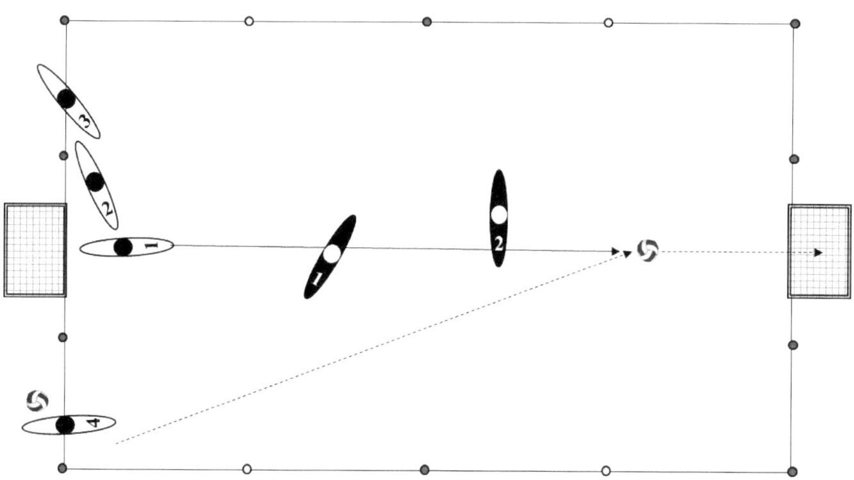

## 5.9 Doppelpass - doppelt krass

Die weißen Spieler positionieren sich an der Grundlinie und starten nacheinander unter dem Tor. Zwei schwarze Abwehrspieler (1)+(2) positionieren sich in der Mitte des Spielfeldes zwischen der Mittellinie und den jeweiligen 6-Meter-Markierung. Zwei weiße Passgeber (5)+(6) positionieren sich auf gleicher Höhe an der Seitenauslinie. Der weiße Spieler (1) passt nun den Ball zu Passgeber (5), paddelt auf den schwarzen Abwehrspieler (1) zu, setzt sich gegen ihn durch, erhält den Ball von Passgeber (5), spielt diesen weiter zu Passgeber (6), setzt die Fahrt fort und spielt den schwarzen Abwehrspieler (2) aus, erhält den Ball von Passgeber (6) zurück und wirft ein Tor. Die Abwehrspieler können umfahren, unter- oder überfahren werden.

Wiederholungen: 6-8 Durchgänge

Ziel: Verbesserung + der Zweikampfstärke

+ der Abwehrstärke

+ der Bootsbeherrschung

+ des Fangens und Passens
(in Stresssituationen)

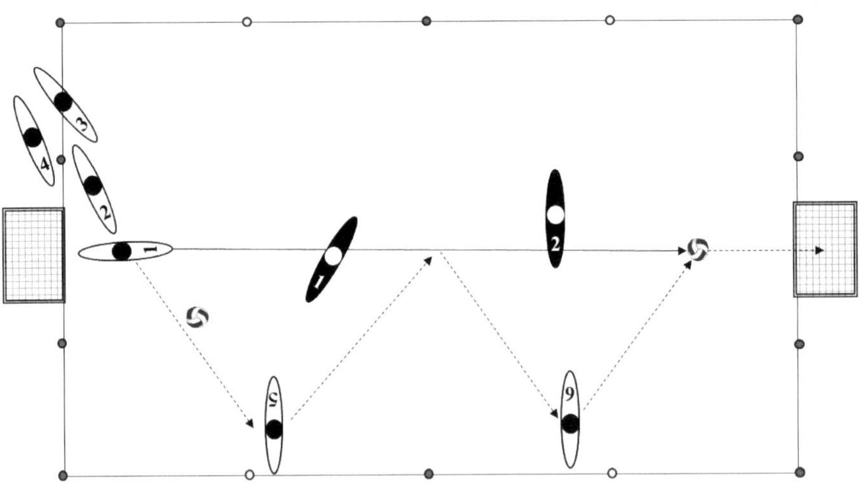

## 5.10 Selbstbehauptung

Es werden Paare gebildet. Jedem Spieler wird ein Tor zur Verteidigung zugeteilt. Die Paare starten an der Mittellinie. Die angreifenden schwarzen Spieler haben die Aufgabe, sich gegen die weißen Verteidiger durchzusetzen und zum gegnerischen Tor zu gelangen. Die Fahrt über das Heck oder Bug ist erlaubt, auch das Unterfahren des Gegners ist gestattet. Der Gegner versucht, dieses aktiv zu verhindern. Ist der Angriff geglückt, wechseln die Partner die Rollen.

Wiederholungen: 4 Durchgänge je Spieler

Ziel: Verbesserung
+ der Zweikampfstärke
+ der Bootsbeherrschung
+ der Durchsetzungsfähigkeit

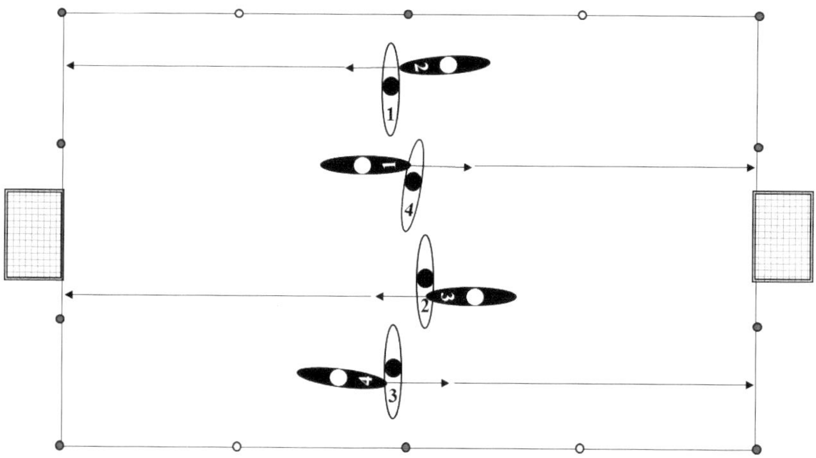

**Variante I:** Jeder der schwarzen Angreifer erhält einen Ball und wirft diesen über den blockenden weißen Spieler hinweg vor das gegnerische Tor. Er versucht anschließend an dem blockenden weißen Spieler vorbei zu kommen. Der Gegner versucht dieses aktiv zu verhindern, zeigt aber kein Interesse am Ball. Konnte sich der schwarze Angreifer gegen den Verteidiger durchsetzen, wird der Ball wieder aufgenommen und ein Torschuss abgegeben.

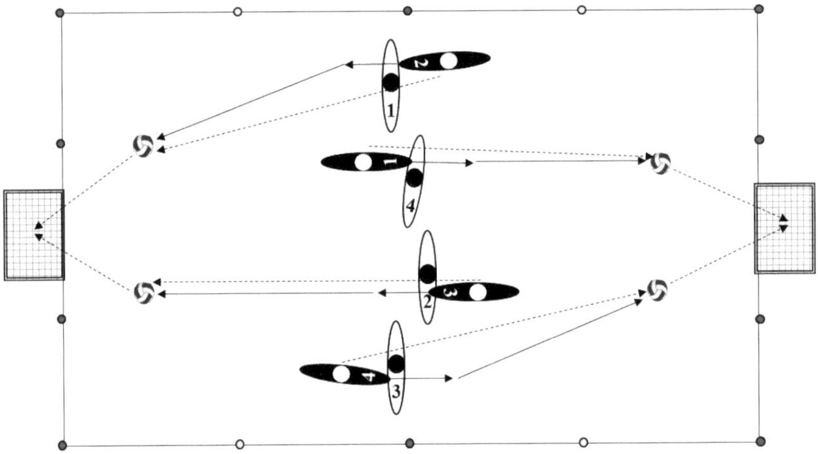

**Variante II:** Der Angreifer erhält einen Ball und versucht sich mit dem Ball unter Einhaltung der Ballbesitzregeln gegen den Verteidiger durchzusetzen. Die Fahrt über das Heck oder Bug ist erlaubt, auch das Unterfahren des Gegners. Der Gegner versucht dieses aktiv zu verhindern. Das Schubsen des Gegners, wenn er in Ballbesitz ist, ist gestattet.

## 5.11 Wettspurt

Zwei Spieler (1)+(2) liegen mit dem Heck auf der Grundlinie. Ein Ball wird von Spieler (3) vor das gegenüberliegende Tor geworfen. Sobald der Ball gelandet ist, sprinten beide Spieler (1)+(2) zum Ball. Sie versuchen schnellstmöglich, den Ball in ihren Besitz zu bringen und ein Tor zu werfen.

Tipp: Der langsamere Spieler versucht möglichst frühzeitig unter das gegnerische Boot zu tauchen und dieses vom Kurs zum Tor abzubringen.

Wiederholungen: 6-8 Durchgänge

Ziel: Verbesserung + der Schnelligkeit

+ der Zweikampfstärke

+ der Durchsetzungsfähigkeit

+ der Wurfgenauigkeit/Entschlossenheit

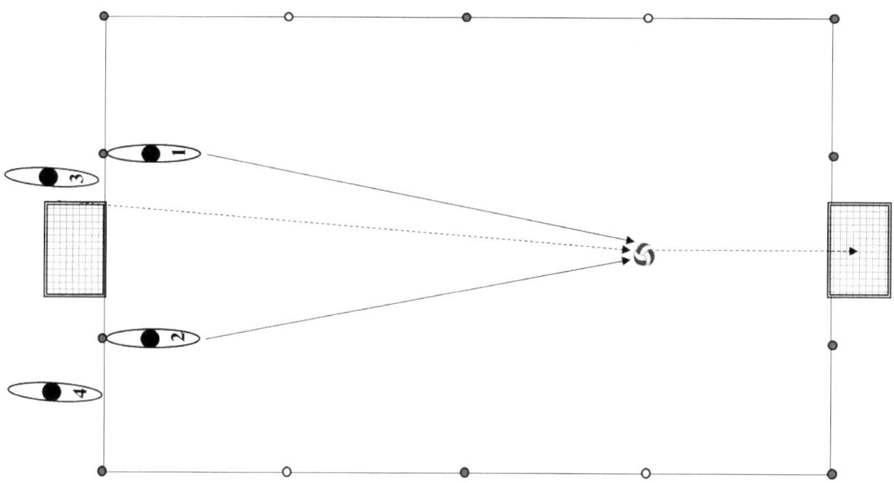

## 5.12 Mc Wettspurt

Zwei Spieler (1)+(2) liegen mit dem Heck auf der Grundlinie. Auf ein Kommando sprinten beide Spieler zu den ihnen gegenüberliegenden Bojen, umrunden diese und fahren auf das Tor zu, von dem sie gestartet sind. Vor dem Tor wird ein Ball positioniert. Der Spieler, der am schnellsten den Ball in das unverteidigte Tor wirft erhält einen Punkt.

Wiederholungen: 6-8 Durchgänge

Ziel: Verbesserung
+ der Schnelligkeit
+ der Zweikampfstärke
+ der Durchsetzungsfähigkeit
+ der Wurfgenauigkeit/Entschlossenheit

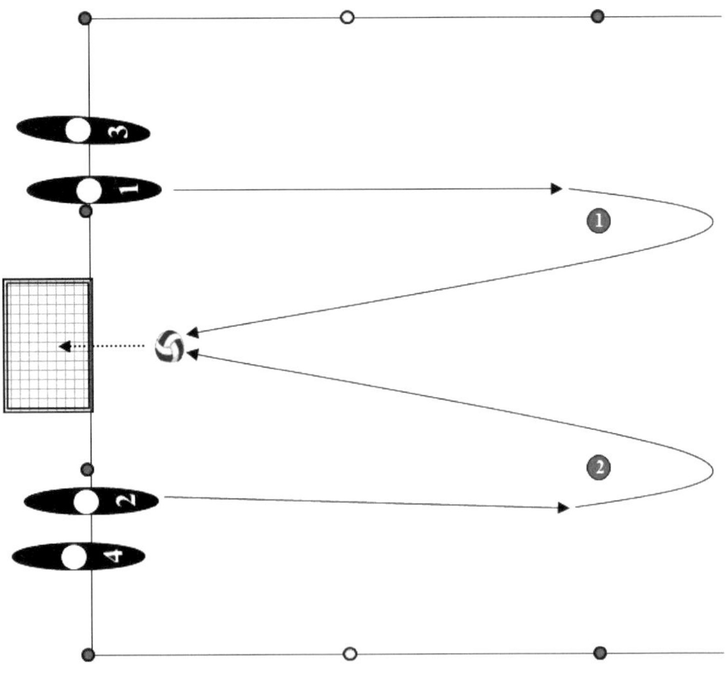

## 5.13 Einholen

Zwei Spieler (1)+(2) starten auf ein Kommando von der Grundlinie. Spieler (1) ist in Ballbesitz und soll den Ball bis zum gegenüberliegenden Tor treiben und ein Tor erzielen. Spieler (2) liegt zunächst mit dem Rücken zum Spielfeld. Auf das Kommando soll er sein Boot um 180° drehen, an der Boje in der Mitte des Spielfeldes vorbei fahren, den anderen Spieler (1) einholen und den Ball abjagen, ehe ein Tor erzielt wird. Spieler (1) darf erst einen Torwurf in der gegenüberliegenden 6-Meterzone unternehmen.

Wiederholungen: 6-8 Durchgänge

Ziel: Verbesserung
+ der Reaktionsfähigkeit
+ der Wurfgenauigkeit
+ der Wendigkeit
+ der Zweikampfstärke

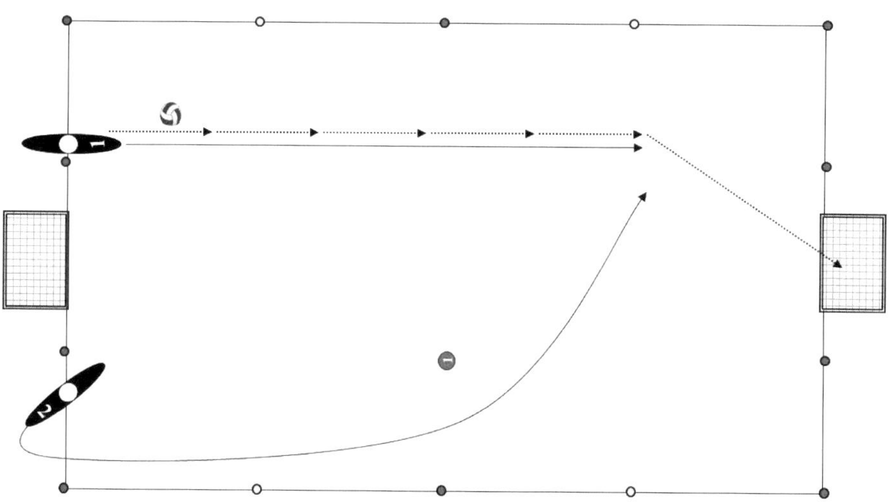

## 5.14 Ringkampf

Alle Spieler befinden sich innerhalb des Spielfeldes. Ziel der Übung ist nun, sich gegenseitig aus dem Spielfeld, also über die Spielfeldbegrenzung hinaus zu schieben. Der Spieler, der als Letzter im Feld zurück bleibt, hat gewonnen.

Wiederholungen: 2-3 Durchgänge

Ziel: Verbesserung + der Zweikampfstärke

+ der Durchsetzungsfähigkeit

+ der Bootsbeherrschung

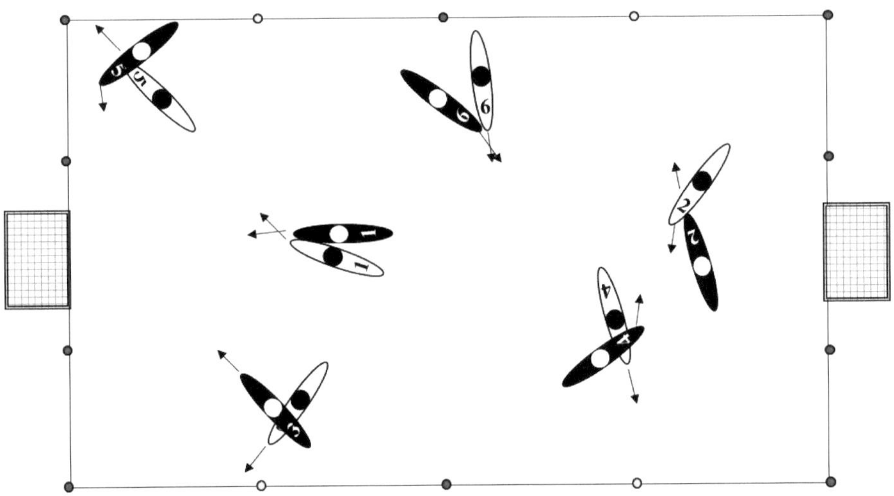

## 5.15 Zwilling

Die weißen Spieler (1)+(2) sind Zwillinge und möchten an einer beliebigen Stelle auf dem Spielfeld zusammenkommen. Sie werden jedoch von den schwarzen Spielern daran gehindert. Schaffen es die Zwillinge sich zur erreichen? (vgl. Bauer/Schulte, S. 138).

Wiederholungen: 3-4 Durchgänge

Ziel: Verbesserung + der Zweikampfstärke

+ der Bootsbeherrschung

+ der Durchsetzungsfähigkeit

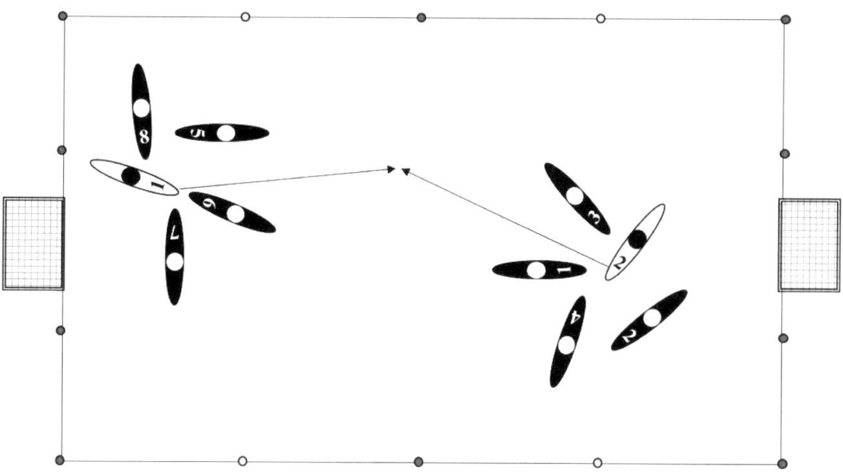

## 5.16 Küken, Henne, Fuchs

Es werden Dreiergruppen gebildet und jeweils ein Spieler zum Küken (weiß), zur Henne (grau) und zum Fuchs (schwarz) ernannt. Das Küken schwimmt sorglos auf dem Spielfeld umher. Die besorgte Henne (grau) versucht ihr Küken (weiß) möglichst lange vor dem bösen Fuchs (schwarz) zu schützen, indem sie geschickt ihr Boot zwischen Fuchs (schwarz) und Küken (weiß) manövriert und aktiv den Fuchs (schwarz) an der Fortbewegung hindert (vgl. Bauer/Schulte, S. 138).

Wiederholungen: Jeder Mitspieler ist einmal Küken, Henne und Fuchs.

Ziel: Verbesserung
+ der Zweikampfstärke
+ der Bootsbeherrschung
+ der Durchsetzungsfähigkeit

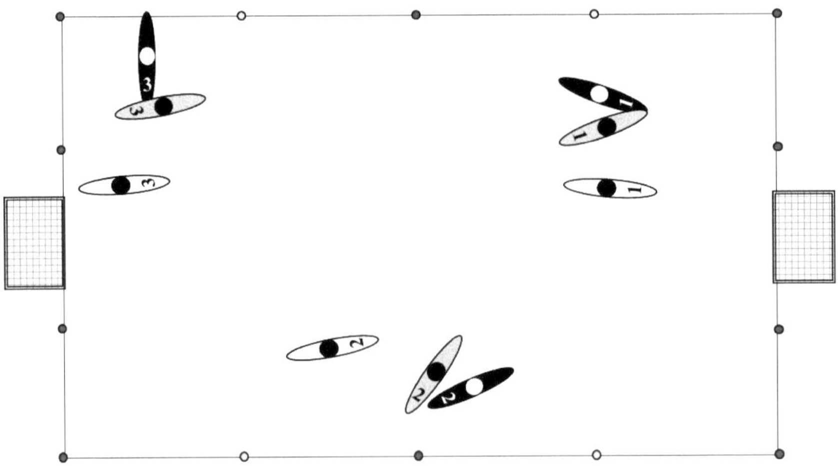

## 5.17 Jeder gegen Jeden

Bei diesem Spiel wird Kanupolo nach folgenden abgewandelten Regeln gespielt. Alle Spieler spielen auf ein Tor gegeneinander. Ziel des "Kleinen Kanupolo-Spiels" ist, möglichst viele Tore für sich zu erzielen. Dabei darf von jeder Position geworfen werden. Hat ein Spieler das Tor getroffen, müssen sich alle anderen Spieler mit dem Heck auf die Torlinie stellen und der Torschütze darf den Ball beliebig in das Feld einwerfen. Berührt der Ball die Wasseroberfläche ist der Ball freigegeben und alle Spieler dürfen um diesen kämpfen. Das Tor darf jeder beliebige Spieler verteidigen, er darf jedoch nicht zwei Bälle hintereinander halten, sondern muss nach einer erfolgreichen Verteidigung sofort die Position des Torwartes räumen. Verlässt der Ball das Spielfeld, gilt die Regel „Wer hat der hat!“ und es wird ein Eckball oder Seiteneinwurf ausgeführt. Der Einwurf oder Eckball darf auch von dem Spieler ausgeführt werden, der diesen selber herbeigeführt hat.

| | | |
|---|---|---|
| Wiederholungen: | | ca. 10 Minuten Spieldauer. Danach werden die Torschützenkönige ermittelt. |
| Ziel: | Verbesserung | + der Zweikampfstärke |
| | | + der Bootsbeherrschung |
| | | + der Reaktionsschnelligkeit |
| | | + der Fähigkeit auf schnell wechselnde Spielsituationen angemessen zu regieren |

**<u>Variante I:</u>** Zwei oder mehr Bälle sind im Spiel.

**<u>Variante II:</u>** Das Spiel auf zwei oder vier Tore zugleich.

# 6. Manndeckung

Die unterschiedlichen Formen der Manndeckung wurden bereits im Kapitel 1.7.6ff erläutert. Im weiteren Verlauf dieses Kapitels soll nun das Augenmerk auf das Verbessern der unterschiedlichen Fähigkeiten gelegt werden, die als Verteidiger in einer Manndeckung notwendig sind. Ebenso haben die Übungen das Ziel sich als Angreifer gegen eine Manndeckung zu behaupten. Neben einer gut ausgeprägten Zweikampfstärke (vgl. Kapitel 5) sind hier Übungen zu finden, in denen das richtige taktische Positionieren und das abgestimmte Zusammenspiel im Vordergrund stehen. Technische Fähigkeiten der Bootsbeherrschung, geschicktes Manövrieren des Bootes, ein sicheres Zusammenspiel mit den Mitspielern, aber auch die mentale Stärke, ruhig und konzentriert die Pässe zu spielen, um Fehler zu vermeiden, stehen besonders im Fokus.

## 6.1 Freie Seite

Es werden mind. 4 Spieler gebraucht um zwei Paare zu bilden. Nun wird eine Manndeckung gespielt. Das ballführende weiße Team muss versuchen den Ball zu halten. Dem Partner soll nach Möglichkeit immer eine "freie Seite" angeboten werden, auf die der Ball sicher gespielt werden kann. Die "freie Seite" bildet idealer Weise einen Korridor zwischen dem Ballführenden (1) und seinem Mitspieler (2), der möglichst frei von Gegenspielern ist. Wichtig ist, dass sich der Partner immer wieder in eine günstige Zuspielposition bringt.

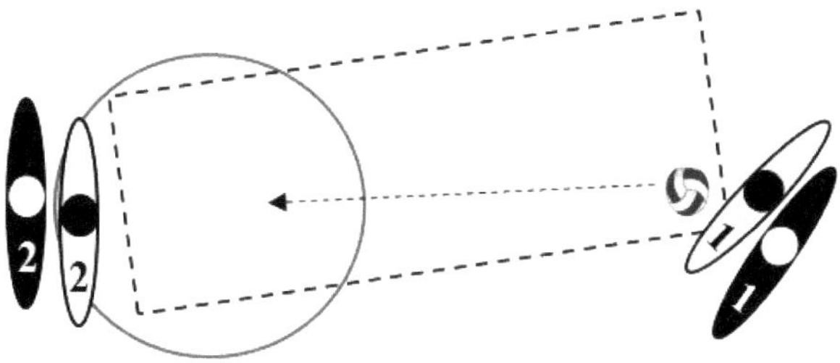

Ist der Korridor durch einen Verteidiger (1) zugestellt, ergibt sich für den Ballführenden (1) eine erschwerte Situation und das sichere Abspielen des Balles ist gefährdet. Der Ballführende hat nun die Möglichkeit den Zweikampf mit Verteidiger (1) einzugehen, um eine bessere Wurfposition einzunehmen oder um Zeit zu gewinnen, bis sein Mitspieler (2) eine günstigere Anspielposition eingenommen hat. Risikoreich wäre es, wenn der Ballführende versuchen würde, den Ball an dem schwarzen Verteidiger (1) vorbei oder darüber hinweg auf die freie Seite des Mitspielers (2) zu spielen.

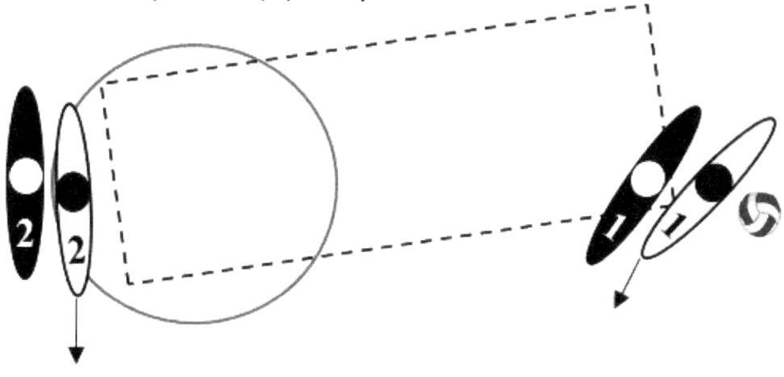

Besonders risikoreich ist die Zweikampfsituation zu bewerten, wenn beide Verteidiger zwischen den ballführenden Spielern stehen und der Korridor komplett versperrt ist. Die "freie Seite" des Anspielpartners (2) wäre nur mit viel Mühe und mit einer hohen und weiten Bogenlampe anspielbar. In dieser Situation ist der Zweikampf "Mann gegen Mann" zu empfehlen, um eine bessere Ab- oder Anspielstation zu erlangen.

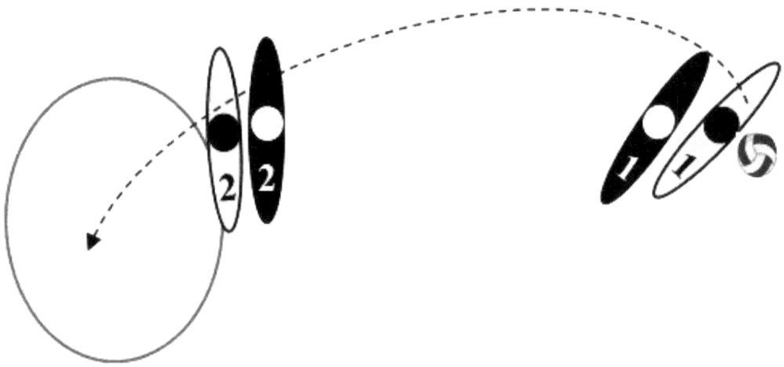


In der Manndeckung ist es <u>nicht</u> zwingend erforderlich den Ball direkt in die Hände zu passen. In häufigen Situationen ist es sinnvoller, in den Fahrweg des Partners oder in den beschriebenen sicheren Korridor zu passen. Der Vorteil besteht darin, dass sich der Partner nicht sofort im unmittelbaren Ballbesitz befindet. Dadurch darf er nicht sofort vom Gegenspieler geschubst werden. Zudem hat der Partner die Gelegenheit, sein Boot entsprechend zu manövrieren, um eine gute Position für den weiteren Spielverlauf zu erhalten, bevor er den Ball aufnimmt. Ein weiterer Vorteil im indirekten Anspiel des Partners liegt darin, dass der Ballbesitz und damit die 5-Sekundenregelung noch nicht beginnt. Ein Zeitspiel ist möglich, was insbesondere bei einem Torvorsprung der ballführenden Mannschaft und wenigen verbleibenden Minuten Spielzeit von Vorteil ist.

Wiederholungen: 5-8x (40 – 120 Sekunden.)

Ziel: Verbesserung + der Zweikampfstärke

+ des Zusammenspiels

## 6.2 Parzellendecken

Das Spielfeld wird in vier Parzellen eingeteilt. Die Markierungen der 6-Meterzone und der Mittelinie dienen zur Orientierung. Acht Spieler werden in zwei Teams, schwarz und weiß aufgeteilt. In jeder Parzelle soll sich jeweils aus jeder Mannschaft ein Spieler positionieren. Nun beginnt der schwarze Spieler (1) an der Grundlinie und versucht sich innerhalb seiner Parzelle gegen seinen weißen Gegenspiel (1) durchzusetzen und den Ball sicher zu seinem Mitspieler in die nächste Parzelle zu passen. Es darf keine Parzelle übersprungen werden. Ist der Ball in der letzten Parzelle angekommen, ist der Torwurf der Abschluss des Durchgangs. Wechselt der Ball zwischenzeitig in den Besitz der gegnerischen weißen Mannschaft, geht das Spiel automatisch in die andere Richtung weiter. Die Mannschaft, die die meisten Tore erzielt gewinnt.

Wiederholungen: 4-6 Torwürfe

Ziel: Verbesserung + der Zweikampstärke

+ des Spielverständnisses

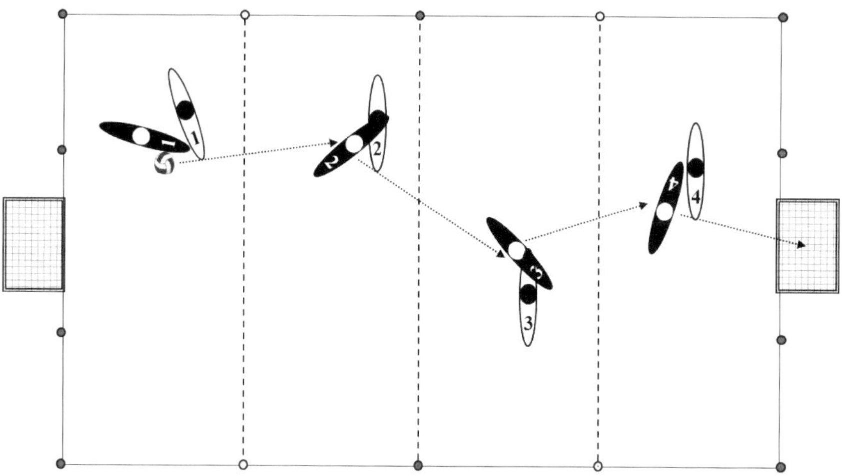

## 6.3 10er-Ball

Es werden zwei gleichstarke Mannschaften gebildet. Die schwarze Mannschaft ist im Ballbesitz und hat die Aufgabe, den Ball innerhalb ihre Mannschaft zehnmal zu passen. Haben sie es geschafft erhält die Mannschaft einen Punkt und die andere Mannschaft bekommt den Ball. Die Mannschaft, die nicht im Ballbesitz ist, versucht den Ball abzujagen und ebenfalls 10 Pässe zu schaffen (vgl. Bauer/Schulte, S. 139).

Tipp: Es ist sinnvoll, dass die Spieler die gefangenen Pässe laut mitzählen. Steigerung: Jede Berührung des Balls durch ein gegnerisches Paddel etc. bewirkt, dass die Mannschaft im Ballbesitz erneut von eins beginnen muss zu zählen.

Ziel: Verbessrung + der Absprachen im Team

+ der Bootsbeherrschung

+ der Zweikampfstärke

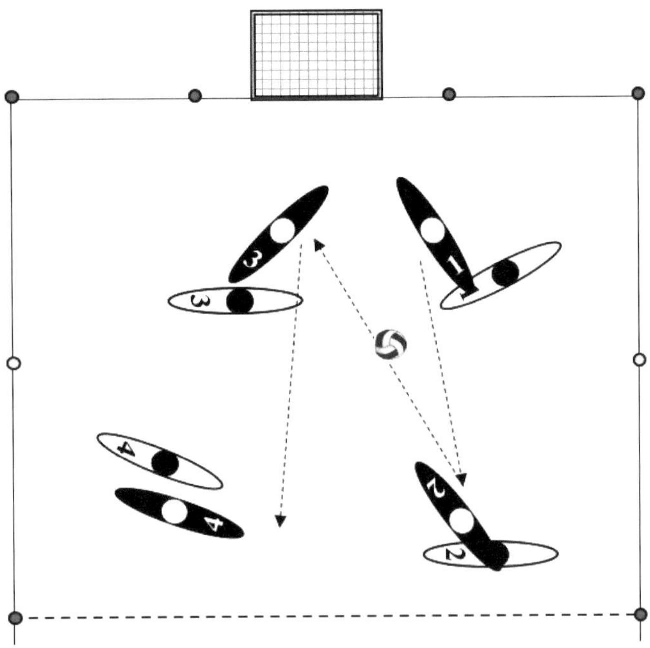

## 6.4 Linienkampf mit Ball

Es werden gleichstarke Paare gebildet. Jedes Paar hat einen Ball. Die Paare liegen im Spielfeld verteilt. Der ballführende Spieler soll nun gegen seinen Angreifer den Ball behaupten und sich nicht mit dem Ball über die Tor- oder Seitenauslinie drängen lassen. Zu beachten ist, dass der Ballführende gemäß des Regelwerks nur für 5 Sekunden den Ball halten darf. Er muss ihn innerhalb dieser Zeitvorgabe mindestens einen Meter treiben, um keinen Regelverstoß zu begehen.

Wiederholungen: 5 Durchgänge je Spieler

Ziel: Verbesserung + der Zweikampfstärke

+ der Ballführungsverhaltens

+ der Bootsbeherrschung

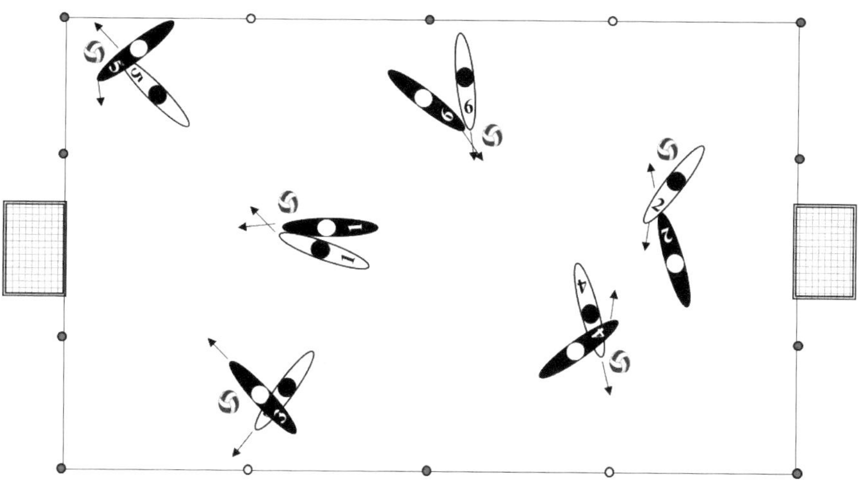

# 7. Center

Der Center ist eine Positionsbezeichnung im Kanupolo und meist ein sehr wurfgewandter und körperlich starker Spieler einer Kanupolo-Mannschaft. Er sollte über eine gute Bootsbeherrschung im Zweikampf verfügen.

Die Aufgaben des Centers beschränken sich im Angriffspiel fast ausschließlich auf die Arbeit innerhalb der gegnerischen 6-Meterzone. Der Center versucht, sich möglichst direkt vor dem gegnerischen Torwart unter dem Tor zu positionieren und eine erfolgsversprechende Wurfposition zu erarbeiten.

Der Center steht dabei idealerweise mit dem Blick zum gegnerischen Tor und mit dem Rücken zum eigenen Tor. Er versucht, sich in eine gute Position zu bringen, indem er schiebt, also den Gegner mit dem eigenen Boot wegdrückt. Er versucht, seinen Platz über mehrere Sekunden zu behaupten. Aus diesem Grund sind Center in der Regel sehr massig.

Die Centerposition ist für eine Kanupolomannschaft am schwersten zu besetzen, da athletische, zugleich technisch versierte und wurfstarke Center-Spieler sehr selten sind. Ist ein geübter Center vorhanden, ergeben sich im Angriffspiel dadurch vielfältige Chancen und Möglichkeiten.

Ein Center kann nur dann erfolgreich sein, wenn er auch von seinen Mitspielern wahrgenommen und angespielt wird. Für das Kanupolotraining ergeben sich daher zwei Trainingsschwerpunkte für ein erfolgreiches Centerspiel.

Zum anderen muss der Center die notwendigen Skills für seine Position erlernen:

- Gefühl für gute Position
- Paddel- und Bootstechnik
- sicherer Halt
- Abschluss

Dazu gehört, ein Gefühl dafür zu entwickeln, wie die richtige Position in der gegnerischen Abwehr zu finden ist. Sie kann durch eine optimierte Paddel- und Bootstechnik eingenommen werden. Von besonderer Bedeutung sind ebenfalls ein guter Blick für freie Räume, in die gerückt werden kann, um das Anspiel zu erhalten sowie der sichere Halt im Boot vor und während des Ballbesitzes. Der abschließende, sichere, platzierte und kraftvolle Schuss auf das verteidigte Tor komplettiert schließlich die erforderlichen Fähigkeiten des Centers.

Die Zuspieler müssen die Fähigkeit besitzen, den Center präzise anzuspielen. Diese Fähigkeit ist nicht zu unterschätzen, da hierfür neben den Skills des Zuspiels auch eine gute Spielübersicht von besonderer Bedeutung ist. Der Zuspieler muss schnelle, präzise und harte Pässe zum Center spielen können, dafür kurz auftretende Lücken nutzen oder an Gegenspielern vorbei spielen können.

## 7.1 Center-Reaktion

Es wird ein Innenstirnkreis gebildet, in dessen Mitte sich ein Center (6) befindet. Alle Spieler des Kreises sind im Besitz eines Balles. Der Trainer ruft nun die Nummer eines dieser Spieler. Dieser Spieler passt den Ball zügig, möglichst auf Brusthöhe zum Center. Der Center hat die Aufgabe schnell zu reagieren und den Ball zu fangen. Anschließend wirft er den Ball zum Passgeber zurück. Daraufhin erfolgt ein neues Kommando des Trainers usw.

Wiederholungen: 15-20 je Center

Ziel: Verbesserung + des Centeranspiels

+ des Fangens und Passens

+ der Reaktionsfähigkeit

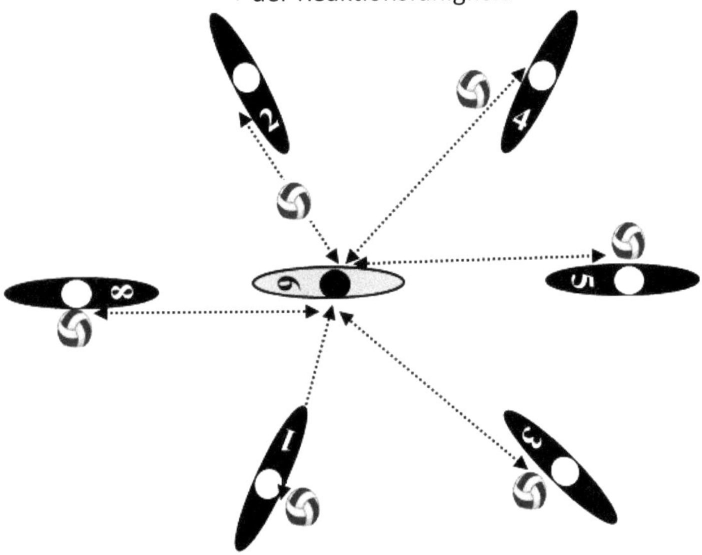


**Variante:** Die Spieler passen ohne Kommando des Trainers den Ball zum Center. Die Spieler müssen bei dieser Variante sehr gut darauf achten, wer und wann den Ball spielt. Es dürfen nicht zwei Bälle gleichzeitig zum Center geworfen werden.

## 7.2 Schnellschuss

Es wird ein Innenstirnkreis auf Höhe der 6-Meterzone gebildet, in dessen Mitte sich ein Center (1) befindet. Der Center (1) blickt zum Tor. Alle Spieler des Kreises besitzen zwei Bälle. Die Kreisspieler passen nun abwechseln und nacheinander dem Center schnell die Bälle zu. Der Center schießt diese Bälle direkt und gezielt, zunächst auf das unverteidigte, später auf das verteidigte Tor.

Wiederholungen: 6-10 Durchgänge

Ziel: Verbesserung + des Fangens und Passens

+ der Reaktionsfähigkeit

+ des Centeranspiels

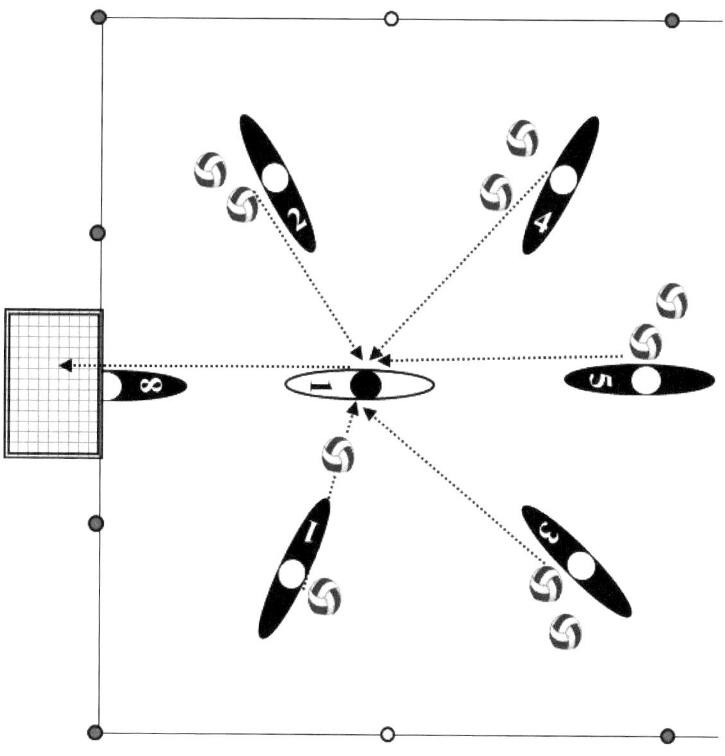

## 7.3 Stecker

Zwei Werfer (1)+(2) stehen sich im Abstand von 2-3 Metern gegenüber. Ein weiterer Spieler (3) stellt sich quer zwischen die beiden Werfer (1)+(2). Die Werfer sollen sich nun schnell und präzise den Ball zupassen ohne dass dieser vom Mittelmann (3) berührt wird. Ihr Auftrag ist, gezielt den Ball an dem Mittelmann (3) vorbei zu stecken. Dabei sind Stecker, also schnelle, einarmige Druckpässe ohne Ausholbewegung zu üben. Außerdem sind die Bälle schnell über den Kopf des Mittelmanns (3) zu spielen. Bogenlampen sind nicht gestattet. Der Mittelmann (3) darf aktiv um den Ball kämpfen.

Wiederholungen: 25-30 Pässe je Durchgang

Ziel: Verbesserung + der Wurfgenauigkeit<br>+ des Fangens und Passens<br>+ des Centeranspiels

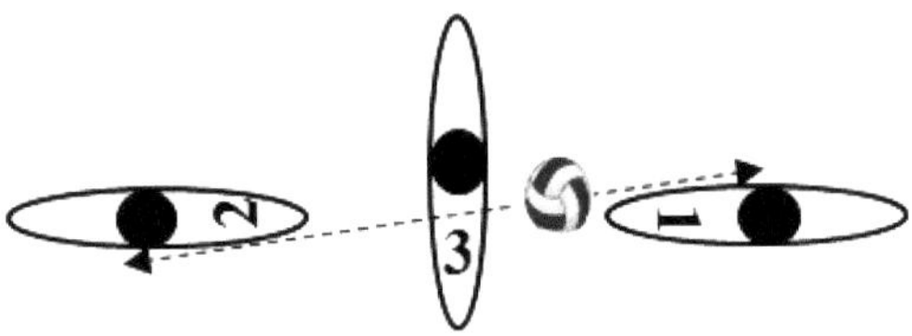

## 7.4 Steckerkette

Es werden zwei Teams gebildet. Die Spieler legen sich abwechselnd nebeneinander, Luke an Luke in eine Reihe. Der Abstand zwischen den Booten beträgt ca. 10-30 cm. Nun soll der Ball innerhalb einer Mannschaft von Spieler zu Spieler gesteckt werden, bis der Ball am Ende der Kette angekommen ist. Erreicht der Ball den weißen Spieler (1) erhält das weiße Team einen Punkt. Erreicht der Ball den schwarzen Spieler (5) erhält das schwarze Team einen Punkt. Blockt eine Mannschaft den Stecker der Gegner, so wechselt der Ballbesitz an der geblockten Stelle und wandert in die entgegengesetzte Richtung.

Wiederholungen: 5-10 Durchgänge

Ziel: Verbesserung + der Wurfgenauigkeit

+ des Fangens und Passens

+ des Centeranspiels

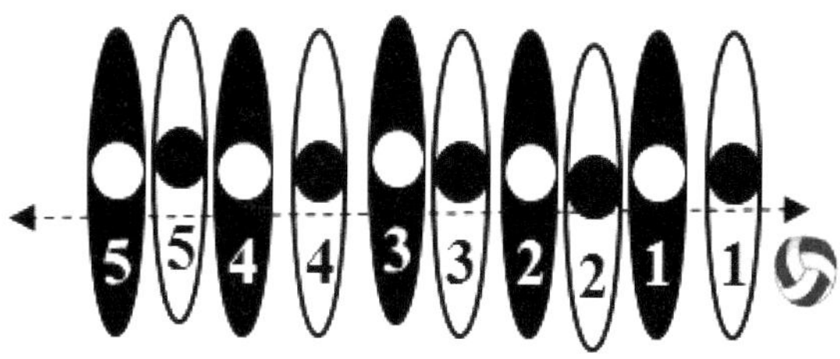

## 7.5 Centeranspiel I

Es werden ein Verteidiger (2), ein Center (1) und ein Torwart (8) bestimmt. Der Torwart (8) positioniert sich unter dem Tor und der Center (1) mit dem Verteidiger (2) unmittelbar davor. Der Center (1) steht zwischen Torwart (8) und dem Verteidiger (2). Die Angreifer gruppieren sich auf Höhe der Mittellinie und sprinten nacheinander auf die Abwehr zu. Auf dem Weg dorthin erhalten sie einen Pass und müssen so schnell wie möglich um den Abwehrspieler (2) herum zum Center (1) passen. Dabei sollen schnelle Pässe direkt über den Kopf oder um den Körper des Abwehrspielers (2) herum gespielt werden. Ist ein Zuspiel nicht möglich oder zu riskant, darf der Angriff abgebrochen werden.

Wiederholungen: 10-15 Versuche je Spieler

Ziel: Verbesserung + der Reaktionsfähigkeit

+ des Positionierungsgeschicks

+ der Ballsicherheit

+ des Centeranspiels

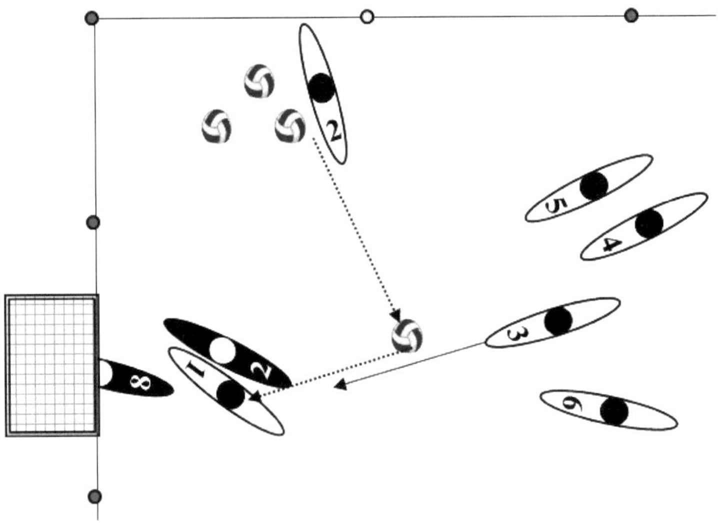

## 7.6 Centeranspiel II

Ein Torwart (8) positioniert sich unter dem Tor und ein Center (1) davor. Auf Höhe der 6 Meterlinie stehen drei weitere Verteidiger (2)+(3)+(4). Diese dürfen nicht in die hinter ihnen liegende 6 Meterzone rücken. Der anfahrende Spieler (3) versucht an der Abwehrkette den Ball vorbei zum Center (1) zu spielen. Die Abwehrkette, auf Höhe der 6 Meterlinie versucht dieses zu verhindern. Stecker über die Köpfe der Abwehrspieler hinweg sind ausdrücklich erlaubt, Bogenlampen nicht!

Wiederholungen: 8-10 Durchgänge

Ziel: Verbesserung + des Fangens und Passens

\+ der Reaktionsfähigkeit

\+ des Centeranspiels

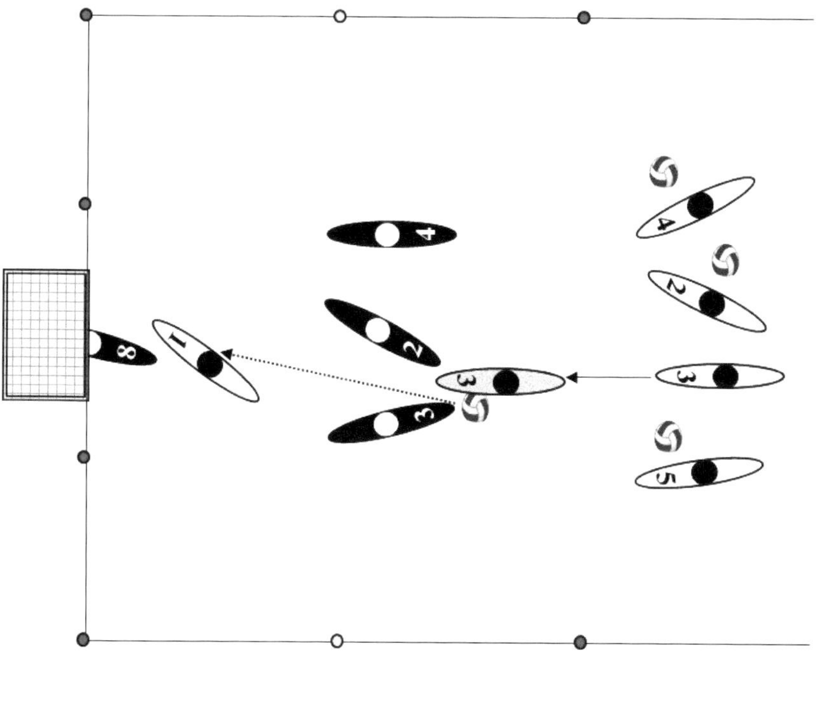

## 7.7 Stecker auf das Tor

Der Torwart (8) positioniert sich unter dem Tor. Ein Center (1) positioniert sich vor dem Tor. Ein weiterer Spieler (2) positioniert sich als Passgeber auf Höhe der 6-Meterlinie. Der Passgeber (2) spielt die Bälle nacheinander zum Center (1). Der Center (1) versucht ausschließlich über schnelle einarmige Stoßwürfe (Stecker) den Ball platziert in das Tor zu bringen. Der Torwart (8) verteidigt das Tor aktiv.

Wiederholungen: 20-30 Schüsse

Ziel: Verbesserung + der Reaktionsfähigkeit des Torwarts

\+ Wurfgenauigkeit des Angreifers

\+ der Stoßwürfe

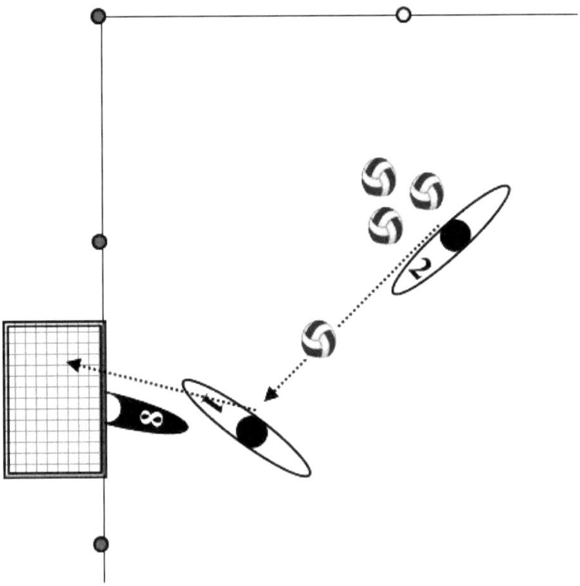

## 7.8 Schnellschusssolo

Der Center (1) steht auf einer möglichen Centerposition und wirft gezielt und möglichst präzise die Bälle nacheinander auf das Tor. Der Torwart (8) verteidigt das Tor. Der  Center (1) schießt den Ball auf verschiedene Weisen und in verschiedene Bereiche des Tores.

Wiederholungen: 20-30 Schüsse

Ziel: Verbesserung + des Centerabschluss

+ der Wurfgenauigkeit

+ der Torverteidigung

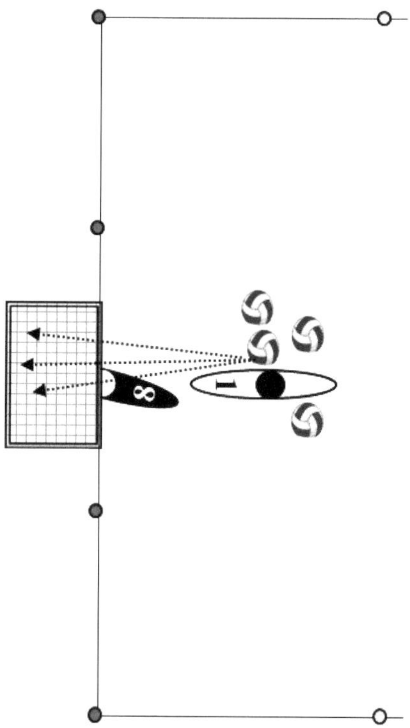

## 7.9 Königsball

Ein weißer König (1) wird bestimmt. Um ihn herum positionieren sich in einem Innenstirnkreis sechs weiße Zuspieler. Zwischen dem König und den Zuspielern werden drei schwarze Abwehrspieler (1)+(2)+(3) positioniert. Der König soll durch schnelle flache Pässe angespielt werden und diese wieder sicher zurück zu den Zuspielern passen. Der König erhält für jeden gefangenen Ball einen Punkt, die Abwehrspieler für jeden abgewehrten Ball. Während der gesamten Übung sind lediglich die Abwehrspieler in Bewegung. Der König und die Zuspieler sollen mit ihren Booten möglichst stillliegen. Der Ball darf aber unter den Zuspielern hin und her gepasst werden, bis an einer Stelle eine Gasse zwischen den Abwehrspielern entsteht, durch die der Ball sicher zum König geworfen werden kann.

Ziel: Verbesserung
+ des direkten schnellen Spiels
+ des Centeranspiels
+ der individuellen Abwehrfähigkeit
+ der Wurfgenauigkeit

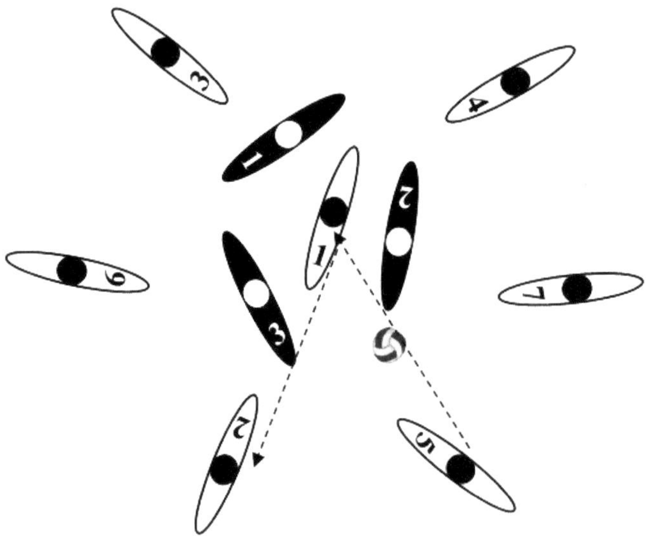

# 8. Torverteidigung und Torwurf

Die Position des Torwartes ist in den Deutschen-Wettkampfregeln für Kanupolo in §126 definiert.

Das Regelwerk definiert die Rolle des Torwartes sehr umfangreich und bestimmt das Agieren des Torwartes zur Torverteidigung, frei von äußeren Störungen durch Gegenspieler. Jeder Mannschaft muss die aktive Verteidigung des Tores mit dem Paddel ermöglicht werden. Damit bildet der Torwart ein zentrales Element in der defensiven Verteidigungsform und hat einen vergleichbaren Stellenwert wie ein Torhüter im Handball, Fußball oder Hockey. Jedoch unterscheidet sich die Position des Torverteidigers gegenüber den anderen großen Ballsportarten elementar im Angriffsspiel. Im Kanupolo bleibt der Torwart während eines Angriffspiels nicht in der Defensive zurück, sondern wird aktiv im Angriff eingebunden. Er kann sowohl Positionen im Defensivbereich des Angriffsspiels, als auch im Offensivbereich innerhalb der gegnerischen 6-Meterzone übernehmen und bleibt nur in seltensten Fällen z.B. in einer eigenen Überzahlsituation im Tor zurück.

Auch die Pflicht zur Bestimmung eines festen Torverteidigers geht aus dem Regelwerk nicht hervor. Jeder der fünf Feldspieler einer Mannschaft kann zu jeder Zeit des Spiels die Position des Torwartes einnehmen und diese beliebig im Spiel wechseln.

Jedoch hat sich in der modernen Spielweise des Kanupolo inzwischen ein klares Positionsspiel mit festgelegten Rollen etabliert. Dadurch nehmen in der Regel die Spieler einer Mannschaft, je nach Spielsituation, immer dieselben Positionen ein. So auch der Torwart. Der Torwart ist idealerweise der Spieler, der über eine schnelle Reaktionsfähigkeit, eine hervorragende Paddelführung und gute Konzentrationsfähigkeiten verfügt. Darüber hinaus muss er ein gutes taktisches Verständnis besitzen und Spielverläufe frühzeitig erkennen. Er muss rechtzeitig zur Verteidigung in das Tor zurückkehren oder bei einem missglückten Angriffsspiel der Gegner schnell in das eigene Angriffsspiel umschalten können. Ein großer Vorteil besteht zudem darin, wenn ein Torwart Wurfpositionen und Wurfarten frühzeitig erkennen kann und durch eine geschickte Paddelstellung sich auf die zu erwartenden Würfe einstellt. Eine besondere Merkfähigkeit über bevorzugte Wurfweisen der Gegenspieler ist zudem wünschenswert.

Der Torwart trägt mit seinen spezifischen Fähigkeiten in entscheidender Weise, gerade in der Defensive dazu bei, ob das Spiel gewonnen oder verloren wird. Ein überragender Torwart kann seine Mannschaft in entscheidenden Situationen vor einem Gegentreffer bewahren und zum großen Rückhalt der Mannschaft werden.

Aus diesem Grund muss im Kanupolotraining die Ausbildung des Torwartes eine besondere Stellung erhalten. Ist ein Spieler für die Position des Torwartes besonders geeignet und für diese ernannt, können seine Fähigkeiten durch ein gezieltes Training verbessert werden.

Mit dem gezielten Torwarttraining lässt sich aber auch ein gezieltes Wurftraining für die restlichen Spieler einer Mannschaft kombinieren. Ein guter Torwart ist auf die Kreativität, Vielfalt und die unterschiedlichen Wurfweisen der Gegenspieler angewiesen, um seine Fähigkeiten zu erweitern. Daher sind motivierte Schützen, die ehrgeizig versuchen an dem Paddel des Torwartes vorbei zu schießen die besten Trainingspartner.

In Abgrenzung zu den anderen Kapiteln, in denen die Fähigkeiten des Torwartes eher beiläufig trainiert wurden, soll bei den Übungen in diesem Abschnitt gezielt die Torwartentwicklung im Fokus stehen.

## 8.1 Paddelgleiten

Die Spieler halten ihre Paddel im üblichen Oberhandgriff. Sie sollen nun, aus der Ausgangsposition abwechselnd nach links und nach rechts das Paddel strecken. Dabei soll das Paddel teleskopartig durch die Hände gleiten und möglichst weit gestreckt werden. Zunächst soll nur eine Verlagerung der Hände am Schaft erfolgen. Gleitet das Paddel gut durch die Hände ohne das es aus den Händen rutscht, darf eine Hand umgreifen und die äußerste Paddelblattkante greifen. Streckt der Spieler nun seine Arme und Körper dem Ziel entgegen ist der größte Aktionsradios erreicht, um ein Ball mit dem Paddel abzuwehren oder abzufangen

Wiederholungen: 15-20x je Seite und über Kopf

Ziel: Verbesserung + der Paddelführung

+ der Reaktionsfähigkeit

## 8.2 Schussabwehr

Der Torwart liegt auf einer beliebigen Position des Spielfeldes. Das Paddel liegt locker mit beiden Händen gegriffen auf der Spritzdecke. Ihm gegenüber steht ein Schütze. Dieser Schütze schießt nun nacheinander links, rechts, über oder vor das Boot des Torwartes. Der Torwart muss blitzschnell reagieren und soll den Ball abwehren. Nach jedem Schuss legt der Torwart das Paddel zurück die Ausgangsposition.

Wiederholungen: 40-50 Schüsse je Torwart

Ziel: Verbesserung + der Reaktionsfähigkeit

+ der Ballannahme mit dem Paddel

+ der Ballabwehr mit dem Paddel

+ der Wurfgenauigkeit

## 8.3 Kirschen pflücken

Der Torwart verteidigt das Tor. Alle anderen Spieler befinden sich auf Höhe der Mittellinie und werfen hohen Bogenlampen auf das Tor. Der Torwart soll diese lockeren, aber hoch in das Tor kommenden Bälle wie "Kirschen" mit dem Paddel aus der Luft pflücken, eh sie in dem Tor landen. Idealerweise nimmt der Torwart die Kirsche so an, dass sie anschließend auf dem Paddelblatt liegt ohne zuvor im Wasser oder in gegnerischen Händen zu landen.

Wiederholungen: 20-30 Schüsse je Torwart

Ziel: Verbesserung + der Torverteidigung

+ der Annahme hoher Schüsse

+ der Wurfgenauigkeit

## 8.4 Gezielte Platzierung

Der Torwart positioniert sich unter dem Tor. Die Trainingspartner positionieren sich an der Mittellinie und fahren abwechselnd mit dem Ball auf das Tor zu, um von der 6-Meterlinie auf das Tor zu schießen. Der Trainer hat die Schützen zuvor instruiert in welchen Abschnitt des Tores sie zu werfen haben.

Wiederholungen: 20-30 Schüsse

Ziel: Verbesserung + der Torverteidigung

+ der Wurfgenauigkeit

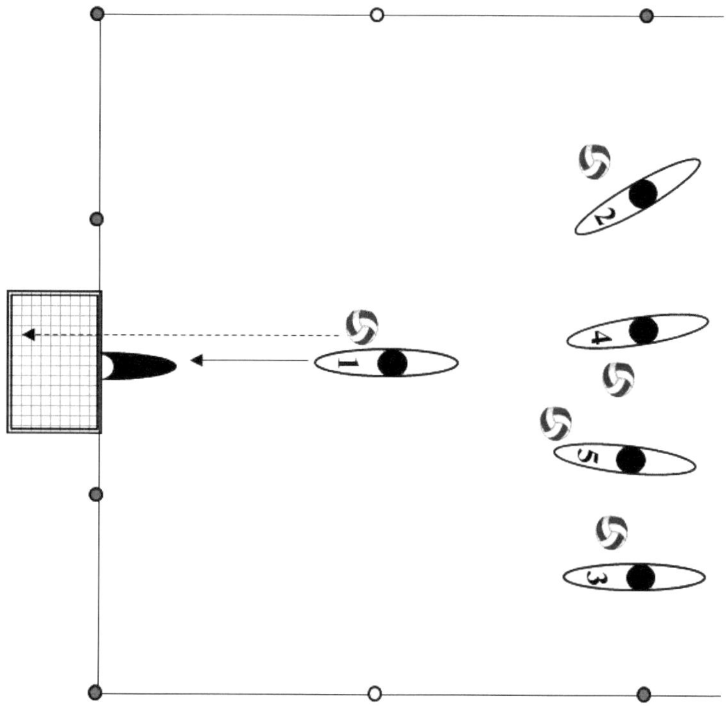

**Variante I:** Alle Schützen haben dieselbe Zielvorgabe. Die Zielvorgabe wird erst dann verändert, wenn der Torwart diese durchblickt hat.

**Variante II:** Jeder Schütze erhält eine andere Zielvorgabe (z.B. Tormitte, linke/untere Ecke, Unterlatte Mitte, usw.) und behält sie bei. Wenn der Torwart die Zielvorgaben der Spieler durchblickt hat, werden diese erneut verändert.

**Variante III:** Jeder Schütze muss einen außergewöhnlichen Wurf (z.B. einhändigen Stoßwurf, beidhändigen Stoßwurf, "Ei", Hinterrückswurf, usw.) auf das Tor ausführen.

## 8.5 Ausbolzen

Ein erster Torwart wird bestimmt. Dieser Torwart besitzt 5 Punkte. Alle anderen Spieler legen eine Wurfreihenfolge fest, in der sie nacheinander auf das Tor werfen. Jeder Werfer besitzt zu Beginn nur 4 Punkte. Ziel des Spieles ist, möglichst lange seine Punkte zu verteidigen und zu erhalten. Der Spieler der zuletzt als einziger noch Punkte besitzt, hat das Spiel gewonnen.

Die Spieler werfen nun abwechselnd von der Penaltylinie auf das verteidigte Tor. Trifft der Schütze das Tor, bleibt sein Punktekonto unangetastet, jedoch verliert der Torwart einen Punkt. Der Schütze reiht sich wieder am Ende der Gruppe ein.

Verteidigt der Torwart erfolgreich das Tor oder verwirft der Schütze den Ball, wird der Schütze zum Torwart. Der ehemalige Torwart übernimmt die Position des Schützen und reiht sich am Ende der Gruppe ein.

Achtung: Die Punkte können nur in der Position des Torwartes verloren werden. Hat ein Spieler alle Punkte verloren, scheidet er aus.

### 8.6 Lattenwerfen

Die Spieler legen eine Wurfreihenfolge fest und werfen nacheinander von der Penaltylinie auf das unverteidigte Tor. Ziel der einzelnen Spieler ist, so schnell wie möglich Tore mit Pfosten- oder Lattenkontakt in folgender Reihenfolge:

1. Linker Pfosten – Tor
2. Rechter Pfosten – Tor
3. Unterlatte – Tor
4. Oberlatte – Tor

zu werfen. Dabei muss der Ball unbedingt die angegebene Latte oder Pfosten berühren/steifen und dann im Tor landen. Außerdem darf jeder Spieler immer nur einmal werfen und muss sich anschließend wieder am Ende der Gruppe einreihen.

Der Spieler der als Erster alle vier Treffer erzielt gewinnt das Spiel.

## 8.7 Zielwerfen

Das Tor wird mit Hilfe von Absperrband oder zwei Paddeln und Spanngurten in vier oder sechs Zielrechtecke unterteilt. Die Spieler sollen nun mit dem Ball von der Mittellinie aus auf das Tor zufahren und in ein zuvor bestimmtes Zielrechteck des Tores werfen.

Wiederholungen: 10-20x je Abschnitt

Ziel: Verbesserung + der Wurfgenauigkeit

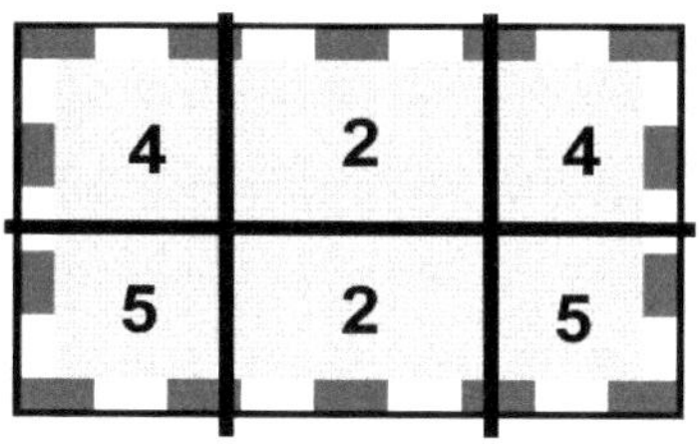


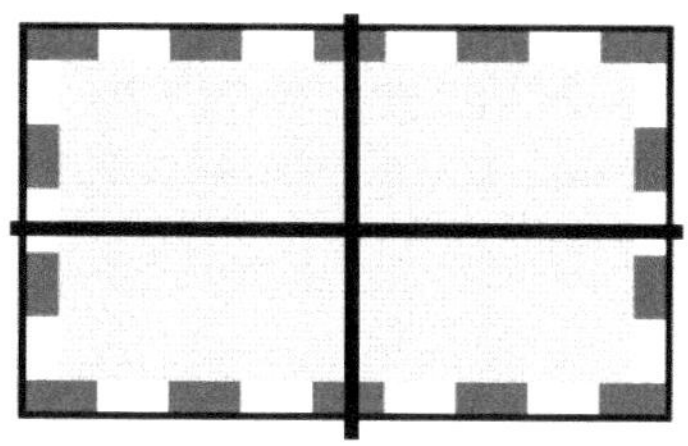

**Variante I:** Das Zielrechteck wird vom Trainer bestimmt. Die Entfernung zum Tor wird nach und nach vergrößert.

**Variante II:** In Wettbewerbsform haben die Spieler die Aufgabe in einer festgelegten Wurfreihenfolge die Zielrechtecke zu treffen (siehe Übung 8.6 Lattenwerfen).

**Variante III:** Zur Steigerung der Übung können unterschiedliche Wurftechniken angewandt werden, die präzise in ein Abschnitt des Tores geworfen werden müssen. Auch das Werfen des Balls mit dem Paddel ist denkbar.

**Variante IV:** Das Tor wird in sechs Zielrechtecke unterteilt, die nach einem Treffer eine unterschiedliche Anzahl an Punkten ergeben. Der Spieler, der zuerst 50 Punkte erzielt, gewinnt.

## 9. Kraftspiele

Die spezifische Kraftleistung eines Sportlers in einem 20minütigen Kanupolospiel spielt eine erhebliche Rolle. Die vielen Paddelschläge zur Vorwärtsbewegung, Bootskorrektur, der Abbremsung oder der Wiederaufnahme der Fahrt werden mit unterschiedlicher Kraftintensität ausgeführt. Bei jedem der 300 - 400 einzelnen Paddelschläge pro Spiel muss der Sportler sein Boot am im Wasser fest verankerten Paddel vorbei ziehen, wobei ein Kraftaufwand von 18-25kg pro Schlag aufgebracht wird. Zu dieser Kraftleistung kommt zudem noch die maximale Kraftleistung, um beispielsweise im direkten Bootskontakt gegen einen gegnerischen Spieler anzupaddeln. Je nach Spielerposition kann die Kraftleistung daher sehr unterschiedlich sein. Ein Abwehrspieler auf einer Pfostenposition muss über mehrere Minuten nicht nur das Boot am Paddel vorbeiziehen, sondern auch gegen den Wiederstand seines Gegenspielers ankämpfen, um seine Position zu halten. Diese Anforderung setzt eine hohe Maximalkraftleistung voraus, die über mehrere Minuten permanent (Kraftausdauer) erbracht werden muss. Ein weiteres Beispiel für eine hohe spezifische Kraftleistung im Kanupolo ergibt sich, wenn das Boot aus der Ruhelage möglichst schnell auf das maximale Tempo zu beschleunigen ist. Bei den ersten Sprintschlägen können 30-50kg am Paddel wirken.

Diese Beschreibung macht deutlich wie wichtig die Kraftkomponente und damit ein spezielles Krafttraining für den Erfolg im Kanupolosport ist. Um die Anforderungen im Kanupolo möglichst erfolgreich umsetzen zu können, muss der Sportler die verschiedenen Kraftfähigkeiten - Maximalkraft, Schnellkraft und Kraftausdauer - trainieren.

Das Training dieser Fähigkeiten kann auf zwei Ebenen stattfinden. Ein mittlerweile insbesondere in den Wintermonaten auch unumgänglicher Weg, diese Kraftleistung zu trainieren, liegt in dem unspezifischen Training, dem Gewichttraining im Kraftraum. An dieser Stelle möchte ich jedoch auf das spezifische Krafttraining im Kanupoloboot eingehen. Auf dem Wasser gibt es zahlreiche Methoden, Kraftwiederstände, die der Kraftsteigerung dienen, zu erzeugen. Der besondere Vorteil im spezifischen Krafttraining liegt zudem darin, dass die Kraftfähigkeit trainiert wird, diese aber auch direkt mit den hohen technischen Anforderungen (z.B. Stütz- und Paddeltechnik, Körperhaltung, Gleichgewicht usw.) gekoppelt wird. Im weiteren Verlauf stelle ich nun einige praktische Beispiele zur Gestaltung eines abwechslungsreichen Wassertrainings für die Kraftfähigkeiten Kraftausdauer und Maximalkraft da.

## 9.1 Push on

Die Spieler bilden Paare. Jeweils ein Spieler wird zum Schieber (schwarz) und der Andere zum Geschobenen (weiß). Der Schieber stellt sich mit dem Heck auf die Grundlinie. Der Partner legt sich quer vor das Boot des Schiebers. Nun soll der Schieber so schnell wie möglich das Boot seines Partners über die gegenüberliegende Torauslinie schieben. Ein Wettkampf zwischen den Teams ist möglich.

Wiederholungen: 5-10 je Spieler

Ziel: Verbesserung + der Kraftausdauer

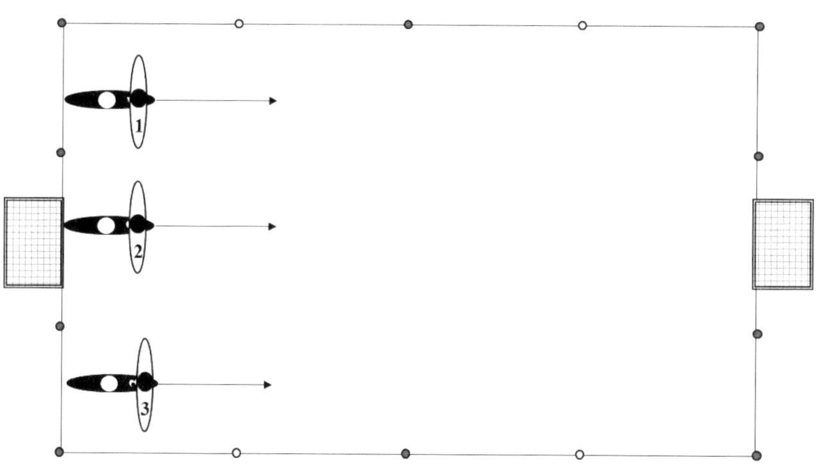

## 9.2 Schlepper

Die Spieler bilden Paare. Jeweils ein Spieler wird zum Schlepper (schwarz) und der Andere zum Geschleppten (weiß). Der Geschleppte stellte sich auf die Grundlinie und hält sich an dem Heck seines Schleppers fest. Der Schlepper muss nun so schnell wie möglich das Boot seines Partners über die gegenüberliegende Torauslinie schleppen. Ein Wettkampf zwischen den Teams ist möglich.

Wiederholungen: 8-10 je Spieler

Ziel: Verbesserung + der Kraftausdauer

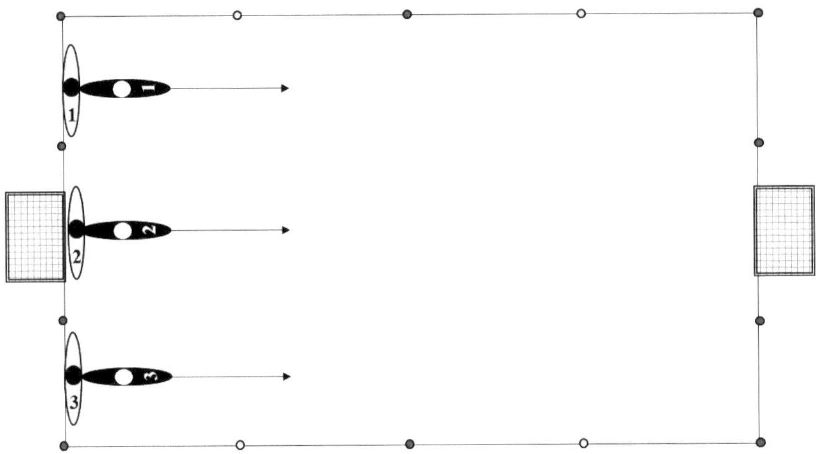

## 9.3 Push on -Team

Die Spieler werden in gleichstarke Teams aufgeteilt. Die Teams sollten aus 4-5 Spielern bestehen. Nun wird eine bestimmte Distanz (500-1000 Meter) bestimmt. Jeweils ein Spieler der Teams wird zum Schieber und ein Spieler zum Schiebenden. Der zu Schiebende legt sich quer vor das Boot des Schiebers. Nun soll der Schieber so schnell und kraftvoll wie möglich das Boot seines Partners schieben. Lassen die Kräfte nach, so übernimmt ein anderer Spieler des Teams die Position des Schiebers usw. Welches Team schafft es zuerst, die Ziellinie zu überfahren? Die Position des zu Schiebenden kann ebenfalls gewechselt werden.

Wiederholungen: 1-2 Durchgänge je nach Streckenlänge

Ziel: Verbesserung + der Kraftausdauer

+ des Mannschaftsgefühls

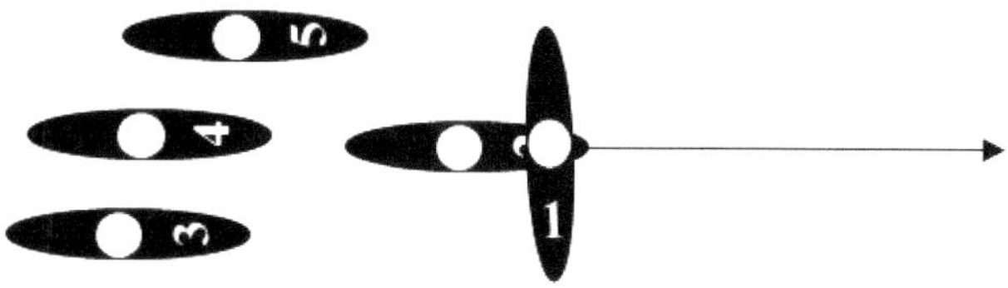


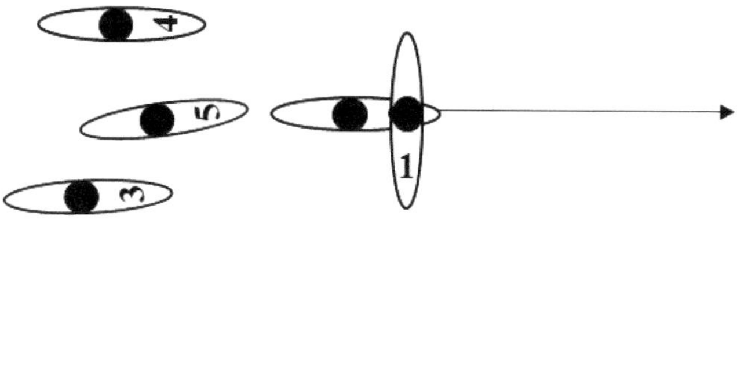

## 9.4 Bremse

Der Sportler kann mit dieser Übung ein spezifisches Kraftausdauertraining auf dem Wasser durchführen. Hierzu wird ein Widerstand an oder unter dem Boot angebracht, mit dem der Sportler eine bestimmte Strecke absolvieren muss.

- Ein Schwamm wird unter das Boot gespannt.
- Ein Eimer oder ein gefüllter 5-10-Liter Wassertank wird an einer Lastschlinge hängend hinter dem Sportler her gezogen.

Wiederholungen: Je nach Art der Bremse sind unterschiedliche Distanzen paddelbar. Mit der Tennisball- oder der Schwammbremse können weite Distanzen, z.B. 3000 Meter, zurückgelegt werden.

Der Eimer und der Wassertank bremsen das Boot so erheblich, dass schon nach wenigen Metern (500 - 800 Meter) das Muskelversagen einsetzt.

Ziel: Verbesserung + der Kraftausdauer

\+ der Maximalkraft

## 9.5 Tauziehen

Zwei Sportler stehen in einem Abstand von einem Meter Heck an Heck. Um ihre Bäuche wird eine 6m lange Lastschlinge gelegt, die sie miteinander verbindet. Auf ein Kommando paddeln beide Sportler vorwärts und versuchen mit dem maximalen Kraftaufwand den Gegner über eine ca. 5-6m entfernte Markierung zu ziehen.

Wiederholung: 3-4

Ziel: Verbesserung + der Maximalkraft

+ der Kraftausdauer

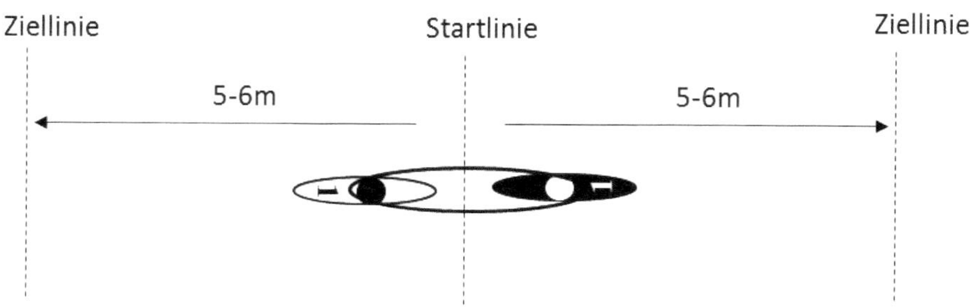

## 9.6. Partnerbremse

Es werden Paare gebildet. Die Sportler stehen hintereinander. Um ihre Bäuche wird eine 6m lange Lastschlinge gelegt. Auf ein Kommando paddeln beide Sportler vorwärts in dieselbe Richtung. Nach wenigen Metern versucht der Hintermann den Vordermann langsam auszubremsen. Zunächst dadurch, dass er seine eigene Paddeltätigkeit nach und nach reduziert bzw. einstellt. Um den Wiederstand noch weiter zu erhöhen paddelt der Hintermann rückwärts. Bei dieser Übung wird die maximale Kraftleistung der Sportler gefordert. Der Hintermann entscheidet über die Intensität der Kraftleistung.

Wiederholung: 3-4

Ziel: Verbesserung + der Maximalkraft

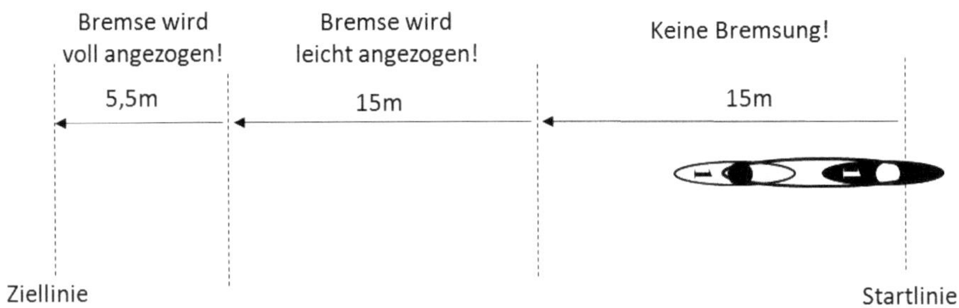

## 10. Kleine Kanupolo-Spiele

Eine spezifische Definition für "Kleine Spiele" im Kanupolo ist bisher nicht bekannt. In der Literatur zum Breitensport lassen sich jedoch zahlreiche Begriffsbestimmungen finden. **S. DÖBLER** beschreibt beispielsweise, dass "Kleine Spiele" eine von einem Spielgedanken ausgehende Folge von lustbetonten und freudvollen Handlungen sind, die in anregender und unterhaltender Form die körperlichen und geistigen Kräfte entwickeln und üben.

"Kleine Kanupolo-Spiele" umfassen hier daher diverse Formen von Spielen im Kajak, mit oder ohne Paddel oder Ball. Zudem können zur Ausgestaltung der Spiele zusätzliche Hilfsmaterialien verwendet, unterschiedliche Spielzeiten angewendet und die Spielfeldmaße oder die Anzahl der Mitspieler variieren. Die "Kleinen Kanupolo-Spiele" lassen sich von dem "Großen Kanupolo-Spiel" dadurch abgrenzen, dass es für sie kein festgelegtes und umfangreiches Regelwerk gibt und sie nicht in einem Punkte- oder Ligasystem ausgespielt werden.

"Kleine Spiele" sollen die Kanupolosportler zur Mitgestaltung animieren und Raum schaffen, um eigene Spielideen zu entwickeln, Regeln abzuwandeln, der Gruppe und den Gegebenheiten anzupassen. Diese Spielform besitzt zwar meist einen Wettkampfcharakter, jedoch steht hier nicht immer der Wettkampf und die Ermittlung eines Siegers im Mittelpunkt, sondern vielmehr das sportliche und gesellige Miteinander. Auch das gezielte Üben einer speziellen Fertigkeit durch zahlreiche Wiederholungen, wie in den vorangegangenen Übungen, ist nicht das Ziel der "Kleinen Kanupolo-Spiele".

Im Rahmen des Anfängertrainings können "Kleine Kanupolo-Spiele" zur ersten Heranführung oder als Brückenschlag zum "Großen Kanupolo-Spiel" verstanden werden. Wenige Regeln, einfache Aufgaben und Handlungsschritte ermöglichen eine spielerische Annäherung. Die hier aufgeführten Spiele setzen jedoch voraus, dass die Sportler bereits stabil im Kajak sitzen und sich mit einem Paddel fortbewegen können. Übungen zur Heranführung von Anfängern an den Kanusport sollen an dieser Stelle nicht im Fokus stehen, sind aber umfangreich im "Handbuch Kanusport" von **BAUER/SCHULTE** oder in "Kanuspiele" von **STEINHARDT/SINGER** dargestellt.

Innerhalb des täglichen Kanupolotrainings kommen "Kleine Kanupolo-Spiele" aber nicht nur im Nachwuchstraining zur Anwendung. Auch unter Fortgeschrittenen ist ein "kleines" Kanupolo-Spiel zur Auflockerung eines anstrengenden Trainingsabschnittes oder als Abschluss des Trainingstages sehr beliebt und eignet sich prima zur Abrundung einer Einheit.

Darüber hinaus eignen sich "Kleine Kanupolo-Spiele" zum Kennenlernen bei neuen Gruppen, zur allgemeinen Erwärmung, zur Förderung des Sozialverhaltens, zur Förderung der allgemeinen Spielfähigkeit oder zur Schulung von polospezifischen Bewegungsfähigkeiten.

Viele der hier aufgeführten Spiele sind aus dem Breitensport abgeleitet und auf die Gegebenheiten im Wasser angepasst. Viele kleine Hallenspiele lassen sich mit etwas Phantasie auch auf das Wasser und den Kanusport übertragen.

## 10.1 Kanupolo ohne Paddel

Es werden zwei gleichstarke Teams gebildet und Kanupolo nach den üblichen Regeln, jedoch ohne Paddel gespielt. Die Spieler dürfen sich nur mit den Händen paddelnd fortbewegen. Der Spielverlauf ergibt meist eine automatische Manndeckung, da ein Torwart ohne Paddel sinnlos ist.

## 10.2 Kanupolo-Rugby

Es werden zwei gleichstarke Teams gebildet und Kanupolo nach den üblichen Regeln, jedoch ohne Tore gespielt. Die Mannschaften müssen, um Punkte zu erzielen, den Ball auf der gegnerischen Torauslinie ablegen. Die gesamte Torauslinie ist als Punktelinie zu betrachten. An die Grundlinie werfen ist nicht erlaubt. Die Mannschaft, die am Ende der Spielzeit die meisten Punkte erzielt hat, hat gewonnen.

## 10.3 Fischer, Fischer

Es wird ein Fischer bestimmt. Dieser befindet sich auf einer Torlinie. Die restlichen Spieler befinden sich an der gegenüberliegenden Torlinie, mit Blickrichtung zum Fischer. Sie fragen den Fischer laut: „Fischer, Fischer wie tief ist das Wasser?“ Dieser antwortet: „...Meter!“. Die Spieler fragen: „Wie kommen wir da rüber?“ Der Fischer ruft ihnen eine Fortbewegungsmöglichkeit, z.B. rückwärts paddelnd, sprintend, wriggend, rollend etc. zu. Dann fahren alle Spieler los und versuchen anhand der entsprechenden Fahrweise auf die andere Seite des Spielfeldes zu gelangen ohne dass sie vom Fischer gefangen werden. Wer gefangen wurde, wird ebenfalls zum Fischer. Der Spieler, der als Letzter übrig bleibt, hat gewonnen (vgl. Bauer/Schulte, S. 132 oder Steinhardt/Singer, S. 35)

## 10.4 Weißer Hai

Es wird ein weißer Hai bestimmt. Dieser befindet sich auf der Torlinie. Die restlichen Spieler stehen auf der gegenüberliegenden Torlinie mit Blickrichtung zum weißen Hai. Der weiße Hai fragt laut: „Wer hat Angst vor dem weißen Hai?" Die Spieler antworten: „Niemand!". Der weiße Hai fragt erneut: „Und wenn er kommt?" Die Spieler antworten: „Dann paddeln wir!". Daraufhin fahren alle Spieler los und versuchen so schnell wie möglich auf die andere Seite des Spielfeldes zu gelangen, ohne dass sie vom weißen Hai gefangen werden. Wer gefangen wurde, wird ebenfalls zum weißen Hai und wird beim nächsten Seitenwechsel ebenfalls zum Fänger. Der Spieler der als Letzter übrig bleibt hat gewonnen (vgl. Bauer/Schulte, S. 132).

## 10.5 Jäger und Hase

Es werden ein oder mehrere Spieler als Jäger bestimmt, die im Besitz mehrerer Bälle sind. Alle anderen Spieler sind Hasen. Der Jäger soll die Hasen fangen. Dazu muss er mit dem Ball einen Hasen am Boot abwerfen. Die abgeworfenen Hasen scheiden aus dem Spiel aus. Den Hasen ist es aber erlaubt, den Ball mit dem Paddel oder der Hand abzuwehren, um weiterhin im Spiel zu bleiben (vgl. Bauer/Schulte, S.134).

## 10.6 Steh Bock lauf Bock

Es werden zwei Spieler als Fänger bestimmt. Alle anderen Spieler sind die Gejagten und verteilen sich im Spielfeld. Die Jäger haben die Aufgabe, die Gejagten zu fangen. Um sie zu fangen, müssen sie diese mit dem Ball am Boot abwerfen oder alternativ mit dem Paddel am Heck oder Bug berühren. Wer getroffen ist, muss sofort das Paddeln einstellen und sein Paddel senkrecht auf die Spritzdecke stellen. Alle anderen freien Spieler dürfen jedoch die Gefangenen durch eine Berührung des Bootes wieder in das Spiel holen. Sollte es den Jägern gelingen, alle Gejagten zu fangen, ehe sie wieder erlöst wurden, haben sie gewonnen. Die Gejagten dürfen den Ball mit dem Paddel abwehren, jedoch nicht aufnehmen.

## 10.7 Die Maus mit dem Goldzahn

Ein Spieler wird als Katze (weiß 1) bestimmt. Alle anderen Spieler sind Mäuse. Die Mäuse bestimmen still eine Maus mit einem Goldzahn aus ihren Reihen. Jetzt hat die Katze die Aufgabe die Maus mit dem Goldzahn (schwarz 6) zu fangen, indem sie die Mäuse anfährt oder mit dem Paddel berührt. Trifft die Katze eine Maus, ist diese gefangen und scheidet aus dem Spiel aus. Die Katze hat gewonnen, wenn sie die Maus mit dem Goldzahn gefangen hat. Die Mäuse haben gewonnen, wenn die Maus mit dem Goldzahn als Letzte übrig bleibt. Tipp: Die Mäuse müssen versuchen, die Katze auf die falsche Fährte zu locken (vgl. Bauer/Schulte, S. 133).

## 10.8 Feld freihalten

Die Spieler werden in zwei gleichstarke Teams aufgeteilt und das Spielfeld mit Hilfe einer Schwimmleine oder eines Gummibandes in der Spielfeldmitte sichtlich getrennt. In jedes Spielfeld werden nun mindestens 3 Bälle mehr als Spieler gegeben. Auf ein Kommando müssen die Spieler versuchen ihr Feld von den Bällen zu befreien und in die gegnerische Hälfte werfen. Nach ca. drei Minuten hat das Team gewonnen, in dessen Feld weniger Bälle liegen. Tipp: Es müssen nicht nur Wasserbälle verwendet werden (vgl. Bauer/Schulte, S. 134).

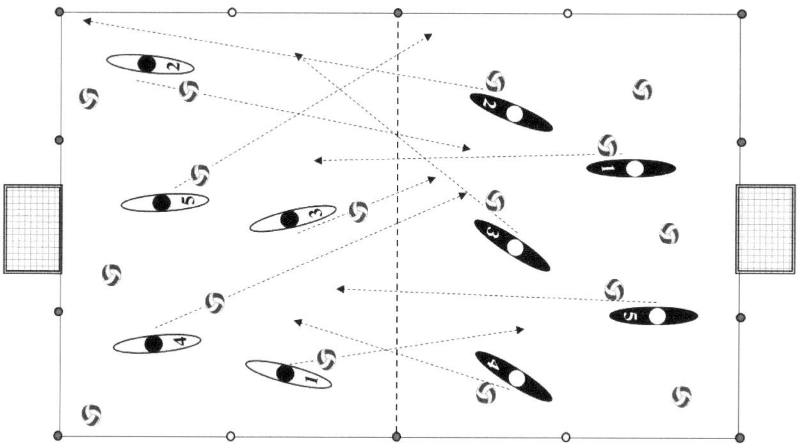

## 10.9 Wahrheit oder Lüge

Dieses Spiel ist eine Variante zu dem klassischen Spiel "Schwarz oder Weiß". Die Spieler stellen sich in zwei Gruppen, Spitze an Spitze an der Mittellinie auf. Der Spielleiter verkündet laut eine These, auf die die Spieler mit wahr oder gelogen antworten müssen. Ist die Aussage wahr, müssen die schwarzen Spieler die weißen Spieler fangen. Ist die Aussage gelogen, müssen die weißen Spieler die Schwarzen fangen.

Tipp: Die Spieler sollen die Antworten laut rufen, ehe sie losfahren.

## 10.10 Schwarz oder weiß

Es werden zwei Teams gebildet. Diese stellen sich jeweils einem Gegenspieler gegenüberliegend an der Mittellinie auf. Das eine Team bildet das schwarze Team, das andere das weiße Team. Der Spielleiter ruft „schwarz“ bzw. „weiß“. Sowie der Spielleiter eines der Kommando gerufen hat, müssen bei „weiß“ die weißen Spieler die gegenüberliegenden Schwarzen Spieler fangen, bevor sie über die Ziellinie paddeln. Ertönt das Kommando „schwarz“ läuft das Spiel anders herum. Die Spieler dürfen rückwärts oder vorwärts paddeln (vgl. Bauer/Schulte, S. 140).

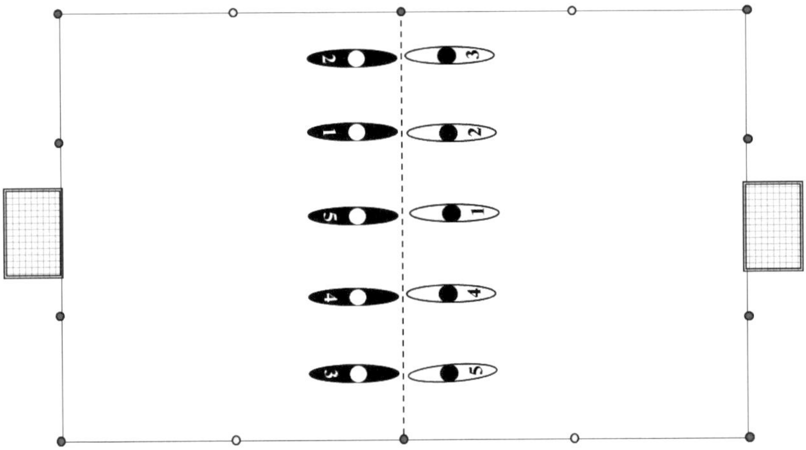

## 10.11 Bänderraub

Alle Spieler erhalten ein farbiges ca. 1 Meter langes Band oder einen Schal. Dieses müssen sie sich mit einem Ende am Rücken in die Spritzdecke stecken. Innerhalb von 3 Minuten haben nun die Spieler die Aufgabe sich gegenseitig die Bänder zu rauben. Geraubte Bänder müssen gut sichtbar an der Spritzdecke angebracht werden. Der Spieler, der nach der vorgegebenen Zeit die meisten Bänder geraubt hat, hat gewonnen. Tipp: Die Spieler, die ein Band geraubt haben, müssen die Gelegenheit bekommen, das neue Band anzubringen. Die Spieler dürfen nicht das generische Boot oder ihr Band festhalten, wenn ein anderer Spieler danach greift (vgl. Bauer/Schulte, S. 127).

## 10.12 Feuer, Wasser, Sturm

Die Spieler paddeln auf dem Spielfeld umher. Keiner darf still stehen. Der Spielleiter ruft eine der zuvor ausgemachten Katastrophenwarnungen, „Feuer", „Wasser„ oder „Sturm". Die Spieler müssen entsprechend reagieren und in den zuvor festgelegten Spielfeldanschnitt paddeln. Wer dies als letztes schafft, scheidet aus oder muss etwas Lustiges vorführen. Anschließend paddeln alle Spieler erneut umher, die nächste Katastrophenwarnung ertönt.

**Feuer**: Die Spieler müssen hinter die Torauslinie paddeln.

**Wasser**: Die Spieler müssen eine Rolle machen.

**Sturm**: Die Spieler müssen zum Steg paddeln und diesen berühren.

Die Spielfeldabschnitte oder Aufgaben können beliebig, je nach den örtlichen Gegebenheiten angepasst werden.

## 10.13 Aufsetzer über die Schnur

Auf Höhe der Mittellinie wird eine Schnur oder Gummiseil auf ca. 30-50cm Höhe gespannt. Die Spieler werden in zwei gleichstarke Teams zu je 2-3 Spielern eingeteilt und befinden sich in ihren Spielfeldhälften. Sie sollen nun den Ball mit dem Paddel aufnehmen und mit einem Aufsetzer den Ball über die Schnur, in das gegnerische Spielfeld spielen. Hierzu muss der Ball im eigenen Spielfeld einmal auf die Wasseroberfläche gedropt werden und dann über die Schnur fliegen. Gelingt es der abgebenden Mannschaft, erhält diese einen Punkt. Gelingt es den Gegnern den ankommenden Ball mit dem Paddel anzunehmen, ehe dieser im Wasser zum Liegen kommt, erhält auch diese Mannschaft einen Punkt.

## 10.14 Boccia

Zwei bis vier Spieler stellen sich, mit jeweils zwei Bällen an der Torlinie auf. Eine Boje wird in der Mitte des Spielfeldes positioniert. Nun sollen die Spieler abwechselnd ihre Bälle so dicht wie möglich an die Boje werfen. Der Spieler, der einen seiner Bälle am dichtesten an die Boje geworfen hat, hat gewonnen (vgl. Bauer/Schulte, S. 134).

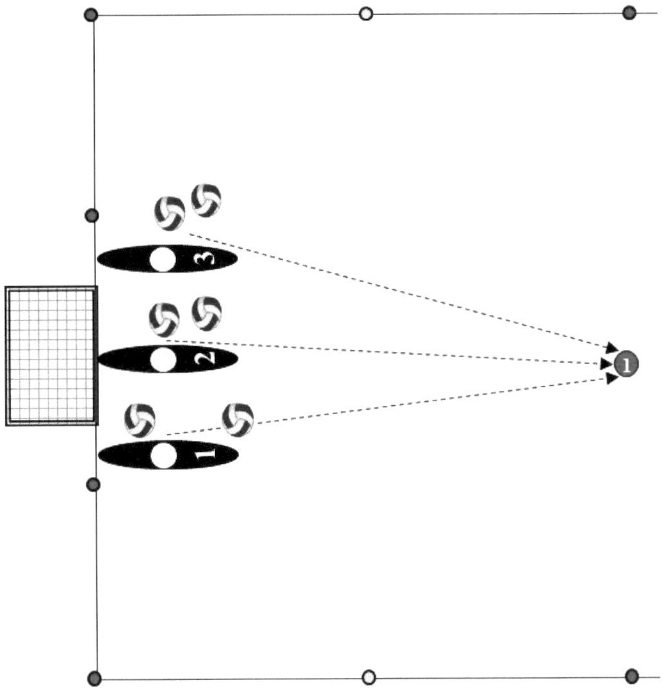


**Variante:** Eine schwimmende Tonne kann als Ziel verwendet werden. Ein Treffer in die Tonne ergibt zusätzlich Punkte.

## 10.15 Busfahrt

Es werden zwei gleichstarke Mannschaften mit 3-5 Spielern gebildet. Auf ein Kommando müssen alle Spieler vom Startpunkt aus einmal um die gegenüberliegende Boje fahren. Am Start wieder angekommen, muss ein Spieler sein Boot verlassen und bei einem Mitspieler aufsteigen. Danach müssen wieder alle Spieler inkl. Passagieren um die Boje fahren. Die Staffel wird so lange fortgeführt, bis, bei einer Mannschaft nur noch ein Boot übrig ist und alle anderen Spieler zu Passagieren geworden sind. Alle Passagiere müssen auf dem Boot sitzen oder liegen. Diejenige Gruppe, die als Erste das Ziel mit allen Passagieren erreicht hat, hat gewonnen (vgl. Bauer/Schulte, S. 129).

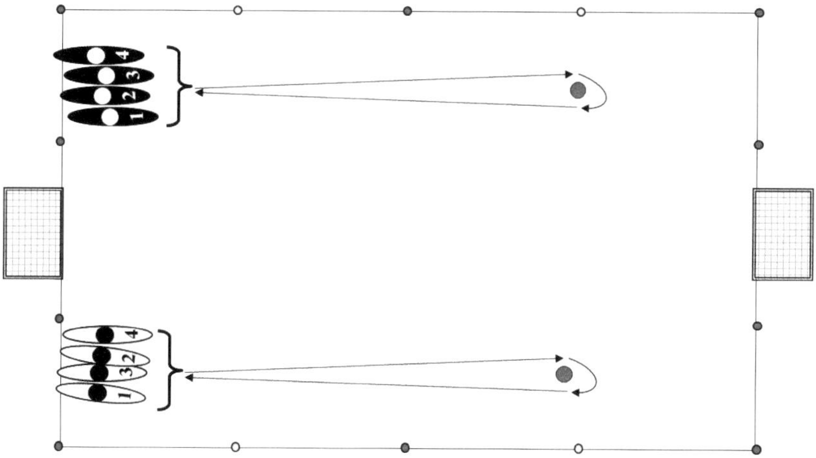

## 10.16 Reboundball

Die Spieler werden in zwei gleichstarke Teams eingeteilt. Beide Tore werden mit einer Holzplatte zugehangen. Nun spielen die Teams nach den bekannten Kanupoloregeln, jedoch ohne Torwart. Außerdem können Punkte nicht über die üblichen Torwürfe erzielt werden. Die Spieler müssen im Angriff den Ball gegen die Holzplatte vor dem Tor werfen. Prallt der Ball ab und fällt zurück in das Spielfeld muss ein Spieler der Angreifer den Ball mit Paddel oder der Hand fangen, um einen Punkt zu gewinnen. Die Verteidiger versuchen dies jedoch zu verhindern.

**<u>Variante:</u>** Fortgeschrittene und besonders gute Schützen können dieses Spiel ohne Holzplatte vor dem Tor spielen. Sie müssen jedoch so präzise den Torrahmen treffen, dass der Ball zurück in das Spielfeld springt. Landet der Ball versehentlich im Tor, wird ein Minuspunkt gewertet.

## 10.17 Paddelball über die Schnur

Auf Höhe der Mittellinie wird eine Schnur oder Gummiseil auf ca. 1,5-2m Höhe gespannt. Die Spieler werden in zwei gleichstarke Teams zu je 2-3 Spielern eingeteilt und befinden sich in ihren Spielfeldhälften. Die Spieler sollen nun den Ball über die Schnur befördern. Der Ball darf jedoch nur mit dem Paddel angenommen und abgegeben werden. Fällt der Ball in das Wasser, erhält die ballabgebende Mannschaft einen Punkt, auch wenn bei einem Zuspiel innerhalb eines Teams der Ball in das Wasser fällt. Wird der Ball unter der Schnur entlang geworfen, erhält die abgebende Mannschaft einen Minuspunkt.

**<u>Variante:</u>** Anfänger können dieses Spiel auch ohne Paddeleinsatz spielen. Sie werfen sich den Ball wie eine heiße Kirsche über die Schnurr zu. Die heiße Kirsche darf nur eine Sekunde in der Hand gehalten werden. Wird der Ball länger gehalten gibt es einen Minuspunkt.

## 10.18 Rettungsball

Es wird ein Jäger (8) bestimmt. Dieser hat die Aufgabe, die auf dem Spielfeld umherfahrenden Spieler zu fangen und mit dem Paddel zu berühren. Die Gejagten müssen möglichst schnell vor dem Jäger fliehen und sich dabei einen Ball zupassen. Kommt der Jäger einem Gejagten (4) zu nah, kann diesem Gejagten (4) der "Rettungsball" zugespielt werden. Solange der Gejagte (4) den Ball in seinen Händen hält, darf er nicht vom Jäger (8) abgeschlagen werden (in Anlehnung: SJN, Praxismappe Ballspiele, S. B1.2-14).

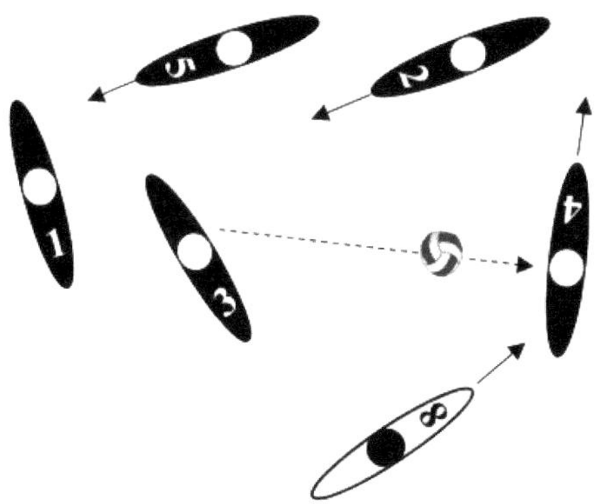

## 10.19 Knochen

Es werden zwei gleichstarke Teams gebildet, die sich jeweils in ihrer Spielfeldhälfte mit dem Heck auf der Torlinie positionieren. Der Trainer nennt nun jeweils einen Namen eines Spielers jedes Teams und wirft den Ball in die Mitte des Spielfeldes. Sowie der Ball die Wasseroberfläche berührt, sollen die zuvor genannten Spieler zum Ball (Knochen) sprinten, nach Möglichkeit den Ball als erste gewinnen, ihn in ihre Spielfeldhälfte bringen und in das Tor werfen. Gelingt der Wurf in das Tor, erhält das Team einen Punkt. Der Spieler der gegnerischen Mannschaft versucht diesen Torwurf bis zum Ende zu verhindern usw.

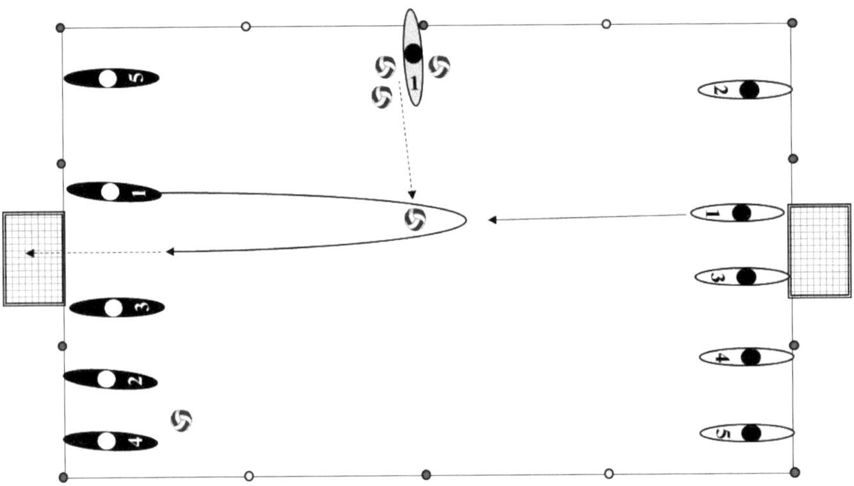

## 10.20 Staffelball

Die Spieler bilden zwei gleichstarke Teams und teilen sich gleichmäßig auf beide Torlinien auf. Auf ein Kommando paddeln die Spieler (1) jedes Teams zur genüberliegenden Gruppe. Auf dem Weg zur gegenüberliegenden Gruppe muss der Ball mindestens zweimal getrieben werden. Der Ball ist der Staffelstab und wird dem Partner auf der anderen Seite übergeben. Hat der Ballbesitz gewechselt, macht sich auch dieser Spieler (2) auf Weg zur anderen Seite usw. Der letzte Spieler eines Teams, der als Erster mit Ball und komplettem Boot die gegenüberliegende Grundlinie überfährt, gewinnt die Staffel mit seinem Team.

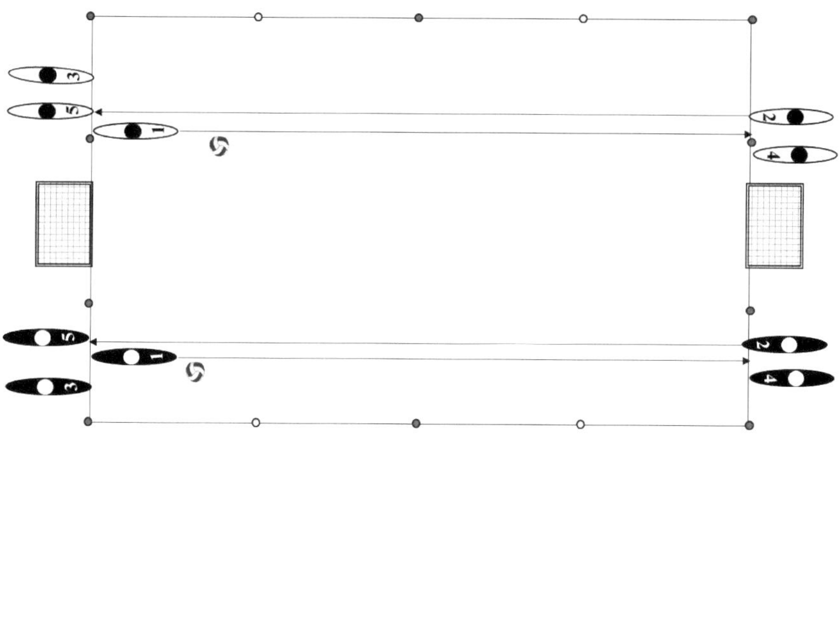

# Quellennachweise


- Beasley, Ian; Canoe Polo - Advanced skills and tactics; Stern Turn Publishing; Victoria Australien 2017
- Beasley, Ian; Canoe Polo - Basic skill and tactics; Stern Turn Publishing; Victoria Australien; 2005
- Bauer, Axel und Schulte, Sigrun; Handbuch Kanusport; Meyer und Meyer; Göttingen 1997
- Deutscher Fußball-Bund; Kinderfußball - Ausbildung mit Konzept 1; Philippka Sportverlag; Frankfurt; 2014
- Deutscher Handball; Rahmentrainingskonzeption des Deutschen-Handball-Bundes 2002-2005; Dortmund, 2004
- Deutscher Handball; Neufassung der DHB-Rahmentrainingskonzeption 2009-2012/2013; Dortmund; 2009
- Deutscher Kanu-Verband (Hrsg.); Satzung des Deutschen Kanu Verbandes e.V.; Duisburg 2005
- Danz, S.; Systematisierung der Technik und Taktik im Kanupolo und erste Ableitungen für eine systematische Spielbeobachtung; Universität Leipzig; Sportwissenschaftliche Fakultät; Diplomarbeit; 1996
- Deutscher Kanu-Verband (Hrsg.); Deutsche Wettkampfregeln für Kanupolo; Potsdam; 2016
- Deutscher Kanu-Verband (Hrsg.); Leistungsstrukturplan Kanupolo (Entwurf); Berlin; 2004
- Dietrich, Martin u.a.; Handbuch Trainingslehre; Hofmann Schorndorf; Schorndorf 2001
- Dr. Kahl, Jens; DKV-Rahmentrainingskonzeption Kanurennsport und Kanuslalom; DKV-Verlag; Duisburg 2005
- Ellis, Ethan; Canoe Polo Conditioning - How to build your own Conditioning Program; CreateSpace Independent Publishing Platforms; Canada 2017
- Ellwanger, Thomas; Taktische Grundzüge im Kanupolo; 2001
- Friedrich, Wolfgang; Optimales Sportwissen - Grundlagen der Sporttheorie und Sportpraxis; Spitta Verlag; Balingen 2015

- Hohmann/Lames/Letzelter; Einführung in die Trainingswissenschaft; Limpert Verlag; Wiebelsheim; 6. Auflage; 2014
- Kanu-Verband Nordrhein-Westfalen; Strukturplan Kanupolo und Kanu-Wildwasser-Rennsport; Duisburg; 2009
- Machatschek, Holger; Richtig Wildwasser fahren; BLV Sportpraxis Top; München; 1993
- Landes-Kanu-Verband Berlin e.V.; Leistungsstrukturplan Kanupolo; Berlin; 2003
- Landes Kanu-Verband Niedersachsen e.V.; Entwicklungskonzeption Kanurennsport Niedersachsen; Hannover; 1999
- Schweizerischer Kanu-Verband; Nachwuchsförder-Konzept Kanupolo; Zürich 2012
- Salzwedel, Per; Lernsoftware Kanupolo; Universität Leipzig; Sportwissenschaftliche Fakultät; Magisterarbeit; 2006
- Sportjugend Niedersachsen (SJN) (Hrsg.); Praxismappe Ballspiele; Basis-Druck; 1999; Duisburg
- Steinhardt, Tilman u.A.; Kanuspiele; Pollner Verlag; Oberschleißheim; 2005
- Weineck, Jürgen; Optimales Training; Spitta; 17. Auflage; Balingen; 2019
- Zimbardo, Philip G; Psychologie; Springer Verlag; 5. Auflage; Berlin/Heidelberg; 1992


## Fachaufsätze und Skripte


- Glatzfelder/Rohner; Trainingslehre Ausdauer; Ergänzungsfach Sport – Gymnasium Bern-Kirchenfeld; 2005
- Hirtz, P.; Motorisches Lernen und Grundlagen des Techniktraining auf www.uni-greifswald.de; (Zugriff: 26.03.2009)

## Internetseiten


- www.canoepoloexercises.com (Zugriff: 31.12.2017)
- www.dhb-trainercenter.de (Zugriff: 31.12.2017)
- 1.) https://www.trainingsworld.com/sportarten/kanu/periodisierung-krafttrainings-saisonverlauf-kanurennsport-2347734 von Manuel Matzka (Zugriff: 01.01.2018)
- 2.) https://www.trainingsworld.com/sportarten/kanu/periodisierung-krafttraining-grundlagen-2340929 von Manuel Matzka (Zugriff: 01.01.2018)
- 3.) https://www.trainingsworld.com/training/krafttraining/spezifisches-krafttraining-kanurennsport-2273931 von Manuel Matzka (Zugriff: 01.01.2018)
- 4.) https://www.trainingsworld.com/sportarten/kanu/krafttraining-kanurennsport-eine-einfuehrung-2273877 von Manuel Matzka (Zugriff: 01.01.2018)
- 5.) https://www.trainingsworld.com/sportarten/kanu/bedeutung-kraftfaehigkeiten-kanurennsport-2263440 von Manuel Matzka (Zugriff: 01.01.2018)
- www.sportunterricht.de (Zugriff: 31.12.2017)
- https://wsf-liblar.de/interner-bereich/wsf-trainingsleiter/trainingsguide/ (Zugriff: 01.01.2018)
- https://www.habapix.ch (Zugriff: 10.03.2018)
- www.kajakpaddling.net (Zugriff: 11.03.2018)
- https://www.akademie-sport-gesundheit.de/lexikon/periodisierung-und-zyklisierung.html (Zugriff: 22.06.2019)
- http://www.sportunterricht.de/lksport/priperio.html (Zugriff: 22.06.2019)
- www.spielverlagerung.de (Zugriff: 17.02.2020)

## Widmung

Die Widmung dieses Buches erfolgt in Gedenken an Fiete Junge.

Fiete Junge wurde am 15. Januar 1992 in Hannover geboren. Durch seine kanusportbegeisterte Familie saß er schon früh im Kajak und entdeckte schnell seine Freude und sein Talent für den Wassersport. Neben einigen erfolgreichen Jahren im Bundesnachwuchskader für Kanu-Freestyle, gehörte der Kanupolosport zu seinen größten sportlichen Leidenschaften.

Seine sportliche Heimat war der Rasensportverein Hannover (RSV). Mit seiner Mannschaft wurde er 2004 Deutscher Schülermeister, schaffte im Jahr 2010 den Aufstieg in die Herrenbundesliga und wurde 2015 Deutscher Vizemeister.

Zu dieser Zeit war er bereits in der U21 Nationalmannschaft erfolgreich. In seinem letzten Spieljahr in der U21 Nationalmannschaft erhielt Fiete die Chance in den Herren A-Nationalkader aufzusteigen. Aufgrund seiner großen Verbundenheit zu seinen Mannschaftskollegen und dem großen Wunsch einmal mit ihnen Europameister in der U21-Klasse zu werden, trat er 2013 erneut in Poznan/Polen bei der U21-Europameisterschaft an, bei der er zum zweiten Mal in Folge Vizeeuropameister wurde.

2014 schaffte er dann den Sprung in die A-Nationalmannschaft und gewann 2014 auf der Weltmeisterschaft in Thury-Harcourt/Frankreich den Vizeweltmeistertitel. Im Kreis der Nationalmannschaft verdiente sich Fiete schnell den liebevollen Spitznamen "Surfer". Kaum einer verstand es so gut, auf dem Wasser zu reiten und freudestrahlend in die gegnerische Abwehr zu surfen oder mit einer scheinbar einfachen Paddelbewegung vorwärts zu kerzen. Im Jahr 2015 bestritt Fiete wohl seine erfolgreichste Kanupolosaison und verbuchte seinen ersten großen internationalen Titel in Essen und wurde Europameister. Inzwischen hervorragend in der Herren-Nationalmannschaft eingespielt, gewann er 2017 die Goldmedaille der World Games in Breslau/Polen und wurde aufgrund dieses großen Erfolges von Bundespräsident Frank-Walter Steinmeier, im Schloss Bellevue mit dem Silbernen Lorbeerblatt ausgezeichnet.

Sein nächstes großes Ziel war die Weltmeisterschaft in Kanada. Nur wenige Tage zuvor verstarb Fiete am 18. Juli 2018 an den Folgen einer Hirnhautentzündung.

Unbestritten war sein sportliches Talent, aber nicht nur deshalb fehlt er dem Kanupolosport, seiner Mannschaft, seiner Familie und allen, die das Glück hatten ihn kennen zu lernen. Weitere Eigenschaft, die Fiete auszeichnete, waren ein großer Sinn für Gerechtigkeit, sein Kampfgeist und seine Offenheit anderen Menschen und neuen Trainingsmethoden gegenüber. Tief verwurzelt beim RSV sowohl sportlich wie menschlich, kam es für ihn nur dort in Frage seiner Kanupololeidenschaft nachzugehen. Loyalität war auch etwas, das ihn gegenüber seinem Verein und seinen Freunden auszeichnete.

Seine große Lebensfreude, Motivation und Begeisterung für alles was er tat schwappte schnell auf sein Umfeld über. Mit seiner enormen Motivation und "Polobegeisterung" steckte er seine Trainingspartner auch an regnerischen Tagen an und verlieh dem Tag den fehlende Sonnenschein. Fiete avancierte schnell zum Motivator und Stimmungsmacher für seine Mitspieler.

Ich hatte das Glück Fiete über viele Jahre als Vereins-, Landes- und Bundestrainer auf seinem Weg begleiten zu dürfen und erinnere mich immer wieder gerne an viele tolle gemeinsame Momente.

In Erinnerung an Fiete Junge, einen tollen, fairen und liebevollen Menschen, einen vorbildlichen Kanu-Sportler, ein Aushängeschild des Kanupolosports. Die kleine große Sonne die immer und zu jeder Zeit schien und in meinem Herzen weiter scheinen wird.